U0455031

ORNAMENTALISM

**How the British
Saw Their Empire**

帝国与国际法 \ 译丛

主办单位

北京大学国家法治战略研究院
北京大学区域与国别研究院

译 丛 主 编

孔元 ｜ 陈一峰

译 丛 编 委
（按汉语拼音排序）

强世功 ｜ 汪晖 ｜ 易平 ｜ 殷之光 ｜ 章永乐

| 安妮·奥福德 | 安妮·彼得斯 | 本尼迪克特·金斯伯里 | 大卫·阿米蒂奇 |
| Anne Orford | Anne Peters | Benedict Kingsbury | David Armitage |

| 邓肯·贝尔 | 马蒂·科斯肯涅米 | 帕尔·弗兰格 | 托尼·卡蒂 | 詹尼弗·皮茨 |
| Duncan Bell | Martti Koskenniemi | Pål Wrange | Tony Carty | Jennifer Pitts |

帝国与国际法\译丛

ORNAMENTALISM
HOW THE BRITISH
SAW THEIR EMPIRE

帝国作为装饰品
英国人眼中的大英帝国

大卫·坎纳丁　著

孙逸舟　译

当代世界出版社
THE CONTEMPORARY WORLD PRESS

献给盖伊

真正的挑战……在于……整合局部与整体……唯有如此，我们才能瞥见……之前所未见的……整个世界。一种将帝国中心与殖民地，将殖民者与被殖民者，将英国人与原住民整合进同一个框架、同一个分析领域的概要式观点，不仅仅会揭示出一系列差异和相似点，或是一系列有趣的相同之处，而且会揭示出全部的配置、整体的过程，揭示出一个完整的互动体系，一个广大互联的世界。

——菲利普·摩根：《英国人与原住民族的相遇，1500—1800年》，引自马丁·达恩顿、里克·哈尔彭编：《帝国与他者——英国人与原住民族的相遇，1600—1850年》（伦敦，1999），第68页。

贯穿英国的帝国经历的永恒主题，是关于本土社会秩序的观念和海外帝国秩序的观念之间的关系。尽管将同样的认知适用到一些根本不同的社会存在明显的困难，一代又一代的英国人还是试图做到这一点。英国模式经常被投射到海外帝国，而海外帝国的教训却不常传回英国本土。

——彼得·马歇尔：《18 世纪晚期的帝国与权威》，载《大英帝国与英联邦历史期刊》1987 年第 15 期，第 105 页。

我们如何描述与我们文化有别的人们？……本书认为，野蛮与种族都不是重要的类别……真正重要的类别是地位。

——凯伦·库珀曼：《与印第安人和解——英格兰人与印第安人在美洲的相会，1580—1640 年》（新泽西州托托瓦，1980），第 VII、2 页。

译者序

英国作为最早完成工业革命、实现现代化的西方资本主义国家，曾经在17—19世纪建立了世界上面积最大、人口最多的殖民帝国。虽然这个殖民帝国已经烟消云散，但在其曾经的统治范围内，它在政治、经济、社会、文化等方面的影响仍然延续至今。大英帝国曾经的统治范围之广大、影响之深远，使它成为西方历史学界反复研究的主题。读者面前的这本《帝国作为装饰品——英国人眼中的大英帝国》，便是从社会史角度研究大英帝国的一部力作。

本书作者大卫·坎纳丁爵士（Sir David Cannadine）是当今著名英国历史学家。他于1950年生于英国伯明翰，本科毕业于剑桥大学克莱尔学院，1975年在牛津大学获得历史学博士学位，此后先后在剑桥大学、哥伦比亚大学、伦敦大学历史学研究院（Institute of Historical Research）工作，2011 年担任普林斯顿大学道奇历史学讲席教授（Dodge Professor of History），直至退休。他曾担任多种历史学学术期刊的主编，获得过许多学术奖项；2017 年至 2021 年，他曾担任英国人文学科和社会科学领域的国家学术机构——英国国家学术院（British Academy）的院长（President）。2008 年，为表彰他在学术领域的贡献，经英国政府提名，伊丽莎白二世女王册封他为骑士，他因此获得"爵士"的称谓。他的妻子琳达·柯利（Linda Colley）教授也是一位成功的历史学者，她研究英国民族形成史的著作《英国人：国家的形成，1707—1837 年》（Britons：Forging the Nation，1707—1837）的中文简体版，已于 2017 年在中国出版。

迄今为止，坎纳丁教授出版过的学术专著和个人文集达 20 种以上，包括《英国贵族衰落史》（The Decline and Fall of the British Aristocracy，1990）、《阶级在英国》（Class in Britain，1998）、《不可分割的过去：超越分歧的人性》（The Undivided Past：Humanity beyond Our Differences，2013）、《全盛时代：不列颠联合王国 1800—1906》（Victorious Century：The United Kingdom，1800—1906，2017）等，以及丘吉尔、撒切尔、乔治五世等人的传记。目前，坎纳丁教授的著作在国内翻译出版的尚不多，据译者了解，只有《梅隆：一个美国金融政治家的人生》（2010）、《超越分歧的人性》（2024）和

《全盛时代：不列颠联合王国1800-1906》（2024）三种；此外，2004 年在国内出版的霍布斯鲍姆（Eric Hobsbawm）和兰杰（Terence Ranger）主编的《传统的发明》（*The Invention of Tradition*）一书中，收录了他题为"仪式之背景、表演与意义：英国君主制与'传统的发明'，1820—1977 年"（"The Context, Performance and Meaning of Ritual：The British Monarchy and the 'Invention of Tradition', c. 1820-1977"）的一篇论文。

从他著作的标题可以看出，坎纳丁教授主要的研究方向是1800 年以来的英国政治和社会史，他特别关注社会等级对英国的影响以及在英国社会发展中的演变。在他笔下，英国这个世界上最早完成工业革命、建立代议制政府，率先实现现代化和城市化的资本主义国家，呈现出了与大众认知中理性务实、精于算计的形象截然不同的另一面：留恋甚至迷恋传统、乡村和等级制度，倾注大量心血去维持已经失去效用的古老事务和封建遗存，将基于血统和土地的贵族政治延续到 20 世纪……英国社会的复杂性和多面性在他的研究中得到充分体现。他大量搜集、整理历史人物的经历、著述、回忆，致力于还原特定历史语境下的个人心态与时代思潮，将历史人物的人生历程与宏大的历史背景和时代变化很好地结合起来，从人生故事中显现出社会变迁，生发出对时代的意义。2016 年，译者曾在普林斯顿大学与坎纳丁教授见面交流，他对译者说，他在研究中，面对历史人物、历史叙事，特别注意将"同情"（sympathy）与"抽离"（detachment）相结合，在充分还原和理解历史人物的言辞与行动的同时，注意到他们的局限，注意到他们言论的矛盾之处和行为的荒谬之处，这样才能让历史人物的生平超越个人经历的范畴，从中抽离出更普遍的意义与更宏观的历史。

本书是作者的代表作之一，是他在多年聚焦于英国国内政治和社会史后，撰写的第一部关于历史上英国广大的殖民帝国的专著。本书第一版出版于2001年。在前言中，作者回顾了当时已有的研究大英帝国史的主要路径，如传统的将大英帝国理解为经济侵略、军事扩张产物的研究思路，聚焦于宪制沿革的政治史研究，后殖民时代的区域和国别研究，以及新近兴起的文化研究。作者指出，截至当时，大英帝国史研究的不足之处，一是与英国本国史研究之间存在隔阂，没有将英国本土作为帝国的一个有机组成部分纳入帝国史研究的范围，而实际上我们离开英国本土就无法理解大英帝国，反之亦然；二是缺乏一种社会史视角的大英帝国研究，当代人对于当年的英国人到底如何看待大英帝国知之甚少。因此，作者意图还原"大英帝国作为社会结构，以及大英帝国作为社会认知（the British Empire as social structure, and the British Empire as social perceptions）"，从社会史角度理解和认识大英帝国。

作者从自己的知识背景和学术经验出发，敏锐抓住社会等级这个英国社会和历史的关键因素，对大英帝国的历史进行"解码"。大英帝国产生的原因可能是多种多样的，但是作者认为，在帝国作为一种社会结构稳定存在的时期，也就是大约从 1860 年至 1950 年这近一个世纪中，英国人看待帝国最主要的视角，是将其理解为一种等级制（hierarchy）结构，是久已存在于英国本土的基于血统、头衔、社会地位的等级制社会的投射和放大。历史上，英国人特别是英国统治阶级对大英帝国的主要认知，不是将其视为原料产地、商品输出地、军事战略要地或政治制度和价值观输出地，而是将其视为一种与英国本土社会相似的等级制社会，并将自己的思想感情寄托于其上。海外殖民帝国对于出身不高、白手起家的早期殖民者来说，或许是供其一展抱负的"冒险乐园"，而对于主导英国政治和社会的统治者群体而言，已成型的海外帝国是一个有着值得他们欣赏的历史传统，让他们可以安然享受崇高社会地位和等级制文化的"第二家园"，而这种海外帝国的社会结构和时人对它的社会认知，又反过来强化了英国本土的等级制结构和认知，让英国在率先实现现代化的同时，又呈现出顽固坚持前现代社会意识、固守传统和身份等级的复杂面貌。在这个意义上，海外帝国不再是以萨义德为代表的东方主义研究所描述的相对于英国本土而言异质、低下的存在，而是与英国本土可以对照的平行的存在；英国统治阶级在看待海外帝国当地的社会统治者时，不仅不会基于肤色和族裔予以歧视，反而会因其血统和地位给予重视。

作者并不否认传统研究思路所描述的英国殖民者进行海外殖民背后的经济侵略和军事扩张意图，也不否认英国殖民统治造成众多前现代地区被动卷入资本主义世界体系这一实际影响，但正如本书副书名所言，作者关注的是"英国人眼中的大英帝国"：一旦还原历史上英国人的认知，那么这样一幅等级制图景就变得特别清晰和突出了。作者正是通过众多历史上大英帝国的决策者、统治者和管理者的人生经历、个人回忆、文章著作，还原了当年英国统治阶级对于大英帝国的认知——即便这种认知可能是有局限的、偏颇的甚至错误的。

作者描述了帝国不同地区的等级制社会结构和社会认知的发展过程：英国统治者在白人移民建立的自治领复制英国本土的乡村治理结构，在南亚次大陆与土邦王公结盟进行统治，在直辖殖民地通过部落酋长进行"间接统治"，在中东的委任统治地扶持阿拉伯王族建立新的君主制政权。除了维持海外帝国各区域本地社会的原有等级秩序，英国统治者还特别注重运用荣誉制度和君主制度这两项全帝国性的工具，利用英国本土和海外帝国对勋章头衔的追求和对英国君主的崇拜，将整个帝国整合进一个完整精密的等级秩序中。将等级制变为具体可感的社会结构和社会认知，使其变得"可见、内在和真实"，这便是作者创造并用作本书书名的 ornamentalism 一词的含义。这个词可以直译为"装饰主义"，与"东方主义"（orientalism）一词音、形相近，作者以该词概括本书的主题，可以表明他对以萨义德为代表的东方主义理论进行回应的立场。为了便于理解，译者将本书书名中的该词翻译为"帝国作为装饰品"，用来概括英国人对帝国的认知：精致，华丽，富于装饰性，但可能缺乏实际效用。

作者着力说明，维持海外帝国的等级制结构和认知，对于英国统治阶级而言，不仅是有助于控制统治成本的策略性选择，更是出于一种认知习惯和心理需要——他们太安于高居社会等级秩序顶点的生活方式，不能想象其他的社会模式。因此，这些统治者从 1850 年代后期开始，逐渐形成一种长期统治策略：在与海外帝国最保守、最反动的势力结成同盟的同时，全力在当地复制甚至放大英国本土原有的社会等级秩序；而且，到 20 世纪，英国国内社会越朝着工业化、民主化、平等化和现代化的方向发展，他们越要拼命维持海外帝国的这种等级制结构和认知，仿佛那里已成为他们的世外桃源和避难所。于是，在马克思《不列颠在印度的统治》等文章中所描述的英国殖民统治的"双重使命"——一方面消灭旧的亚洲式社会，另一方面为亚洲资本主义的发展奠定物质基础——之外，我们可以看到，英国统治者还致力于在海外帝国维持一种前现代的、带有浓重封建色彩的、基于血统和身份的等级制社会结构。

可想而知，英国统治阶级这种与历史潮流背道而驰的努力，在历史发展的大趋势面前不仅是荒谬可笑的，而且注定是失败的。等级制社会结构和社会认知，在大英帝国鼎盛时期便是充满谬误和缺陷的，在第二次世界大战后的非殖民化浪潮中，更是随着殖民地的独立、帝国的解体而土崩瓦解——甚至可以说，这种等级制结构和认知的僵化与反动，本身就是导致帝国解体的重要原因。不过，作为一个等级制帝国的大英帝国，仍然因其鼎盛时期表现出的复杂和顽固而值得人们研究，而其留存至今的某些影响也值得人们注意。应当说，在还原和理解大英帝国作为等级制帝国方面，本书的确堪称一部有突破性的社会史著作。

需要特别指出的是，由于作者注重还原和探究历史上大英帝国统治阶级成员的言论和观点，又由于作者作为英国人，熟悉和习惯于英国传统的历史叙事，本书虽然整体上对历史上的大英帝国及英国的殖民统治保持学术上的中性态度，但在具体行文和用词上，会有意或无意地站在英国统治者和殖民者的立场（例如将 1857—1859 年的印度民族大起义称为"印度兵变"），有时甚至会直接以当年殖民统治者的口吻表达自己的观点，并在某些地方将英国殖民统治历史描述得过于正面，存在一定程度的美化，这些都是我们所不赞成的，也是需要请读者加以辨别的。基于这方面原因，本书的翻译，在尽量还原英文原著的同时，也对涉及上述问题的个别语句进行了删改，并遗憾地删去了本书的附录《一个帝国式童年?》一文（该文原载于《耶鲁评论》，主要回顾了大英帝国在作者成长经历中扮演的角色，与全书内容不直接相关）。希望读者在阅读本书时，也能借鉴本书作者在学术研究中将"同情"和"抽离"相结合的方法，既理解作者的学术意图，吸收其有价值的学术观点和材料，又对作者在写作上和立场上存在的问题保持批判态度。

此外，需要说明的是，本书英文原版附带 36 幅插图，主要是在全书涉及的历史时期，与全书主题有关的历史人物、建筑、事件的照片，它们由作者精心挑选，对作者的观点起到说明和支持的作用。由于版权原因，本书中文版未能保留插图，这不能不说是一个遗憾。为了尽量还原书的本来面貌，译者将原书的插图目录翻译出来，希望读者能借文字描述，对插图的原貌有一个大致的了解，把作者希望传递的信息能够尽可能全面完整地传递给读者。

前言

　　在新千年的英国，我们生活在后帝国时代。船长和国王已经远去，舰队和军团已经回家，羽饰礼帽和礼服佩剑被收到一边，米字旗一次又一次降下，不列颠尼亚不再"受天国的指引去统治海洋"，就连皇家游轮①也不再出海航行。始于第一位伊丽莎白女王时期对于海外扩张和帝国统治的冲动，终结于第二位伊丽莎白女王在位期间，仿佛一种既恰当又像巧合的对称结构。大英帝国这个曾经地球上最骄傲也最庞大的帝国，这个在近三百年间曾经属于貌似不可改易的事

---

　　① 皇家游轮：指"不列颠尼亚"号（HMY *Britannia*），1953年服役，为英国女王伊丽莎白二世御用的游轮，曾随其参与多次国事访问和英联邦访问，1997年在参加香港回归中国仪式后不久退役。

　　如无特别说明，本书页下注均为译者注。

物秩序的一部分的帝国，在从 1947 年印度独立到 1997 年香港回归中国的半个世纪里走入历史。¹ 现在，它不仅如尼尼微和苏尔①一般陨落，也像罗马、阿拉伯、神圣罗马、奥斯曼、威尼斯、西班牙、葡萄牙、荷兰、法兰西、德意志和俄罗斯（包括帝俄和苏联）诸帝国一样陨落。唯有美利坚合众国这最后一个真正的西方帝国还继续存在，将难以挑战的经济威力和无可匹敌的军事力量广布于全球，尽管它自从作为第一个成功拒斥欧洲殖民统治的殖民地实现独立建国以来，一直自豪于对殖民帝国怀有一种典范式的敌意。

在 20 世纪的大部分时间里，无数记者、专家和历史学家都自然而然想要解释，这个空前庞大和无比多样的帝国是如何以及为何得以出现，怎样走向繁盛的顶点，又是如何以及为何（在近年）走向没落的。² 出于可以理解的原因，有一种解释路径在英国国内受到偏爱，即将帝国主要视为源于帝国中心的某些冲动向外发散的结果。但是，尽管大家在这些冲动的发源地上比较容易达成一致，对于这些冲动究竟是什么却较难达成一致。一些历史学家追随霍布森和列宁的观

① 尼尼微和苏尔（Nineveh and Tyre）：尼尼微，在今伊拉克境内，为古代新亚述帝国重镇；苏尔，又译泰尔、提洛、提尔，在今黎巴嫩境内，为古代腓尼基人重镇。英国诗人鲁德亚德·吉卜林在 1897 年诗作《退场》（*Recessional*）中以尼尼微和苏尔指代已消失的古代文明。

点，认为帝国的发动机主要是经济性质的———一种保卫英国在海外的投资出路和贸易市场的驱动力。另有一些人认为，建立帝国的迫切因素基本是军事和战略方面的———作为拿破仑战争副产品的对外征服的急切欲望，以及出于保卫去往印度通道的需要而吞并沿路的港口和加煤站（及其腹地）。还有第三批人认为，帝国的建立主要是出于责任感和宗教情怀———一种改善诸多不幸民族的处境，以及向他们传播基督福音之喜讯的愿望。上述对于帝国如何以及为何出现的多种多样的解释，不仅具有内在重要性，也带有一种令人愉悦的对称性和完整性，为帝国是如何、为何以及何时没落的问题提供了同样多样的解释：帝国不再产生利润，不再具有战略价值，或者人们相信帝国的使命已经失败。[3]

这些宏大叙事滋养了关于帝国崛起和衰落的种种相互竞争的叙述和解释。但在兴衰之间的漫长岁月中，大英帝国是一个正式构成的政治实体，从这个视角来看，它的历史主要关乎法律、治理和宪制沿革。在阿瑟·巴里戴尔·基思和肯尼思·惠尔爵士①等历

---

① 爵士（sir）：是拥有骑士和从男爵（baronet）头衔者的称谓，与姓名连用，如温斯顿·丘吉尔爵士（Sir Winston Churchill），女性对应的头衔是女爵士（dame）。另外，骑士（knight）起源于罗马帝国，在英国近代以来是君主授予部分有功劳的军政人士、公务员和对社会有贡献人士的头衔，非世袭，在构成上包括英国各个荣誉骑士团的骑士等级的成员，以及不属于任何骑士团的团外骑士（Knight Bachelor）。

史学家笔下，帝国故事的主导性主题，是将英国的宪政实践输出到全球各地的新兴民族，并使其在当地成功扎根。(这种观点认为) 多亏达勒姆勋爵①的努力，英式责任政府于 1840 年代在加拿大建立，随后扩散到澳大利亚、新西兰和南非，这些地方在宪法层面与母国平等的地位最终经由 1931 年通过的《威斯敏斯特法令》② 得到承认。[4] 此后，另一个有序演变的故事逐渐展开，印度次大陆和其余殖民地先后走上了同样的宪制沿革道路，直到实现它们各自的独立，脱离英国统治。就像之前的自治领一样，它们继续忠于议会制政府的传统和制度，并通过某种形式在后帝国时代维持彼此之间的联系与联合的理念。这为帝国故事提供了一种命中注定、伟大胜利式的结尾，它不再是一部"衰亡史"，而是汇入了"英联邦经验"中。[5]

随着帝国逐步解体，上述这些强调英国在帝国产生和演变中的首要地位的总体解释日渐式微，学术界的焦点转向帝国的外围地带，区域研究和个别地区历史研究兴起。[6] 从这个完全不同的视角来看，大英帝国

① 勋爵：勋爵 (lord) 是英国贵族阶层使用的一种称谓，可以作为侯爵、伯爵、子爵、男爵的通称，如帕麦斯顿勋爵 (Lord Palmerston)，也可与姓名连用称呼公爵、侯爵的余子，如威廉·本廷克勋爵 (Lord William Bentinck)。
② 《威斯敏斯特法令》(Statute of Westminster)：1931 年英国议会通过的法律，将 1926 年《贝尔福宣言》的精神以法律形式确定下来，规定英国与大英帝国各自治领之间地位平等、互不隶属，通过对君主的共同效忠而联合，自愿组成英联邦。

13

不再只是（甚至主要不是）关于英国人的决定和作为，而是关于英国人在世界各地曾经遭遇、统治、损害过，最终不情愿地放手的众多民族多种多样的经验。从这种路径出发，加拿大、澳大利亚、新西兰和南非的历史不再是记录它们在接受英国投资中，或在从帝国到英联邦的演变中所扮演的被动角色，而是讲述殖民地如何主动演变为政治自主和相互平等的民族国家的故事。同样，新视角下后帝国时代的印度史，将英国对印度次大陆事务的侵扰视为过眼云烟和历史遗憾，认为这种侵扰是基于一种犬儒式的分而治之政策，最终导致恐怖的屠杀和印巴分治。而曾经是英国直辖殖民地的国家，其新历史叙事也很类似：英国统治的短暂时期对本地社会来说是一场浩劫，只有民族主义者的英勇斗争才能结束这种苦难，赢得自由和独立。

最近，受到性别与种族、文化与语言研究的启发，多种帝国史研究的新路径出现了。由于采取这类路径的主要是文学学者而非历史学者，这类研究可以冠以"后现代"或"后殖民主义"的标签，它们就帝国事业的本质与意义，揭示出了一些我们过去并不了解或者未能充分理解的内容。[7] 结果，前自治领的原住民族的历史成为一个重要主题，并带有显著的当代政治暗示，因为"原初民族"（白人定居者到来之前定居在这里的族群）的各种主张越发喧腾。妇女（和儿童）在帝国中的角色，以及不同种族（既包括"黑人"也包括"白人"）身份认同的建构，成为帝国舞台和帝国故事的中心。文学学者并不将注意力集中在官方的政府记录或非官方的商业与贸易文件上，他们坚持认为，需要处理和分析更广泛多样的帝国文本，认为这些文本更多揭示了权力和统治系统，以及他们口中的"霸权性帝国工程"如何生产各种贬抑性刻板印象，将殖民地描绘为他者、异域和从属性社会。8

所有这些书写大英帝国史的尝试，可以分别被描述为"保守—中心"学派和"创新—外围"学派①；它们各自产出了大量文献，并各自都有批评者与支持者。9 对于将大英帝国主要看作帝国中心的经济、军事或道德冲动向外发散的结果的学者，有人指责他们是新帝国主义者，认为他们把帝国外围看作被动、单一和死滞的存在，想让大英帝国在其实体已经消失后还能在学术界永存。对于强调帝国属地的仿行宪制和有序演变的学者，有人批评其理论过分带有辉格史观和目的论色彩，认为他们所宣扬和鼓吹的从"大英帝

---

① 本书广泛运用了"中心-边缘"（metropolis-periphery）这一社会学分析框架，metropolis 指作为大英帝国中心的英国本土，periphery 指除英国本土外的海外帝国；由于后者所指的范围极广，涵盖了大英帝国除英国本土外的所有部分，译为"边缘"可能引起读者误解，故译者将本书作为分析概念的 periphery 一词全部译为"外围"。

国"到"英联邦"的有计划、有意识的发展变革过于
简略、简单化和自以为是，经不起严格的学术推敲。
对于将帝国视为"宰制"、将独立视为"自由"的学
者，有人批评他们以一种简化的方式将过去发生的事
看成"善恶对立"或"我者与他者的对立"，批评他
们在争取民族独立的斗争已经胜利后还在继续斗争，
而忽略了帝国内部在冲突与强制之外也存在一定程度
的协作与共识。对于从后现代和后殖民主义视角处理
帝国历史的学者，有人攻击他们所写的文章过于晦涩
艰深，让人很难搞懂到底在说什么，攻击他们对历史
知识的把握粗枝大叶，并持续高估英国人的权力和
影响。

xvii

　　所有这些方法论，它们各自的优缺点，以及彼此
之间尖锐的不一致，都在《牛津大英帝国史》（*Oxford
History of the British Empire*）一书中得到呈现、探讨、收
集和批评。这部著作由多人参与编写，吸收了世界各
地的学者和学说，最近以五卷巨著的形式出版了。[10]由
此，这部著作不仅对帝国研究的各种学术脉络做了总
结，其所包含的内容与没有包含的内容还提醒我们，
帝国的很多方面都还有待持久的学术研究。其中有两
点值得在这里特别指出。第一点是，对于大英帝国的
历史书写，目前仍然过于将英国自身的历史当作与之
分离、毫无关联的存在。强调帝国中心的经济、军
事、道德或宪制冲动向外发散的老派历史学者，倾向

于对英国本身不假思索，对帝国中心的经济、社会和政治情况缺乏细致的了解。而聚焦于帝国外围、致力于文本和话语分析的后起学者，则直接无视英国的存在，要么因为想把帝国中心在殖民地本地民族或社群历史长河中所扮演的角色抹到最小，要么因为（反过来）想维持英国人无所不能、帝国邪恶黑暗的脸谱化形象。[11]

但是，事情的真相是，英国无疑是帝国的一部分，就如同海外帝国也是英国的一部分。其结果正如菲利普·摩根提示我们注意的，是某种"广大互联的世界"，既是地方性的，也是整体性的。因此，本书的第一个宗旨，是以这种路径来探究英国和大英帝国的历史，以它们所构成的"完整的互动体系"来看待它们。反过来，这让我们得以处理帝国经验中未经充分研究的第二方面，即大英帝国看起来是什么样子。毕竟，它曾经存在过很长一段时间，而且它不只是一种政治构造，也是一个社会实体。但即便是在大英帝国如日中天之际，研究英国社会史的学者也几乎没有研究过海外帝国，而研究帝国社会史的学者则几乎不曾研究过英国本土，也就是说，从来没有出现过一种权威的帝国社会史研究。[12] 尽管对文本和意向的研究现在非常时髦，但目前还没有人遵循彼得·马歇尔的指教，从细节上探索本土和海外的英国人当年是如何想象他们所属的帝国社会的。本书的意图是在对这两个问题的处理上做出突破：大英帝国作为社会结构，以及大英帝国作为社会认知。由此，可以同样合理地给本书冠以另外一个书名：《帝国主义与社会等级》。但早在半个多世纪前，约瑟夫·熊彼特已经使用了这个书名。[13]

在之前《阶级在英国》（*Class in Britain*）一书中，我对一种对于我们国家自 18 世纪以来历史的解释作了概述，认为很多学者受到卡尔·马克思强调人类社会的历史首先是阶级斗争史的影响，过分关注以二分或三分模式解释我们的社会结构（"他者"相对于"我者"，或上层阶级−中产阶级−下层阶级），对于传统、持久且普遍的分层式个人主义等级制观念关注不够，而后者相较于马克思的观点而言，是看待我们的不平等社会、理解我们国家许多古老制度的一种更有吸引力和说服力的方式。坦白讲，在一本篇幅较小的著作范围内，这是一个足够大的主题；但我还想指出，这些关于英国社会秩序的民间形象和流行想象，在相当程度上铸造、影响和强化了人们对于大英帝国的常见观点和日常愿景，反之亦然。在那样一本主要研究帝国中心（和本书中的意思一样，指作为整体的英国）内部的社会认知和对于帝国中心的社会认知的书里，由于篇幅所限，只能抛出关于帝国外围（和本书中的意思一样，指不包括英国在内的海外帝国）的推测性意见；很快我就发现，需要对这一主题进行单独、持续的实质性研究。

因此就有了这部随后完成的著作，它可以与《阶级在英国》一起阅读，自然也是以那本书所推进和展开的关于帝国中心的各种论点为写作的起点，但本书同样可以作为对大英帝国史和英国史有独立贡献的著作来阅读。从后一个角度来讲，本书试图理解鼎盛时期的大英帝国——我将其限定为 1850 年代至 1950 年代，或者自 1857 年印度兵变①至 1953 年伊丽莎白二世女王加冕典礼，并采取一种原创的新方法：将帝国视为拓展英国社会结构的载体，以及投射英国社会认知的场景——方向先是向世界各地，后来又返回英国本土。因为，由此产生的各种帝国建构和跨洋想象，（不出意料地）主要是一种镜像，是对于人们当年普遍相信存在于帝国中心的传统、个人主义和不平等社会的某种反射、折射或扭曲。可以说，如果说当年的大英帝国有一种统一连贯的"帝国事业"，那便是努力按照英国本土分层的社会等级制的民间形象去塑造和绑定海外帝国。[14] 从这个角度去理解，大英帝国不仅与源自海外帝国的不同与差异有关，起码也同样（甚至更多？）与源自英国本土的同一与相似有关。

---

① 1857 年印度兵变（the Indian Mutiny）：也称印度兵变，是历史上英国人对于 1857—1859 印度民族大起义的叫法，现在被认为具有较强的殖民色彩，为印度政府和人民所反对。

　　反过来，不同于爱德华·萨义德和他的"东方主义"理论的拥护者的观点，大英帝国并不只是（甚至主要不是）关乎在"帝国外围异于且低于帝国中心"这一假定下创造"他者性"，它至少同样（甚至更多？）是关乎在"帝国外围社会等同于甚至有时高于帝国中心社会"的假定下（按照最近的说法）"建构亲缘性"。这样看来，大英帝国不仅是有关差异和异域的，也同样是有关近似和故土的：可以说，它很大程度上是异域的故土化——用平行、类比、等同和近似的词语来理解和重构外部世界。[15] 由此产生的对于大英帝国的愿景，是一种分层、乡村、传统和有机的社会；的确，这种愿景是对一件极复杂事物的无知的过度简化，与这种更广阔视角赖以产生、发展和强化的那个对于英国本土的等级制愿景一样。无论在帝国中心还是外围，这种愿景都从未完全让人信服或普遍接受；但这是一种强有力的形象，是在帝国巅峰时期，曾被许多英国和殖民地人士所拥抱的形象；而且，由于它不只是一种形象，更在事实上是一种从广泛的帝国制度和实践中获得连贯性和可信度的社会构造，它比人们一般认为的要更加重要且普遍。

　　有鉴于此，本书致力于还原当年主宰和统治帝国的人群以及在英国和海外与帝国同路而行的那些追随者和支持者们所持有的世界观和社会预设，并致力于探究上述人群主宰、统治、支持帝国并与之同行的帝国机制和结构。我并不认为帝国的受害者和批评者不重要，但帝国的主宰者、统治者和同路人的眼界，即在他们的观念中，自己所主宰、统治、支持并与之同行的帝国是如何运作、如何呈现的——是英国的帝国经验中，目前相对受到历史学家、批评者和崇拜者所忽视的一个重要部分。这样来看待大英帝国，即将帝国作为一个反映和强化对英国本土社会结构的普遍认知的所在，可以让我们了解一些尚未引起历史学家足够重视的事情，既有关于英国的，也有关于帝国的。由此，本书支持这样一种越发坚定的论点，即抛开帝国，便不会有令人满意的英国史，抛开英国，也不会有令人满意的帝国史。本书强调对于帝国中心的社会愿景和对于帝国外围的社会愿景之间的相互联系，以此着力将英国史还原到帝国史中，并将帝国史还原到英国史中。[16]

因此，本书的写作意图源自、反映出且有助于时下正在演进的学术议题，但同时也是我纵容自己的自传式冲动和表达个人偏好的结果。我生于 1950 年，我对大英帝国的兴趣始于童年；应该说，事情不大会是另一种样子，因为衰落中的帝国仍是我这一代英国人成长经验的一部分。在一篇写于 1997 年的文章中，我从个人角度记录了这种经验，以及我早年为在地理和历史上弄懂这种经验的意义所做的有限而脆弱的努

xxi

力。我既可以说是"帝国的孩子"，也可以说不是，而早年的各种记忆和遗忘，无疑从很多方面启发（也许还有扭曲？）了我在本书中提出的论点，其中有些甚至可能是我所没有察觉的。此外，我从记事起就开始阅读与帝国有关的文字，因此我首先要感谢为数众多的帝国工作者、帝国传记作家和帝国历史学者，他们卷帙浩繁的回忆和写作为本书奠定了基础，尽管我必须请求特定领域专家的谅解，因为他们必然会（正确地）感到我简化了他们的学说，误解了他们的解释，歪曲了他们的观点。

尽管本书本质上是以英国历史为主题，我仍要向读者指出（或者说提醒），本书在很大程度上也是一部跨大西洋著作，我在过去 25 年间在英美两国任教和写作期间累积的经验和萌生的视角对本书大有助益。应该说，我在"累积的经验"和"萌生的视角"后面，还要加上"遇到的且未能完全解决的矛盾"，因为，出于显而易见的原因，帝国这一主题在这两个国家总是受到极为不同的对待。美国的建立是基于对殖民帝国的敌意，它今天仍然自认为站在反殖民主义一边，但它现在是唯一一个仍然存续的真正的西方帝国。英国曾以拥有古往今来最庞大的帝国为荣，但它今天无疑是一个处在不可逆转的衰落中的后帝国时代的国家。不仅如此，美国社会总体上关注种族多于阶级，而英国社会的情况正好相反。这些截然不同的历

史、眼界和当下境况，意味着无论是整体上对于帝
国，还是具体到对于大英帝国，大西洋两岸的这两个
国家看待的方式都难免会有所不同；我也无法假装我
在本书的写作中完全解决了这些令人感到既刺激又烦
恼的差异。

　　在美国的10年间，我在哥伦比亚大学英语和比较
文学系，就帝国的复杂性和偶然性，以及不同学科对
待同一现象的方式，从众多学者和朋友那里学到了很
多。我也有幸以访问学者身份在耶鲁大学惠特尼人文
中心做研究，在那里我受到鼓励，从自传和史书两种
角度思考帝国，并思索这两种书写和分析模式之间的
种种差异。具体而言，我对于以下朋友和同事给予的
帮助和建议深表感谢：大卫·阿米蒂奇、里图·伯
拉、苏加塔·博斯、大卫·布罗姆维奇、彼得·布鲁
克斯、理查德·布什曼、马库斯·柯林斯、凯文·法
雷尔、埃里克·方纳、卡罗尔·格拉克、伦纳德·戈
登、艾依莎·贾拉尔、保罗·肯尼迪，以及已故的菲
利普·劳森、斯蒂芬·李、诺米·莱维、威廉·罗
杰·路易、约瑟夫·麦瑟尔、法丽娜·米尔、肯·蒙
罗、约翰·波考克、穆里杜·拉伊、乔纳森·施尼
尔、尼尔·斯梅尔塞、加亚特里·斯皮瓦克、凯思
琳·威尔逊、罗宾·温克斯和玛西亚·赖特。我要特
别感谢《耶鲁评论》的编辑首次发表了我的文章《一
个帝国式童年?》，并好意允许我将这篇文章收录在本

书中。

我还要向在英国的朋友和学者致谢，从我在大学本科开始从历史学角度思考帝国时起，多年来，是他们激发并培育了我对这一主题的好奇，并在最近欢迎我回到英国，以一个更加主动的闯入者的身份加入他们。他们是：剑桥（这里对帝国有自己的观点）的克里斯托福·贝利、苏珊·贝利、马丁·唐顿、已故的杰克·加拉格、托尼·霍普金斯、罗纳德·海亚姆、约翰·伊利夫、加里思·斯特德曼·琼斯、麦克斯·琼斯、约翰·朗斯代尔、安东尼·洛、杰德·马丁、已故的克里斯托弗·普拉特、约翰·普拉姆爵士、大卫·雷诺兹、昆廷·斯金纳、已故的埃里克·斯托克斯、詹姆斯·汤普森和理查德·塔克；牛津（这里看待帝国的方式又十分不同）的茱蒂丝·布朗、约翰·艾略特爵士、罗伊·福斯特、迈克尔·霍华德爵士、艾伦·奈特、特伦斯·兰杰和已故的罗纳德·罗宾逊；以及最近在伦敦（这里提供了第三种关于帝国的视角）的安德鲁·阿多尼斯、布莱恩·艾伦、大卫·宾得曼、伊丽莎白·布特纳、帕特·卡普兰、大卫·菲尔德曼、大卫·吉尔莫、凯瑟琳·霍尔、彼得·亨尼西、埃里克·霍布斯鲍姆、罗伯特·霍兰、苏尼尔·希尔纳伊、大卫·基林格雷、罗伊·麦克拉伦、菲利普·曼斯尔、舒拉·马克斯、彼得·马歇尔、安德鲁·波特、约翰·拉姆斯登、理查德·拉思本、弗朗西斯·罗宾逊、林德尔·罗珀、托尼·斯托克威尔、格林·威廉斯和努阿拉·扎赫迪。

在伦敦大学历史学研究院，下列同事的帮助、鼓励、支持和容忍让我受益匪浅：黛布拉·伯奇、阿利斯泰尔·奇瑟姆、哈丽特·琼斯、德雷克·基恩、罗伯特·莱恩斯、罗宾·麦克弗森、金蒂·纳尔逊、凯瑟琳·皮尔森和斯蒂文·史密斯。1999 年 7 月，研究院举办的以"种族与族群"为主题的第六十八届英美历史学家会议，让我从多重意义上就帝国的阴暗面学到很多；近期研究院为编写《牛津大英帝国史》而举办的一次论坛，帮我理清了我对这一后帝国时代巨著的观点。本书接下来章节的早期版本曾经作为讨论论文，向历史学研究院和谢菲尔德哈莱姆大学东方与非洲研究学院提交，或作为兰卡斯特大学埃斯梅·费尔班讲座的内容发表，我在上述场合收到的评论和建议（以及受到的款待）让我获益良多，彼得·凯恩和约翰·麦肯齐对我的帮助尤其重要。

最后我要表达最大的谢意，我必须愉快且充满感激地予以承认，但我可能无法给予充足回报。我的助理迈克·肖一如既往地足智多谋，让人放心，多亏他持续不断的鼓励和持久不懈的热情，本书才得以面世。与企鹅出版社的各位一起工作是一件纯粹的乐事：西蒙·温德是一位模范编辑，他一直督促我超出我最初的意图，就这本书多写一些内容，他把良好建议和热情鼓劲很独特地结合了起来；我要特别感谢凯茜·阿林顿就本书插图所做的工作，以及唐娜·波比细致的文案编辑。杰弗里·奥尔巴赫在书稿的早期阶_{xxiv}段就通读过全书，他明智的建议和有针对性的批评让书稿的质量大为提高。乔伊斯·霍恩以他谨慎的性格和慷慨的精神订正了清样，芭芭拉·赫德汇编了索引部分。但是，我最衷心的感谢要一如既往地献给琳达·柯利，如果不是她一直以来的智慧、抑制不住的好奇心、坚持不懈的鼓励和坚定不移的决心，让我前往印度访问，这本书以及我很多其他的著作根本不会出现。

大卫·坎纳丁

于诺福克

2000 年 8 月 1 日

目　录

英文原书插图目录

（以下页码为英文原书页码）

第一部分

起点

第一章　序幕

　　近年来，人们普遍认为，民族在一定程度上是想象的共同体，其可信度和认同感依赖于政府的正当性和国家机器的结构，依赖于发明的传统、人造的神话，以及关于社会秩序的共同认知——而这不过是粗暴的分类和过度简化的刻板印象。[1] 如果说，这种观点对于英国这样一个相对集中和内聚的国家来说是正确的（的确如此），那么，对于英国人所征服、殖民、管理和统治的那个帝国来说，这种观点岂不是更加正确的吗？在第一次世界大战结束后不久，当这个帝国在疆域上达到巅峰时，它囊括了从直布罗陀到中国香港的海陆军基地，四大白人定居自治领①，占据整块

---

　　①　自治领（dominion）：历史上曾是英国殖民地中自治程度最高的一种类型，其境内有相当数量的英国或其他欧洲国家移民定居，自19世纪中叶起被英国政府逐步授予自治权，本地白人居民可以选举议会并组织政府管理内政，但英国政府仍委派总督（governor-general）负责外交与防务。此后，自治领逐渐摆脱殖民地地位，走上独立道路。英国在1931年通过的《威斯敏斯特法令》中承认自治领是与英国地位平等的主权国家，自治领与英国共同成为英联邦最早的一批成员。本书在提到自治领时，主要是指加拿大（1867年成为自治领）、澳大利亚（1901年成为自治领）、新西兰（1907年成为自治领）和南非联邦（1910年成为自治领）四个自治领。此外，爱尔兰南部26个郡也在1922年根据《英爱条约》脱离英国成为自治领，名为爱尔兰自由邦（Irish Free State），1949年摆脱自治领地位，成为共和国。第二次世界大战后，新独立的巴基斯坦、印度和锡兰成为最后三个自治领。1949年，自治领概念停止使用。

南亚次大陆的所谓"印度帝国"①、亚洲、非洲和加勒比海地区的直辖殖民地②，以及国际联盟委任统治地③——主要是在中东地区。[2] 但是，就像所有跨越大洋的国度一样，大英帝国不仅仅是一个地缘政治实体，还是一个在文化上创造出来、在想象中建构出来的构造物。那么，在帝国的高峰时期，英国人是如何

---

① 印度帝国（Indian Empire）：1858—1947 年英国在统治印度次大陆期间对这一区域的非官方称呼，地理范围包括今印度、巴基斯坦、孟加拉国和缅甸（至 1937 年）。1858 年，英国政府取消东印度公司对印度的管治权，宣布英属印度各省由英国政府直接管辖，印度各土邦接受英国君主保护，并委派印度副王（Viceroy of India）为英属殖民当局最高长官。英国统治下的印度包括英属印度（British India）各省（provinces），以及五百多个由世袭王公统治的土邦（princely states），通称 Indian Empire 或 British Raj（Raj 在印地语中意为"国家"或"帝国"），根据书中语境，一般译为"印度次大陆""英国统治下的印度""英印当局""英印殖民当局"等。1947 年，随着巴基斯坦和印度独立，英国对印度次大陆的统治结束。

② 直辖殖民地（crown colony）：又译"皇家殖民地"，历史上英国殖民地中最常见的一种类型，由英国政府直接委派总督（governor）进行统治，总督对英国的殖民地事务部（Colonial Office）负责，本地居民无法享有或仅享有有限的政治权利。第二次世界大战后，绝大部分英国殖民地独立，成为主权国家。

③ 国际联盟委任统治地（League of Nations mandate）：第一次世界大战结束后被剥夺的战败国领土或殖民地，根据战后和约，由国际联盟"委任"给英、法等战胜国进行统治，理论上在条件成熟时应获得独立。其中，甲类（Class A）委任统治地为原奥斯曼帝国在阿拉伯半岛上的领土，乙类（Class B）委任统治地为德国在非洲的原殖民地，丙类（Class C）委任统治地为德国在太平洋上的原殖民地。英国在中东的委任统治地范围主要包括今伊拉克、约旦和巴勒斯坦地区。第二次世界大战后，绝大部分委任统治地独立，成为主权国家。

想象他们这个空前广大和多样的帝国的（这种广大和多样，更多是在社会学意义上而非地理学意义上的）？他们是怎样试图组织和安排这个他们所定居、征服、治理和统治的异质杂多的帝国社会，又是怎样看待由此产生的社会秩序的？[3]

英国人试图将这些多元化的殖民地和多样的人口理解为"一个完整的互动体系，一个广大互联的世界"，在这个意义上，多数英国人遵循了人类思考和理解陌生事物的标准模式。他们的"内在癖好"是从他们已知的事物，或者他们自认为已知的事物出发，也就是从他们自己国家的社会秩序出发。[4]但这种出发点属于何种类型？英国人对于国内社会秩序的认知，又给英国人对于帝国社会秩序的认知带来了怎样的暗示和后果？从黑格尔到马克思，从恩格斯到萨义德，一种常见观点认为，英国人将他们自己的社会（以及作为延伸的白人定居自治领社会）视为富有活力、个人主义、平等主义、走向现代的社会，因而是高等社会。这种观点进一步认为，与对帝国中心这种积极进步的认知相对，英国人将"热带"和"东方"殖民地的社会视为死气沉沉、等级分明、团体主义、愚昧落

4

后的社会，因而是低等社会。[5] 这种因为高度简化而吸引人（同时也很有影响）的对比论存在很多缺陷，但首先它的前提是错误的：它在根本上误解了在大英帝国达到权势巅峰时大多数英国人对于英国国内社会的认知。

英国人绝非将自己看作没有根深蒂固身份认同感的原子化个人，或是刚刚诞生并彼此斗争的不同阶级的一分子，抑或是具有可以产生无与伦比的进步主义优越感的现代性的平等公民；英国人总体上认为，他们属于一个不平等社会，这个社会的表征是一张等级分层的无形大网，时间和先例赋予它神圣性，传统和宗教赋予它正当性，它像巨大的链条，将上至君主，下至最卑微的底层臣民联结起来。[6] 英国人是这样看待他们自身，又是以此为出发点，去思考并尝试理解他们帝国的遥远属地和多元社会。这反过来意味着，对于英国人而言，海外属地的同一性绝不少于差异性。当英国人将帝国看成一个"广大互联的世界"，他们并不一定是要将其与他们认知的本土社会作优劣论或批判性的对照。毋宁说，正像他们的先人曾经做过的那样，当他们想象海外帝国的社会结构时，至少会同等地将其类比为他们所知的"本土"社会，或将其理解为本土的复制、本土的对应、本土的延伸，抑或（有时）将其看作本土的理想化，甚至（越发将其看作）本土乡愁的寄托。[7]

这意味着我们要更加关注英国人从等级角度理解、构思和想象大英帝国的多种多样甚至互相矛盾的方式。可以肯定的是，其中一种方式是基于种族高低对比的。英国人自视为全世界的主人，因而也是全人类的主人，在这方面，他们与所有后启蒙时代的帝国主义势力一样，甚至有过之而无不及。他们将自己置于文明成就等级的顶端，并依据其他种族的相对优缺点，将他们从高到低排在自己下面，这种种族优劣观念在 1780 年至 1830 年间越发在帝国的各种制度和法律中得到体现。[8] 到系统规划加拿大、澳大利亚、新西兰和南非的定居者社会时，英国人毫不犹豫地将当地原住民族驱赶到新出现的帝国社群的边缘地带。到 19 世纪末，此类种族主义的等级论、优越论和刻板印象发展得更为充分，已经僵化到了刺耳的程度。典型如塞西尔·罗兹所说的"英国人是世界上最优秀的种族，他们定居的地方越多，对人类就越有好处"，或者克罗默勋爵的信条——除了英国人以外的人都只是"臣属种族"。[9]

简单来说，正如彼得·马歇尔观察到的，"大英帝国强化了这样一种等级世界观：英国人在殖民帝国中占据了先发位置，而臣属于帝国统治的各民族则按照英国人所想象的优劣顺序排在他们下面"。[10] 这确实是令人熟悉且无可争议的事实。但这种帝国主义的排序和想象并非仅仅基于"深肤色民族具有内在低劣性"的启蒙主义观点，同样也基于"中心—外围"的类比和同一性。当英国人思考聚居了空前庞大人口的本国新兴工业城市时，就会将其与海外的"黑暗大陆"作对比，并将工厂里的工人等同于海外的有色人种。1830 年代和 1840 年代的"冲击城市"在人们眼中与"最黑暗的非洲"十分相像，都充满了遥远、未知和莫测的危险；而到 1850 年至 1875 年间，伦敦新出现的"残渣人群"和"危险阶级"，又因其品性和行为被比作海外帝国的"黑人"。此类从本土到帝国的类比也会作用和延伸到相反方向上：海外帝国的各种"本地人"之所以遭到集体贬低，一个额外原因是他们被看作与英国国内"不值得善待的穷人"等同的人群。[11]

在某种程度上，从 18 世纪到 20 世纪，英国人对于本土和海外社会所做的这些类比和对比，的确强化了既有的启蒙主义种族优劣观。以此为前提，当时世人和后世史家都将集体性、制度化和政治化的种族排序视为大英帝国建立和维系的基础。但是，这些类比和对比同样能够表明，英国人将大英帝国和帝国社会想象为一种本质上等级制的有机体，并不只是通过种族主义这一种方式。他们还站在另一个制高点上看待遥远属地的居民，这一视角同样基于优劣观念，但却经常越出、偶尔甚至会颠覆和破坏大英帝国仅仅且完全基于种族等级制的观念。这一视角就是英格兰人（后来是不列颠人）[①] 看待异域世界居民的习惯方式，一种远远早于启蒙思想的视角。

这种观点显然可以上溯到15世纪和16世纪。当英格兰人初次与北美原住民族相遇时，他们并未将这些人集体看作低等野蛮的种族；恰恰相反，他们将这些人个体地看作人类同胞。从这一前启蒙视角出发，英格兰人的结论是，北美原住民社会与英格兰本土社

---

① 根据书中语境，一般将指代作为帝国中心的整个联合王国或指代文化意义上的英国的 England/English，（Great）Britain/British，United Kingdom 等词译为"英国"，仅具体指代英格兰的 England/English 译为"英格兰"，与英格兰相对应的包含苏格兰和威尔士等联合王国其他区域的 Britain/British 译为"不列颠"，the United Kingdom 译为"联合王国"。

会非常近似：一种精心分层的地位等级制，像一张无形的网，从上层的酋长首领延伸至底层的小人物。不仅如此，这两个本质上等级制的社会，在英格兰人看来，不是以一种英格兰高等、北美低等的关系共存，而是以一种对等和相似的关系共存：一个社会的君主可以类比于另一个社会的首领，以此类推，可以沿着这两条平行的社会阶梯一路类比下去。简而言之，当英格兰人最初思考美洲原住民时，是将他们视为社会意义上的平等者，而不是社会意义上的低等者，并且，当英格兰人运用自己习惯的等级制观察工具来观察美洲原住民时，他们首要的分析脉络是个人的社会地位，而非集体的种族属性。[12]

本书认为，在思考帝国中心以外的广大世界时，将社会等级看得与肤色同等重要（或许更加重要？），这一态度对于英格兰人和后来的不列颠人至关重要，哪怕人们早已认为它无关紧要。的确，启蒙运动带来了一种观察各民族、种族和肤色的全新的、集体化的方式，其基础是距离、分隔和他者性。不过，这并没有颠覆早先的个人化类比思路，其基础是对于社会地位相似性的观察和对生活方式亲缘性的培植，投射出英国国内对于海外社会秩序的认知。[13] 相反，这种本质上前种族式的思路还会与大英帝国一同延续下去。这里举一个例子。1881 年夏天，夏威夷国王卡拉卡瓦①访问英国，他出席了繁多的社交活动，其中一项是斯潘塞夫人举行的招待会。同样在场的还有威尔士亲王，即后来的英国国王爱德华七世②，以及德国皇太子，也就是威尔士亲王的姐夫和后来的德国皇帝。威尔士亲王坚持要让夏威夷国王排在德国皇太子前面，当他的姐夫表示反对时，亲王给出了精辟而犀利的理由："这个'野蛮人'要么是个国王，要么就是个普通的花园黑鬼；如果是后一种的话，那他来这里做什么？"14

从一个角度解读，就我们当代人的敏感神经而言，这句话表达了极度麻木不仁和冒犯性的种族主义观点；但从另一个角度解读，就当时的习惯而言，这句话却又是一句很不种族主义的评论。这种基于对社会高等级的共同认可的传统的、前启蒙主义的共济会精神——马丁·马利亚颇具暗示性地将这种精神称为

---

① 卡拉卡瓦（Kalakaua，1836—1891）：1874—1891 年为夏威夷王国（1795—1893）国王。

② 爱德华七世（Edward VII，1841—1910）：维多利亚女王长子，1841—1901 年为英国王储（威尔士亲王），1901—1910 年为英国国王；其姐夫是德意志的皇帝兼普鲁士国王腓特烈三世（Friedrich III）。

"贵族国际主义"——战胜并超越了建立在整齐划一的共同肤色特点基础上的另一种较为晚近的共济会精神。从这种视角来看，构成英国人对于帝国的认知底色的等级原则，并不只是基于社会群体间集体性的、以肤色为标准的高低次序，也同样基于更为古老的、无关肤色的个人社会名望的高低次序。[15] 这就是说，对于大英帝国，至少有两种本质上等级制（并且安排精巧）的愿景：一种以肤色为中心，另一种以阶级为中心。因此，在小说《英印四部曲》中，社会背景相对低微的罗纳德·梅里克少校相信"英国人比其他一切种族都要高等，尤其要比黑人高等"。但是剑桥大学出身的盖伊·佩伦却对和自己上过同一所公学的印度人哈里·库玛尔有着比对社会地位低自己很多的梅里克强烈得多的亲近感。[16]

作为一个复杂的种族等级体系（以及一个稍为简单的性别等级体系），大英帝国已经得到充分研究；不过，作为一个同等复杂的社会等级体系，或者说，无论是作为任何意义上的社会有机体或社会构造物，它所受到的关注相比之下都要少得多。这种持续（且不受质疑地）将肤色置于阶级之上，将种族置于等级之上，或将集体置于个体之上的做法，的确在学术界开启了许多重要的全新研究脉络。然而，这也意味着，几乎没有学者关注到作为一种发挥功能的社会结构、作为一个想象的社会实体的帝国，在这里，如凯伦·奥德尔·库珀曼所说，"社会地位构成其他一切分类的根本"。[17] 而纵观历史，威尔士亲王所表达的那种看法，反映的是当时人们对存在于帝国内部的社会秩序的普遍观点。这种态度和认知无疑存在于 18 世纪晚期和 19 世纪早期，[18] 但在 1850 年代至 1950 年代期间仍然保持重要地位——在这段时期，社会等级的理念被视为各大自治领应当效法的典范，构成了精心构建的英印殖民帝国的基础，成为在非洲实践"间接统治"信条的关键，为在英国委任统治下的中东地区的新生国家提供了样板，还通过帝国荣誉体系得以法制化和理性化，又经由帝国君主制获得正当性和统一性。在以上所有过程中，社会等级制的理论和实践都起到了消弭帝国内部差异、化异质为同质的作用。

当然，即便是在帝国的鼎盛时期，这些建立在地位而非种族基础上的等级制的结构和构造、冲动和形象、想象和意识形态，也并不是全然普遍存在或令人信服的。并且，它们经常是源于对帝国中心或外围的

10

社会状况的某些严重误解（既有有意的误解，也有无意的误解）。不过，对于帝国中心的统治者、帝国外围的统治协作者，以及用传统的伯克式眼光看待这个"广大互联的世界"的英国本土与海外帝国的许许多多普通人来说，这些的确是他们传统智慧的一部分。本书将通过必要的简略和概要，勾勒出大英帝国的一种形象；在这种形象中，作为有社会名望的等级制概念，相较于历史学家的一般认识，占据着更为中心的位置。因此，本书强调，应当看到并理解，大英帝国是一种将英国本土的社会结构和社会认知输出、投射和类比的机制。在帝国的大半历史中，英国人在构思和理解他们的帝国时，都有一套自己的方式，而我们需要更多了解这种方式的内涵，以及它何以如此。我们不应忘记，大英帝国首先是一种个人的社会排序往往优先于集体的种族区隔的阶级行为。

第二章　先驱

在自我治理和治理世界上其他地方的过程中，英 [11]
格兰人（以及后来的不列颠人）遵循的是某些数量有
限的历史悠久且根深蒂固的原则、实践和认知。从都
铎时代开始，英格兰的地方政务便往往由一些享有最
高社会名望的人承担。这意味着权力掌握在大地主和
中小乡绅这样的传统权威手中，这种方式相对开销较
少，也较为业余。后来，威尔士、苏格兰和爱尔兰被
并入一个更大的不列颠国家，这些地方也同样由本地
社群的社会领袖来管理，他们自上而下施展权力和权
威，并与威斯敏斯特和白厅的中央政府保持联系和结
盟关系。这就是前帝国时代的"间接统治"，是英格
兰人与后来的不列颠人自我想象的方式，也是他们基
于这种想象进行自我治理的方式。英格兰与不列颠是
等级制社会，社会等级中的上位者也是行使权力的
人。[1] 当英国人将注意力转向他们所殖民与征服的广大
世界，这些关于社会是如何管理的以及应当如何管理
的观点，已在他们头脑里牢牢扎下了根。

　　大英第一帝国①主要是由一片大西洋西岸的领地构成的，自加拿大开始，经北美 13 个殖民地，到加勒比海诸岛，并在 1763 年至 1776 年的短暂时间内达到极盛。[2] 在英军于约克镇投降后，这个帝国的继承者诞生在它的废墟上，而这是一个比"第一帝国"远为广大和多样的国度。加勒比海殖民地得以保留和加强，而法裔加拿大和英裔加拿大地区也经由 1791 年的议会立法得到重构和改革。不过，法国革命战争和拿破仑战争却使得帝国的主要驱动力转向东方，在南亚征服了大片地区，在好望角到新加坡之间取得了多块新殖民地。由此发展出的这个帝国，如人们经常说的，不仅会在 19 世纪后半叶进一步在亚洲和非洲扩张，而且同时拥有两种截然不同的政治和治理传统。后来成为白人定居自治领的地区，缓慢但不可逆转地朝代议制和责任政府、国家身份和自治领地位前进。而在被征服的殖民地，威权主义的管理方式建立起来，最终终

12

①　大英第一帝国（First British Empire）：部分历史学家将 17 世纪初至 18 世纪中期英国早期对外扩张所建立的殖民帝国称为"大英第一帝国"，其统治重心是英国在北美的 13 个殖民地，美国独立标志着大英第一帝国的终结，之后英国对外扩张所建立的殖民帝国被称为"大英第二帝国"（Second British Empire）。本书常以 1781 年英军在约克镇向北美大陆军投降这一事件指代大英第一帝国的结束和第二帝国的开始。

结这种管理的是民族主义运动和独立运动。[3]

这样一幅图景是富有真实性和洞察力的。但是，尽管帝国这两部分属地的政治、治理和宪制沿革有着诸多不同，两者的社会却可能比一般所认为的有更多共同点。在白人自治领，英国移民创造了两种不同的社会模式。一种是对英国本土严格的等级体系的反叛，靠着似乎无穷无尽的土地供应的支持，将新殖民地建立在自由、独立和平等的基础上。另一种则不是要拒斥帝国中心的等级体系，相反，很多定居者的主要愿望是对其进行复制和培育，而这一般也是帝国中心的政策制定者的愿望。[4] 在印度以及新征服的直辖殖民地，对于当地原本的社会和政治也有两种截然不同的观点。第一种认为，当地的政权和等级体系是落后、低效、专制和腐败的，必须将其推翻，并按照更先进的西方社会和政治模式进行重建。第二种则认为，这些传统和有机的事物构成了一个有序、和谐、历史悠久的社会关系的真实世界，这种社会关系正在英国本土受到工业革命的威胁（甚至摧毁），因此在海外必须对其加以珍惜、保存和培育，因为与英国本土社会相比，这是一种更为整全的社会模式。[5]

换句话说，尽管二者的政治、治理和宪制沿革有着诸多不同，在定居殖民地建立起的白人移民社会，和在被征服殖民地所发现的原住民本地社会，都有可能从反等级制（拒斥英国体系/推翻本地体系）或是亲等级制（移植英国体系/保存本地体系）两种视角加以审视。从短期来看，拒斥与改革占主导地位：头衔在殖民地遭到蔑视，印度和非洲的本地统治者遭到推翻，反等级制的冲动明显占据上风。从长期来看，这种反等级制冲动也将最终胜出：定居自治领以比母国社会更加平等而自豪，直辖殖民地则经由独立运动成为共和国，并废除了帝国等级制的结构和形式。但从中期来看，在帝国数百年历史的大部分时期，在定居自治领和被征服殖民地，大英帝国都是以这样一种原则为基础：复制和支持一种效仿、比照和联结人们认为存在于（或确实曾经存在于）英国本土的等级制社会结构。这种冲动和认知发展到极致之时，正是19世纪中期至20世纪中期的帝国鼎盛时期。但在此前，已经有充分的先例存在于帝国扩张和殖民的早期阶段，尤其是在法国革命战争和拿破仑战争期间，这一时期值得我们短暂回顾，以便为后来的发展建立背景。

在北美东海岸的英国殖民地，族群和社会两方面的等级态度和传统偏好从一开始就非常强烈。一种可鄙的观点是：将本地的原住民和非裔美洲人这些非白人种族贬低为低级物种，埃德蒙·伯克①的看法就很典型，他认为，"黑人奴隶"属于"暴力残忍的野蛮人部落，他们身上残存的人性几乎被无知与野蛮抹去"；而印第安人则仅仅是"若干匪帮"，属于"最残忍凶暴的类型"。[6] 英国人偶尔会按照都铎王朝和斯图亚特王朝时期的习惯，承认殖民地本地的某些原住民首领为可与他们本土社会相比较的社会等级体系里的头面人物（比如在 1710 年接待 4 位易洛魁部落的所谓"国王"访问伦敦，或在 1730 年接待 6 位切罗基部落首领访问伦敦），或者寻求在军事上与他们结盟（发生在 1760 年代和 1770 年代）。但这些例外并不能否定规律。[7] 西印度群岛的情况也是如此，在这里，奴隶制以及从西非跨大西洋贩运奴隶的贸易活动，都被当作事物不可改易的秩序。就连废除奴隶制，都被看作旨在强化而非推翻一种等级制社会观，即认定尽管奴隶

───────

① 埃德蒙·伯克（Edmund Burke，1729—1797）：英国政治人物、作家、政治思想家、哲学家，近代保守主义政治思想的代表人物。本书常以"伯克式"（Burkeian）一词指代以他为代表的保守主义立场和观点。

应该获得自由，他们仍要以有尊严和服从的姿态待在社会秩序底层：要有自由，但也要处于从属地位。在此之后，英国人对于殖民地本地人的态度总体趋于严峻，这种态度也在 19 世纪由英国定居者复制到加拿大、澳大利亚、新西兰和南非。[8]

但在这些边缘化和被剥削的原住民人口顶层，许多英国海外定居者想要全套复制一种留在英国本土的精密分层的社会等级制。从这个视角来看，帝国意味着对等级的复制，而不是拒绝。相应地，在北美 13 个殖民地，到 18 世纪中叶，乡村地区越发按照英格兰模式建立秩序，有大地产、精致的府邸、在地乡绅，还有传统社会的全套配置：猎狐、纹章、佩剑和假发。乡贤、绅士、少爷、阁下等头衔用于标明人的身份，教堂的座席按照社会地位加以分配，甚至还出现了册封殖民地贵族的呼声。在这样一个分层、向上看和体制化的社会，人们总体上相信，人人都有"其指定的职务、位置和身份"，相信"上帝确立了人的不同等级和秩序"，还相信存在"一种社会秩序之美，即不同社会成员……都拥有他们指定的职务、位置和处境"。这样看来，殖民地时期的美洲是一个非常等级化的社会，一个深具身份意识的地方，拥有一套大体

15

与经济地位相对应的名望秩序。因此，对于反对英国统治的人来说，在1776年革命后，有必要在美洲废除各种头衔。[9]

最终，在新成立的美利坚合众国，反等级制冲动胜出，这个新生国家走上了非英国化、非帝国化的共和宪制与平等社会认知的轨道。从此之后，英国人发誓不让这种情况在他们的帝国再次发生，这意味着在其他地方需要培育、支持等级制，并阻挡社会革命。在18世纪末和19世纪初，"其他地方"大体是指爱尔兰、加拿大和印度。1800年的《合并法》将大不列颠和爱尔兰整合进一个新的帝国统一体和帝国中心统一体。尽管爱尔兰此后在法律上已是英国本土的一部分，在都柏林建立的统治机器却为后来演变为帝国外围的地方，包括印度、定居自治领和直辖殖民地，提供了殖民地长官体制的范本。君主在这里的代表是爱尔兰总督①，这一职务附带着全副皇家排场驻在都柏林城堡，担任者则无一例外都是贵族。《合并法》之

————————

① 爱尔兰总督（Lord Lieutenant of Ireland）：1690—1922年为英国统治下爱尔兰的最高长官，英国君主在爱尔兰的代表，由英国政府任免，有时也俗称为"爱尔兰副王"（Viceroy of Ireland）。1922年爱尔兰自由邦成立时，该职务取消，分别被爱尔兰自由邦总督（Governor-General of the Irish Free State）和北爱尔兰总督（Governor of Northern Ireland）取代。

后最初担任这一职务的包括里奇蒙公爵、贝德福德公
爵、诺森伯兰公爵和韦尔斯利侯爵①。总督是爱尔兰等
级社会愿景的焦点和顶点，下列事物反复欢庆总督的存
在：入城仪式、召见活动、授勋仪式、觐见仪式和游行
庆典等宫廷典礼，内廷总管、宫廷审计官、纹章官和纹
章侍从等宫廷随扈，以及创立于1783年的圣帕特里克骑
士团②（由总督担任总团长）的会议和册封仪式。[10]

这些发生在爱尔兰的强化殖民地长官威仪以强调
等级制的新发展，同样也在加拿大平行复制。巧合的
是，魁北克的法裔社会在其领主结构和对君主制的尊
崇方面一直保持法国大革命前的状态，因此与在相邻
的安大略建立的英裔社会有很多共同点。大多数英裔
移民是从13个殖民地逃离的保守派难民，迫切希望重
申他们对于英国的君主及其严格社会秩序的忠诚。此

---

① 韦尔斯利侯爵：指第一代韦尔斯利侯爵理查·韦尔斯利
（Richard Wellesley，1760—1842），英国贵族、政治人物，1798—
1805年任孟加拉总督，1809—1812年任英国外交大臣，1821—1828
年、1833—1834年两次任爱尔兰总督；其弟威灵顿公爵为陆军元
帅，曾任英国首相。

② 圣帕特里克骑士团（Order of St. Patrick）：1783年由英国国
王乔治三世创立的荣誉骑士团，用于封赏有功的爱尔兰贵族和军政
精英人士，成员人数最初为15人，称为圣帕特里克骑士（Knight of
St. Patrick），1821—1830年扩大至22人。1922年爱尔兰自由邦脱离
英国后，英国政府停止册封该骑士团成员。

外，1791 年，英国首相小皮特①还打算在加拿大建立
世袭制的上议院，作为对法国革命（以及美国革命）　¹⁶
确立的"错误的平等主义"的一种虽显焦虑但很坚定
的回应。所有这些手段都是为了一个主要目的，即
"避免出现另一个民主化的新英格兰"，以及灌输"一
种对于高贵者应有的尊崇和敬意"和某种"对于文明
社会实属必要的上下从属关系"。¹¹ 在 18 世纪后期和
19 世纪初期，这种殖民地长官排场和模拟君主制的集
合得到充分发展，与之相伴的是各种精心排演的典礼
仪式，排演者则是几位贵族总督，例如魁北克的多切
斯特勋爵、加拿大的达尔豪西勋爵和新斯科舍的约
翰·温特沃斯（以及相隔半个地球，在新夺取的好望
角的查尔斯·萨默塞特勋爵）。¹² 帝国后来在澳大利
亚、新西兰和南非的发展，至此已有了充分的先例。

　　在南亚，情况有所不同——但在其他方面又高度
相似。18 世纪后期，英国人以征服者和商人而非定居
者和移民的身份出现在这里。之所以说情况有所不
同，是因为英国人在南亚进行征服和扩张的第一阶段

---

　　①　小皮特：指小威廉·皮特（William Pitt the Younger，1759—
1806），英国政治人物，1783—1801 年、1804—1806 年两次任英国
首相，其父老威廉·皮特也曾任英国首相。

的主题之一，就是将以种姓为基础的印度本地社会作为一个有序、传统、分层的等级制社会加以培育和欣赏，就像对待与其相似的英国本土社会一样。[13] 这可以解释伯克对沃伦·黑斯廷斯①的敌意，他认为后者是一个颠覆和毁灭次大陆悠久社会秩序的暴君——这一观点比起他认为大西洋西岸的原住民族是没有根基、居无定所的野蛮人的观点要亲和得多。对伯克和许多英国人来说，南亚的社会安排易于识别，令人感到亲切熟悉。托马斯·门罗在 1805 年解释道："在这片土地上，因恰当的社会分层而产生的需求，更多属于想象而非真实，因为在世界其他地方，要以财产多寡来实现这种分层，而在这里，只需要依靠种姓差异和人的行为举止就可以实现了。"[14]

从这些社会类比和社会学认知出发，各种后果接踵而至。英国人对种姓的理论和实践产生了浓厚兴趣，因为他们认为印度社会与英国社会相似；很多以种姓为主题的著作就在这一时期写成。他们也认为，土邦王公（在他们眼中）高居这个分层等级体系顶端的地位应该得到加强和支持，王公应该得到英国人的

18

---

① 沃伦·黑斯廷斯（Warren Hastings，1732—1818）：英国殖民地官员，1773—1785 年任首任英属孟加拉总督。

平等对待。正如 1771 年约翰·林赛爵士①（他本人就是一位贵族的余子②）在马德拉斯③所写的："削弱我们朋友的未来，绝非好的政策。恰恰相反，提升他们的尊严，正是提升我们自己的尊严，并将他们与我们的利益绑定。"[15] 这也暗示了与白人定居殖民地相似的一点，即英国在印度的殖民政权也应该在排场和建筑上达到前所未有的壮丽伟大——部分原因是为了向土邦宫廷的华丽看齐，但也是为了投射一种秩序和权威的形象。韦尔斯利侯爵主政时期便是如此，他观察到，印度"是一个光辉的国家，一个奢华的国家，一个具备张扬外观的国家"。因此，统治这个国家必须"坐在宫殿里，而不能待在账房里；运用君主的理念，而不能运用棉布和染料零售商的理念"。[16] 这种做法由此得到合理化和正当化，英印当局的帝国等级制和典

---

① 约翰·林赛爵士（Sir John Lindsay，1737—1788）：英国海军少将，1769—1772 年任英国皇家海军东印度分舰队司令，并受英国政府之命调查东印度公司与印度土邦王公之间的往来情况。

② 余子（younger son）：指除长子外的其他儿子。历史上，英国贵族的余子无法继承头衔和绝大部分家产，需要自谋生路，因此往往寻求在军界、政界、公务员系统或海外殖民地发展职业生涯。

③ 马德拉斯（Madras）：印度东南部城市，1996 年改名为金奈（Chennai）。以马德拉斯为首府的马德拉斯省和以加尔各答为首府的孟加拉省、以孟买为首府的孟买省是英国在印度建立的最早的三个殖民地省份，自 18 世纪后期起长期由英国委派的各省总督（governor）管辖。

礼投射，最初在 19 世纪初期达到高峰，后来又在 20 世纪初期再次达到高峰，并持续了更长时间。

在治理结构和社会组织方面，印度次大陆为英国后来在亚洲和非洲的其他地方取得的直辖殖民地提供了典范。到 19 世纪过去四分之三时，英国势力还仅止于非洲大陆的边缘，与当地的政治和贸易关系相当有限，尽管有人认为西奥菲勒斯·谢普斯通在 1840 年代就通过本地祖鲁酋长，在纳塔尔率先践行了间接统治。[17]奥迈是一名年轻的南洋岛民，他于 1770 年代初期到访伦敦，并在上流社交圈中成为名人；在乔舒亚·雷诺兹爵士为他创作的肖像画中，他身着华美的长袍，站姿稳重，其贵族式的举止仿佛一位自信、传统的原住民首领。奥迈也是约翰·奥基夫一部话剧的主角，在这部戏的结尾成为塔希提之王。[18]70 年后，大卫·威尔基爵士为埃及帕夏①穆罕默德·阿里创作的肖像画也在传达非常类似的形象：一位具备精明强干人格的强大统治者，端坐宝座之上，身着传统（被奥斯曼帝国禁止）的埃及服饰，争取从土耳其手中赢得

---

① 帕夏（pasha）：奥斯曼帝国高级官员的称谓。19 世纪早期，穆罕默德·阿里帕夏（Mehemet Ali Pasha）作为奥斯曼帝国统治下的埃及总督取得对埃及的世袭统治权后，帕夏也成为埃及高级官员的称谓。

独立和世人对于自己国家的认可。再过两代人的时间，理查·伯顿爵士又表达了同样的观点：在 1860 年代和 1880 年代对西非的访问中，达荷美①国王及其宫廷的"原始光辉"令他着迷——这种光辉还会征服许多后来的殖民地官员。[19]

以上这些，本质上是关于帝国或尚在帝国疆界之外社群的某种统一的等级制观点。英国人以这种方式看待本国社会，并希望本国社会确实如此。因此，他们以同样的方式看待其他社会，认为其他社会多多少少与他们所了解（或自以为了解）的本国社会相似，也就毫不奇怪了。不过，还存在其他重要方式，使得这种从帝国中心出发的关于帝国的分层式愿景得到鼓励、整合和提升，使其更加连贯并令人信服。其中一种方法是将荣誉体系法制化并予以扩充，使其成为一个更加不列颠化、更加帝国化的头衔和封赏结构。18 世纪后期和 19 世纪初期见证了（英格兰）嘉德骑士团②和（苏格

---

① 达荷美（Dahomey）：非洲历史上的王国，位于今贝宁南部，1894 年被法国吞并。

② 嘉德骑士团（Order of the Garter）：1348 年由英格兰国王爱德华三世创立的荣誉骑士团，用于封赏有功的英格兰贵族和军政精英人士，成员人数最初为 25 人，称为嘉德骑士（Knight of the Garter），1786—1831 年扩大至包含不限数量的英国和欧洲王室成员，现为英国最高荣誉骑士团。

兰）蓟花骑士团①的扩充，以及（爱尔兰）圣帕特里克骑士团的创立。成立于 1725 年的巴斯骑士团②用于嘉奖国内和海外的军事功勋，最初仅由 36 名骑士组成；它于 1815 年得到扩充和重组，包含了三个精心排列的勋位等级。圣米迦勒和圣乔治骑士团③由托马斯·梅特兰爵士创立于 1818 年，用以安抚马耳他岛乡绅的自尊心。同时，还有空前数量的贵族爵位得到册封，因为苏格兰和爱尔兰贵族被授予联合王国贵族头衔，并有众多政治家、殖民地长官和军官被册封为男爵、子爵、伯爵、侯爵和公爵。[20]

最终，一个泛不列颠、泛帝国的精英群体得以稳固，并第一次担负起对帝国的征服、治理、统合和建

① 蓟花骑士团（Order of the Thistle）：1687 年由苏格兰国王詹姆斯七世（即英格兰国王詹姆斯二世）创立的荣誉骑士团，用于封赏有功的苏格兰贵族和军政精英人士，成员人数最初为 12 人，称为蓟花骑士（Knight of the Thistle），1827 年扩大至 16 人。

② 巴斯骑士团（Order of the Bath）：1725 年由英国国王乔治一世创立的荣誉骑士团，用于封赏有功的军政精英人士，初期成员仅有一个等级，1815 年扩大为骑士大十字（Knight Grand Cross）、骑士司令（Knight Commander）和同袍（Companion）三个等级，目前主要用于封赏英国的中高级军官和政府公务员。

③ 圣米迦勒和圣乔治骑士团（Order of St. Michael and St. George）：1818 年由英国摄政王（即乔治四世）创立的荣誉骑士团，用于封赏在英属爱奥尼亚群岛和马耳他任职的英国官员和本地精英人士；1868 年改为用于封赏在除印度次大陆以外的海外帝国任职的英国官员和本地精英人士，以及英国外交官和外交系统公务员，成员包括骑士大十字、骑士司令和同袍三个等级。

章立制的职责。同时，这一时期还见证了君主与帝国之间联系的加强，这也并非巧合。从定义上讲，大英帝国"是由对君主制的崇拜支撑起来的"。[21]君主是帝国国家的元首，也是帝国社会的领袖；总督们以君主 [22]的名义进行治理；而海外帝国的日常生活，如同帝国中心的日常生活一样，弥漫着与王室有关的实体和象征。在开始反叛乔治三世①之前，北美殖民地居民曾经对王室极为忠诚，从马萨诸塞到卡罗来纳，人们在君主的诞辰日、即位日和加冕日都要举行庆祝活动。[22]在约克镇英军投降后，帝国再度扩张，而君主作为帝国的政治飞轮、社会顶点和典礼中心的地位则进一步加强。在 1790 年代，西印度群岛上举行过多次皇家焰火大会，并铸造了带有国王头像的爱国奖章；加尔各答、孟买和马德拉斯的地方头领向国王呈上了大量效忠状；而在新斯科舍，约翰·温特沃斯的总督府因肯特公爵和克拉伦斯公爵的到访而熠熠生辉。不列颠民族的内部等级制与大英帝国的海外等级制在君主身上联结和交汇，君主让民族和帝国得以完整，使得他们具备了意义、连贯性和正当性。[23]

---

①　乔治三世（George III，1738—1820）：乔治二世之孙，1760—1820 年为英国国王；下文提到的肯特公爵（Duke of Kent）和克拉伦斯公爵（Duke of Clarence）均为其子。

然而，无论这幅统一、互联、等级制的帝国图景在本土和海外的众多英国人看来是多么合理，它也只是事物的一面而已，即便在第一波帝国冲动达到高峰的18世纪后期至19世纪初期也是如此。在美洲殖民地，一部分人为没能全然照搬英国的社会结构、未能建立"本地贵族"而惋惜，而其他人则坚持认为，对于自由和独立的崇拜意味着殖民地居民对于任何过时的旧世界等级制下的"从属关系"都"极为逆反"——后一种观点最终在1776年后胜出。在印度，本廷克①、麦考莱②和达尔豪西③等狂热改革家，在福音派基督教和功利主义哲学的启发下，认为土邦王公腐朽，本地习俗野蛮，寻求用西方式的法律、治理方式和教育取代它们，追

---

① 本廷克：指威廉·本廷克勋爵（Lord William Bentinck, 1774—1839），英国政治人物、殖民地官员、陆军中将，1803—1807年任马德拉斯总督，1828—1834年任孟加拉总督，1834—1835年任首任英属印度总督，其父波特兰公爵曾任英国首相。

② 麦考莱：指第一代麦考莱男爵托马斯·麦考莱（Thomas Macaulay, 1st Baron Macaulay, 1800-1859），英国历史学家、辉格党政治人物，1834—1838年为印度总督行政局（Governor-General's Council）成员。其所著《英国史》（*The History of England*）被认为是"辉格史观"（Whig history）的代表作。

③ 达尔豪西：指第一代达尔豪西侯爵詹姆斯·布鲁恩-拉姆齐（James Broun-Ramsay, 1st Marquess of Dalhousie, 1812—1860），英国贵族、政治人物，1848—1856年为印度总督，其父第九代达尔豪西伯爵于1820—1828年任英属北美（British North America，相当于今加拿大安大略及魁北克两省）总督。

求效率而非装饰性。[24] 而对于其他地方，莱佛士（以及帕麦斯顿①）等人认为，东方式的"专制"统治应该推翻，而"负隅顽抗"的非洲统治者则需要改造。[25]

因此，毫不奇怪，在英国本土完善帝国等级制，并将其输出到海外，以建立"一个完整的互动体系"，这一整套来自帝国中心的努力从未完全取得成功。美洲殖民地居民最终公开拒斥这一切；部分人士在加拿大建立本地贵族序列和荣誉骑士团②以加强加拿大人与英国人联系的尝试没有成功；魁北克总督盖伊·卡尔顿（后来成为多切斯特勋爵）认为，"在美洲（注：

23

---

①　帕麦斯顿：指第三代帕麦斯顿子爵亨利·约翰·坦普尔（Henry John Temple，3rd Viscount Palmerston，1784—1865），又译"巴麦尊"，英国贵族、自由党政治人物，1855—1865 年任辉格党和自由党领袖，1855—1858 年、1859—1865 年两次任英国首相。

②　荣誉骑士团（order of knighthood 或 order of chivalry）：中世纪后期起源于欧洲君主国，效仿此前欧洲的宗教和军事性质的骑士团，由各国君主创立并管辖，用于册封和奖赏对君主有功的本国和外国贵族及精英人士，其成员一般属于（或包括）骑士等级，通过成员对君主的效忠和服务团结起来，是欧洲各国君主对臣下进行封赏并与外国君主进行交际的主要工具。随着时间推移，各荣誉骑士团均为其成员配备独特的礼服、颈饰、绶带、星章等标志，以增进集体荣誉感。近代以来，各荣誉骑士团逐渐转变为欧洲各国的国家荣誉团体，吸纳更多社会阶层成员加入。国内资料多根据此类骑士团配备的外在标志，将其译为"勋章"，如将 Order of the Garter 译为"嘉德勋章"，但根据其历史源流和团体属性，将其译为荣誉骑士团较为合理。本书将英国此类荣誉团体均译为骑士团，将其他不具有团体属性但配备相似标志的 Order 译为"勋章"，如"印度皇冠勋章"（Order of the Crown of India）"帝国服务勋章"（Imperial Service Order）"加拿大勋章"（Order of Canada）等。

指加拿大）森林里建立君主或贵族威仪是不可能的"；而全英国和全帝国对于乔治三世的崇敬，并未在他的两个丑闻缠身的继承人①身上重现。[26] 此外，尽管这种扩展至帝国各地的等级制世界观在意识形态上是保守的，强调传统和保持不变的重要性，但在实践上却经常进行发明创造。美洲殖民地精致、分层的社会秩序，在18世纪中期来看，是相对晚近的事物。南亚的种姓体系在不断演化流变，许多印度的土邦王公是白手起家，并不能代表一个不变的等级秩序。[27] 授予本土和海外英国人的数量空前的荣誉勋位，有很多都是新近的创造。而围绕海外总督和英国君主的各种典礼仪式，其新的一面绝不少于其旧的一面。

不过，需要再次说明，在从大英第一帝国向第二帝国转换的时期，以1790年代至1820年代为高峰，存在一种强有力的统一意识，认为帝国是在海外扩展或发现某种社会，这种社会与当时或曾经存在于英国的社会相似。在美国革命结束后，这一广大互联的等级制世界尤其与皮特、邓达斯、韦尔斯利和马戛尔尼

---

① 这里的继承人指乔治三世之子英国国王乔治四世（1811—1820年摄政，1820—1830年在位）和威廉四世（1830—1837年在位）。

等人联系在一起，为后世提供了先例和典范，直到在100 年后，当大英帝国作为一个有序的构造和"传统"的发明达到其顶点时，涌现出以迪斯雷利①、寇松②、米尔纳、卢嘉德③和丘吉尔为代表的另一个帝国精英集团。[28] 的确，在这两个时期之间存在着一个麻木期。在《笨拙》④ 周刊 1850 年一幅名为"等在车站"的漫画中，萨克雷描绘了一些即将移民澳大利亚的英国人，认为自己会在那边遇到一个毫无尊崇感的社群，全然不同于老英格兰"那个充斥着地位等级、烦琐仪式和晃眼的古董器物的哥特式社会"。或许事实的确如此。[29] 但在将近一个世纪的时间里，从 1857 年印度兵变起，到 90 年后的印度独立止，大英帝国的统治者

---

① 迪斯雷利：指第一代比肯斯菲尔德伯爵本杰明·迪斯雷利（Benjamin Disraeli, 1st Earl of Beaconsfield, 1804—1881），英国保守党政治人物、小说家，1868—1881 年任保守党领袖，1868 年、1874—1880 年两次任英国首相。

② 寇松：指第一代寇松侯爵乔治·寇松（George Curzon, 1st Marquess Curzon, 1859—1925），英国贵族、保守党政治人物，1899—1905 年任印度副王，1919—1924 年任英国外交大臣。

③ 卢嘉德：指第一代卢嘉德男爵弗雷德里克·卢嘉德（Frederick Lugard, 1st Baron Lugard, 1858—1945），又译"卢吉"，英国殖民地官员，1907—1912 年任香港总督，1912—1914 年任南、北尼日利亚保护国总督，1914—1919 年任英属尼日利亚总督，在尼日利亚任内大力推行并宣扬"间接统治"（indirect rule）这一殖民统治策略。

④ 《笨拙》（Punch）：又译"《潘趣》"，英国周刊，1841—2002 年出版，主要刊登讽刺与幽默漫画。

和领导者曾经试图让这种等级制结构成为现实，让这种等级制愿景令人信服。现在是时候看看他们是如何着手，以及在何处着手的了。

第二部分

各地图景

第三章　自治领

从 19 世纪中叶到 20 世纪中叶，无论是在拒斥英 27
国本土社会等级制方面，还是在将其跨洋复制到海外
帝国方面，四大白人自治领都提供了最具实质性的范
例。的确，对于自治领来说，这两种倾向是二者兼
备，而非任取其一的，因为这二者不是难以调和的对
立选项，让人必须做出选择，而是在实践中可以同时
拥抱的两种可能。一方面，人们广泛认为，各自治领
（尤其是澳大利亚和新西兰）发展出了较为民主和自
由的政治文化，在此基础上最终演化出独立自主、脱
离帝国、文化多元的民族。但与此同时，各自治领走
上这条道路的背景却是一种相当保守和不平等的社会
和仪式文化，并因此得以在当时很好地与大英帝国这
一保守的君主制国度的广大世界相融合。[1] 而且，与此
前的北美 13 个殖民地类似，自治领的等级制体现在不
止一个方面：有种族和肤色的等级制（我们目前已对
此非常了解），以及叠加在其上的社会地位和名望的
等级制（我们对此了解较少）。

遵循北美殖民地的先例，四大自治领基本上是作

为"白人国度"建立起来的，这意味着"低等"的原
住民族群遭到了强加的无视和持久的削弱：无论是加
拿大的印第安人和因纽特人，大洋洲的毛利人和澳大
利亚原住民，还是南非的科伊科伊人，都遭遇了土地
被剥夺、人口锐减、地位边缘化的命运。[2] 在加拿大，
原住民到1830年代后期就已失去了五大湖以东的绝大
部分土地，而到1870年代，他们在草原地区南部的地
权也被取消了。在澳大利亚，一项不容置疑的原则是
只有英国人有权拥有和占有土地，具体体现在殖民者
认为被殖民前的澳大利亚是"无主地"这一信条中；
到19世纪后期，"白澳"政策得到全面推行。在新西
兰于1840年被英国兼并后，《怀唐伊条约》[①] 明确保
障本地酋长的权利、权力、土地和权威的条文遭到了
无视，毛利人的土地在1840年代至1860年代被系统
性地剥夺，英国人甚至为此出动了军队。[3] 在英属南
非，科萨人从他们在海角殖民地[②]的土地上被赶走，
祖鲁人被赶出纳塔尔，而在布尔战争结束后，新成立

① 《怀唐伊条约》（Treaty of Waitangi）：毛利人与英国政府于
1840年签署的条约，使新西兰沦为英国殖民地。

② 海角殖民地（Cape Colony）：英国于1806年在非洲南部夺
取的原荷兰殖民地，以好望角命名，首府为开普敦；1910年南非联
邦成立时，该地成为南非的开普省（Cape Province）。

的南非联邦①的基本原则之一就是"抛弃黑人种族"。⁴

　　这种严厉施加的种族等级制，让这些地方的原住民首领和部族得到的尊重远远少于帝国其他地方；在此基础上，许多英国白人定居者越发致力于复制他们认为遗留在英国本土的分层、有序的等级制社会。这些"新"殖民地的人口总体上较为分散稀疏，经济以农业为主，这为在当地复制帝国中心的地产社会提供了实质性条件。在19世纪的第二个25年，英国农业整体比较萧条，当"老腐败②"的遗存逐渐消失，贵族的支脉和远亲启程前往加拿大、新西兰和澳大利亚，希望可以在这里建立并享受他们在英国没法继续指望的优渥生活。⁵因此，在新南威尔士，波士顿勋爵

　　①　南非联邦（Union of South Africa）：1902年第二次布尔战争结束后，英国政府与南非的布尔人（阿非利卡人）和解，逐渐赋予其在英国统治下的自治权。1910年，英国的海角殖民地、纳塔尔殖民地与原为布尔人国家的德兰士瓦、奥兰治四地组成南非联邦，成为与加拿大、澳大利亚和新西兰地位相同的英国自治领。1961年，南非宣布废除君主制，成立南非共和国。
　　②　老腐败（Old Corruption）：1689年光荣革命后，英国形成由贵族和土地所有者掌握政治、经济和社会权力的格局，因寡头统治而造成种种腐化、封闭、不平等的社会弊病，英国人因此诟病其为"老腐败"；自1832年议会改革开始，政治、经济和社会各方面的改革与进步逐渐终结了这种局面。1689—1832年也被部分历史学家称为英国的"旧制度"（Ancien Régime）时期。

的侄子厄比兄弟，以及菲茨威廉伯爵的远亲威廉·查尔斯·温特沃斯等人都将自己树立为"社会第一等级"。他们建造乡村府邸，担任治安法官，在悉尼创立澳大利亚俱乐部，并十分关注决斗、纹章、谱系和祖先等各种传统事物。[6]

29　　大洋洲的其他地方也是如此，英国的乡绅生活和等级制典范在这里被人积极热情地复制和再造。在维多利亚殖民地①、南澳大利亚和塔斯马尼亚等地，早期定居者中的成功人士在维多利亚时代中期购置土地、扩大地产，由此产生的新乡绅精英又经由联姻和共享的一套生活方式巩固自己的地位。在城镇，他们成为墨尔本、阿德莱德和霍巴特的社会领袖；在乡村，以潘珊格和克拉伦敦命名的府邸和庄园盛产鹿、野鸡和鲑鱼，为打猎、射击和钓鱼提供了充足的条件。观察者们惊讶于"秩序井然的邻里"，在这里，"社会自然的主从关系得以保存"。特罗洛普②在1873年赞许道："我想，一名维多利亚殖民地的土地所有者的生活，应当和一百或一百五十年前一名英格兰乡

---

①　维多利亚殖民地（Victoria Colony）：今澳大利亚维多利亚州的前身，首府为墨尔本。

②　特罗洛普：指安东尼·特罗洛普（Anthony Trollope，1815—1882），英国小说家。

村绅士的生活很像"；他很肯定，这些土地所有者是"一个带有非常保守心态的建制化贵族群体"[7]。新西兰的情况也类似，大土地所有者拥有超过 5000 英亩土地，投入到引人注目的消遣和消费活动中，培植家长式作风，控制优质的休闲与文化设施，由此构成一位历史学家描述的准封建的"旧制度"。[8]

在世界另一端的加拿大，当地对于 1776 年美国革命的敌意又因 1812 年英美战争而加强，因而强烈希望复制和捍卫传统的英式社会结构，以对抗美国的平等、民主和共和精神。与 1789 年前的魁北克类似，1776 年前的上加拿大①是一个极为守旧的社会，由一个被称为"家族集团"的小团体控制，这个团体的成员通过"教育、社会地位和保守倾向"互相绑定。他们主宰一切，热衷于保卫国王和宪制，以他们与帝国的联系和纽带为荣，强调英国传统到了夸张的程度。[9]在这些人眼中，他们的社会迥异于美国，是一个分层、建制化和稳定的社会，他们对等级观念和尊卑理

---

① 上加拿大（Upper Canada）：今加拿大安大略省的前身，以位于圣劳伦斯河上游而得名，1791—1841 年为英国直辖殖民地，居民以英裔为主；同时期位于圣劳伦斯河下游、以法裔居民为主的英国殖民地为下加拿大（Lower Canada），即今加拿大魁北克省前身。1841 年，上、下加拿大合并为加拿大省（Province of Canada）；1867 年，加拿大省又与新不伦瑞克、新斯科舍两省组成联邦自治领。

念投入了全部精力。的确，加拿大社会越是在实际上与相邻的美国相像，加拿大人越会坚持看到它与美国的不同，方式是强调他们心目中这个社会的决定性特征——等级与秩序。在临近的纽芬兰①，情况也是一样，此地在 19 世纪的第二个 25 年见证了一种生机勃勃的殖民地文化的发展，这种文化的中心是庆典、游行和对于"忠诚服从与尊崇君主"的豪华展示。[10]

在背后支撑这些 19 世纪中期的定居者政权以及它们传统的、跨洋性的忠诚与"输入性社会等级体系"的，是一种由北美殖民地居民最早提出，而后在 19 世纪由英国和帝国的很多人传承下来的观点，即一个成熟的定居者社会必须是等级分层的社会。这在本质上就是他们希望在这些崭新而遥远的国度建立的社会，而在方法上，部分是通过将真正的英国贵族输出到海外，让他们可以在当地引领社会风气、制订社会标准，部分是通过欢欣鼓舞地制造本地的乡绅阶层。这就是为什么爱德华·吉本·威克菲尔德先后在他的《悉尼来信》（1829）和《关于殖民技艺的一种观点》

---

① 纽芬兰：指纽芬兰殖民地（Newfoundland Colony），今加拿大纽芬兰和拉布拉多省（Newfoundland and Labrador）的前身，主要包括加拿大东部的纽芬兰岛和拉布拉多地区，首府为圣约翰斯（St. John's）。1824 年成为英国直辖殖民地，1907 年成为自治领，1934 年丧失自治领地位，1949 年作为一省并入加拿大。

（1849）中强烈呼吁将英国式社会全盘移植到殖民地。这就是为什么阿瑟·汉密尔顿-戈登①阁下（他本人就是阿伯丁勋爵的一名余子）强烈主张："如果有一批在英格兰过着乏味生活的贵族余子前往那里（注：指加拿大），将会大有利于建立某种当地非常需要的贵族阶层。"[11] 这也是为什么在小说《卡克斯顿家族》（1849）中，爱德华·布尔沃-李顿爵士表达了在澳大利亚发展出一种贵族阶层的愿望。这些专家和政治人物强烈建议在殖民地复制母国的等级社会，而绝不希望拒斥这种社会。

他们对于社会的愿望和关于等级制的预测在很大程度上成为现实。一部分移民对于远离英国的社会等级制深感遗憾，希望可以将其重建，并致力于提升他们自身在其中的地位（就像狄更斯笔下的麦考伯先生）；还有一些移民一到殖民地就希望远离他们眼中低自己一等的其他移民。正因如此，爱德华王子岛总督亨利·亨特利爵士宣称，"一种贵族式直觉"存在

---

①　阿瑟·汉密尔顿-戈登：指第一代斯坦莫尔男爵（Arthur Hamilton-Gordon, 1st Baron Stanmore, 1829—1912），英国自由党政治人物、殖民地官员，1861—1866 年任加拿大新不伦瑞克省省督，1866—1870 年任特立尼达总督，1871—1874 年任毛里求斯总督，1875—1880 年任斐济总督，1880—1882 年任新西兰总督，1882—1890 年任锡兰总督；其父阿伯丁勋爵曾任英国首相。

于加拿大所有省份居民的心中。正因如此，罗杰·特里爵士在 1860 年代注意到："就像在大部分殖民地社会一样，在新南威尔士，只要是与位阶次序有关的活动，人们都会以极高的甚至有些可笑的精确性出席。"《悉尼晨间先驱报》也同意他的看法，认为"到处都有人渴望社会地位"。所有这些殖民地定居者都决心复制他们心目中的英国式社会秩序，并共享杰弗里·博尔顿所说的"一种盎格鲁式等级制社会观点"，这种社会的理想形式是"一种乡村社会，在这里，佃户们既服从又勤勉，他们所享用的公共图书室、技术学校以及参与的犁地比赛和体育比赛都由乡绅来组织和掌控"。[12]

这种贯穿英国各个白人殖民地的"贵族制线索"也意味着一种对于荣誉勋位和世袭头衔的广泛渴求——正如伯克早就指出的，这些是一个建制化等级社会的基石。1853 年，威廉·查尔斯·温特沃斯提出，参照 1791 年的加拿大方案以及一个 4 年前在南澳大利亚提出的类似方案，在新南威尔士设立拥有世袭头衔的立法局议员席位。通过鼓励和奖赏居于领导地位的地方要人，这一方案将在殖民地"奠定一个贵族体系的基础"，并且将"必然构成一种最强烈的吸引力", 使得英国贵族愿意把亲属送往海外。[13] 也有很多人赞同查尔斯·菲茨罗伊爵士的观点, 认为殖民地建立自己的荣誉骑士团将"通过为公职人员和本地乡绅的志向抱负设定正当目标, 加强殖民地与母国的联系"。早在 1820 年代, 殖民地事务大臣巴瑟斯特勋爵就考虑为加拿大设立一个单独的荣誉骑士团, 后来担任这一职务的斯坦利勋爵①在 1844 年又再次考虑了这一构想。在加拿大自治领成立时, 总督蒙克勋爵呼吁给新成立的参议院议员授予终身贵族头衔, 并成立一个"圣劳伦斯骑士团"; 而在 1881 年, 洛恩勋爵②再一次向殖民地事务大臣提议设立一个加拿大的荣誉骑士团。简单来说, 在 19 世纪的第三个 25 年, 在殖民地政府和社会中"贵族制因素应该构成一个重要成分"的理念已经被广泛接受。[14]

由殖民地总督来主持这些高度注重地位的社会是恰如其分的: 总督在职业上是模拟君主, 在身份上是

---

①　斯坦利勋爵: 指第十四代德比伯爵爱德华·史密斯-斯坦利 (Edward Smith-Stanley, 14th Earl of Dery, 1799—1869), 英国贵族、保守党政治人物, 1846—1868 年任保守党领袖, 1852 年、1858—1859 年、1866—1868 年三次任英国首相; 1851 年前称为"斯坦利勋爵"(Lord Stanley), 曾任英国陆军和殖民地事务大臣。

②　洛恩勋爵: 指洛恩侯爵约翰·坎贝尔 (John Campbell, Marquess of Lorne, 1845—1914), 英国贵族, 维多利亚女王的女婿, 1878—1883 年任加拿大总督。

32 上等人，比如加拿大总督额尔金勋爵①，以及在新西
兰和新南威尔士分别担任总督的菲茨罗伊兄弟（他们
是格拉夫顿公爵的孙子）。总督不仅在政治上掌握大
权，作为君主本人的直接代表，他们还高居殖民地社
会等级体系的顶点，为其赋予合法性并加以完善，还
将其与君主和母国之间建立起直接的和个人的联系。
在各种意义上，他们对社会发号施令。根据殖民地小
说家和专家"萨姆·斯利克"的解释，通过决定谁可
以（或不可以）受邀前往总督府，总督成为"荣誉之
源，酬庸与等级的施与者"。[15]当殖民地社会举办各种
典礼活动时，总督还是关注的焦点。他们的入场、退
场以及召集殖民地立法机构的活动，都是定居者社群
展现有序分层的自我形象的场合，通常伴以各种制
服、游行、队列、敬礼。总督还要主持当地为君主诞
辰、加冕、禧庆②和葬礼举办的各种仪式活动。马

---

① 额尔金勋爵：指第八代额尔金伯爵詹姆斯·布鲁斯（James
Bruce, 8th Earl of Elgin, 1811—1863），英国贵族、殖民地官员，
1842—1846 年任牙买加总督，1847—1854 年任英属加拿大省总督，1862—
1863 年任印度副王，在第二次鸦片战争中作为英国政府首席谈判代表参与
对中国的侵略；其子第九代额尔金伯爵于 1894—1899 年任印度副王。

② 禧庆（jubilee）：指庆祝英国君主即位满一定年份的典礼活
动，举办禧庆的年份称为禧年（jubilee year）。禧庆通常包括庆祝即
位 25 周年的银禧庆典（silver jubilee）、50 周年的金禧庆典（golden
jubilee）和 60 周年的钻禧庆典（diamond jubilee）等。

克·弗朗西斯认为，这一切的结果是形成"一个官方
的等级制社会"，其中的各种位阶次序涵盖了"上自
总督，下至伐木工人"的各色人等，正如在英格兰的
一个郡里，位阶次序涵盖上自郡守，下至农业劳工的
各种人物一样。[16]

　　在 19 世纪的最后 25 年间，这些分层的定居者社
会变得更加成熟、更加等级分明、更加精致，一如其
在英国和海外帝国的支持者所希望的那样。在西澳大
利亚，1886 年至 1893 年担任立法局主席的是詹姆
斯·李·斯蒂尔斯，他的父亲是一名热衷猎狐的英国
保守党后座议员，他的家族历史可以上溯到 11 世纪，
他本人则维持着无可挑剔的礼仪和乡绅传统，凸显着
（而且是有意凸显着）自身的英格兰乡村背景。在墨
尔本，詹姆斯·安东尼·弗鲁德在 1885 年欣喜地发现
了一座苏格兰领主风格的完善的乡村府邸，附带庄
园，还有两个真正的英格兰老爷住在里面，府邸的一
位少爷拥有一张"属于兰斯洛特爵士的脸"。[17]在安大
略乡村，情况也很相似，"当地的商人和农场主全心
全意接受受过更好教育的乡绅阶层的领导，乡绅们的
宅邸有些甚至自带舞厅和礼拜堂，主宰着整个区域"。[34]

而这些朝向一个更加分层和建制化的殖民地社会方向的发展，又经由因为另一次农业萧条而离开英国前来定居的新一代"绅士移民"得以加强。在马尼托巴、阿尔伯塔和不列颠哥伦比亚省，爱德华·乔治·埃弗拉德·福尔克斯、弗兰克·拉塞尔斯阁下和库茨·马奇班克斯阁下成为农场主和牧场主，配备了全副乡绅派头：猎狐、游园会、板球、网球、乡村府邸、家族银器和成群的仆人。[18]

访问澳大利亚归来的弗鲁德得出了让人安心的结论：定居殖民地目前已有充裕的空间"提供给所有类别的人"，英国从上到下的社会等级都包括在内，结果是让这里有了"全套的英格兰生活方式，没有标新立异，没有异国情调，没有别出心裁"。[19]而这些社会在变得更加精细分层的同时，也变得越发明晰化和制度化。从墨尔本到多伦多，从悉尼到开普敦，绅士俱乐部、大饭店、火车站、公学、新成立的大学、地方立法机关和圣公会大教堂在19世纪的最后25年间纷纷落成，许多都属于苏格兰领主风格或哥特复兴风格，散发着历史、复古、等级和传统的气息——全都是萨克雷希望存在又唯恐缺乏的事物。[20]在世界的一端，这种景象在1890年代的墨尔本得到充分展现：在这里，维多利亚殖民地仍旧是乡绅当道，社会心态由阶级意识和等级观念主导，年幼的罗伯特·戈登·孟席斯①正在成长。在太平洋的另一边，温哥华的情况也是如此：在这里，一个高度亲英和高度自觉的等级社会在第一次世界大战前的 30 年间发展起来，中心是非常排外的温哥华俱乐部和《社交登记册》。[21]

　　自治领社会的分层化和哥特化还在其他方面得到体现，比如社交指引和名望排序类的重要著作将覆盖范围从帝国中心扩展到了帝国外围。1832 年，约翰·伯克②出版了《大英帝国贵族及从男爵③谱系纹章辞典》的第四版，该书开篇以一种恰当的等级制情绪写道："大英帝国的贵族，如同帝国其他无与伦比的制度一样，是作为连接整个帝国社群的大型链条的一环而存在的。"然而，尽管书中多次提及"大英帝国"，伯克只是按照当时人的习惯用法，用这个名词指代英

36

---

　　① 罗伯特·戈登·孟席斯（Robert Gordon Menzies，1894—1978）：澳大利亚自由党政治人物，1945—1966 年任自由党领袖，1939—1941 年、1949—1966 年两次任澳大利亚总理。

　　② 约翰·伯克（John Burke，1786—1848）：爱尔兰谱系学家，伯纳德·伯克爵士之父，开创了专门研究英国贵族谱系学的伯克家族，其出版的《伯克贵族系谱》（*Burke's Peerage*）直到今天仍在不断再版；与政治思想家埃德蒙·伯克同姓但无亲属关系。

　　③ 从男爵（baronet）：设立于 17 世纪初的一种英国头衔，地位介于男爵和骑士之间，世袭但不属于贵族，称谓是"爵士"（sir），与姓名连用（用法与骑士相同）。

格兰、爱尔兰、苏格兰和威尔士"四王国"。不过，到19世纪后期，情况则完全不同了，"大英帝国"已被用于指称海外的自治领，而谱系学家们的注意力也延伸到了这些地方。1891年至1895年，伯纳德·伯克爵士出版了两大册精装本《伯克殖民地乡绅系谱》，参照英国的《伯克贵族系谱》和《伯克乡绅系谱》，将殖民地乡绅详加记录、造册入典。本书的目的是"以便捷和永久的方式，将殖民地高门大户的记录保存下来"，并"向英国本土和海外人士展现将姊妹殖民地彼此及将其与母国团结起来的密切亲缘纽带"。[22]

论华丽程度，这些昂贵的大张书页与帝国中心的贵族系谱和乡绅系谱相比也不遑多让。伯克在其中记录了535个家族，详细记载了这些家族的祖先、纹章和住所，并写出了他们抵达殖民地的日期和情形。列名其中的，有好望角的查尔斯·爱德华·赫伯特·奥彭，他的家族"具有悠久历史"；有西澳大利亚布莱克伍德的查尔斯·乔治·李·斯蒂尔斯爵士，祖上来自萨里郡的杰伊斯，家族可以"不间断地上溯至诺曼征服"；有来自悉尼附近的沃克卢斯的菲茨威廉·温特沃斯，他的家族"据谱系学家说，可以追溯至撒克逊时期"；有来自新西兰坎特伯雷区克赖斯特彻奇的里奇蒙·比森，据称是长者爱德华国王的后代；有加拿大西圭林伯里的南泰尔的理查德·泰尔维特，他的先人曾经"在英格兰北部生活了几个世纪"。这是一本关于英国自治领已然形成的等级制定居者社会的终极指南，里面的人要么是英国贵族的支脉，要么是自我成就的人。大多数人都是靠自我推荐的方式列名其中，比如李·斯蒂尔斯家族，"因为他们感到，他们在出身和教养上理应被看得高于大多数同时代人"。[23]

　　绝非巧合的是，从 19 世纪最后 25 年开始，这些 38 更加分层化、精致化和奢华化的殖民地等级体系，经由当地的总督宫廷得到了进一步完善，这些总督宫廷不仅拥有空前的光辉壮丽，而且也是对新近焕发活力的英国君主宫廷以及印度副王[①]宫廷空前的光辉壮丽的模仿和反映。[24] 加拿大于 1867 年组成联邦自治领，澳大利亚于 1900 年组成联邦自治领，新西兰于 1907 年成为自治领，南非联邦于 1910 年成立并成为自治

　　① 印度副王（Viceroy of India）：前身为英属印度总督（Governor-General of India），代表英国东印度公司管辖英属印度各省；1858 年，英国政府宣布直接管辖印度，为印度总督加上"副王"头衔，使其成为英国统治下印度的最高长官，由英国政府任免，对英国的印度事务部（India Office）负责，英属印度各省的总督（governor）和省督（lieutenant-governor）均为其下属，各土邦王公受其监督。副王的妻子称为副王妃（Vicereine）。1947 年印度独立时，该职务撤销。

领。这些新生的国度在社会志趣和文化价值上仍然具有压倒性的英国色彩，而自治领总督职务也变得更加贵族化和宫廷化，有了自1800年代以来在海外帝国从未见过的排场。[25]英国人相信，"应当任命有很高等级和卓越地位的人当总督，否则殖民地人士是不会满意的"，担任总督的人应该是"最充分意义上的英国绅士"，代表着"这个国家所有可敬、稳靠和持重的事物"。这一观点在海外得到了非常清楚实在的支持。就像著名的澳大利亚保守派人士威廉·麦克米伦爵士在1902年所说的，现在只有"优秀的年轻人，出身英国上流社会，而且来自上议院"才会被安排到总督职务上，"因为他们这样的人坐在我们政治和社会体系顶端的位置上，会让人感到无可挑剔"[26]。

随之而来的是前所未有的贵族出任自治领总督的风潮：德文郡和兰斯多恩①任加拿大总督，达德利和丹曼任澳大利亚总督，兰佛利和布莱迪斯洛任新西兰总督，格莱斯顿和克拉伦敦任南非总督，还有一批小贵族担任澳大利亚各州总督，比如诺曼比、布拉西和

————————

① 兰斯多恩：指第五代兰斯多恩侯爵亨利·佩蒂-菲茨莫里斯（Henry Petty-Fitzmaurice, 5th Marquess of Lansdowne, 1845—1927），英国贵族、保守党政治人物，1883—1888年任加拿大总督，1888—1894年任印度副王，1900—1905年任英国外交大臣。

霍普顿任维多利亚总督。他们穿戴耀眼的羽饰礼帽、礼服佩剑、勋章绶带，乘坐豪华的专列巡视着自己的辖区，举办奢华的宴请招待活动，发表讲话，为建筑奠基。作为女王兼女皇和国王兼皇帝的代表、上议院议员、拥有大片地产的土地所有者，作为传统英国乡村社会秩序的产物，他们堪称等级制社会的偶像，是"富有典型的母国贵族魅力"的"豁达大度的基督教绅士"。[27] 他们过着非常适宜的贵族式和准帝王式生活。"这里应有尽有"，一位造访卡林顿勋爵的客人观察到，"完全就像在英格兰一座豪华乡村府邸里的生活，简直让人意识不到他并不在英格兰"，勋爵此时只是新南威尔士总督，而这正是这一切想要达到的效果。凭借他们的等级、头衔和社交光环，这些来自帝国中心的光鲜人物致力于将各个殖民地自身的等级体系整合进帝国的等级体系。正如爱德华·汉密尔顿观察到的："大型殖民地……和英国贵族一样……（他们都）有虚荣势利的倾向。"[28]

与此同时，绅士移民持续前来定居，尤其是在第一次世界大战结束后。大量的贵族子嗣死于大战，战争结束后随之而来的则是雪崩式的地产出售。[29] 结果，

1920 年代和 1930 年代，被英国的大众城市民主进一步疏远的新一代失意贵族前往肯尼亚，寻求在白色高地①重建过去的地主式闲暇特权生活，就像他们的前辈在澳大利亚和加拿大所做的一样。德拉米尔勋爵、克兰沃思勋爵、埃罗尔勋爵、弗朗西斯·斯科特勋爵、费迪南·卡文迪什-本廷克爵士和乔克·德尔弗斯·布鲁顿爵士等人购置了大量地产，修建豪宅并将家族收藏的油画和银器安放在其中，以祖上在英国对待仆人的方式对待自己土地上的黑人劳工。如同德拉米尔勋爵的传记作者所说："封建体系已经融入他的血液，他终生坚信自己的生活方式具有根本上的正确性"，而这种封建体系则是他和其他人希望在海外帝国永远维持下去的。年轻的伊夫林·沃恰当地成为他们的司仪和辩护人，他称赞这些人努力"移植和保全他们自身的传统生活习惯，即英格兰乡贤的传统生活，而英格兰已经容不下这种生活"。30

1873 年，安东尼·特罗洛普对比了他眼中传统和等级制的英国社会结构和他眼中民主和平等主义的美国社会结构。从这里出发，他（安心地）得出结论认

① 白色高地（White Highlands）：英国人对今肯尼亚中部高原地带的称呼，因气候凉爽宜人，土地适合耕种，20 世纪上半叶吸引大批英国人前来定居，建立农场。

为：“殖民地是对英格兰的复刻，而非对美利坚的模仿。”[31] 这一观察总体来说是正确的，而且在接下来半个多世纪里持续成立，甚至一直到间战期①，都继续适用。来自英国的绅士移民，殖民地本地的胸怀大志者，上层堂皇华贵的殖民地长官宫廷，这些加在一起，意味着白人自治领（以及肯尼亚的白人定居地区）在心态上与美利坚合众国相比更为传统。美国人在 1776 年搞了一场反君主、反头衔、反等级制的革命，而自治领不想要这样的决裂。到 20 世纪早期为止，自治领或许在朝着民主和政治自由的方向发展，但在社会上、文化上，特别是在经济上，它们仍然受制于母国的某种特定的愿景，也就是杰弗里·博尔顿所说的“头衔，对大地产的尊崇，等级制态度，以及高尚生活的神话”。它们不想要美国式平等道路，而倾向于“模仿与尊崇”，并且自豪和欣喜于保持自身的社会等级、总督宫廷，以及作为传统的、更大的不列颠的一部分的地位。[32]

---

① 间战期（inter-war years 或 inter-war period）：又译“战间期”，指两次世界大战之间的时期，即 1918—1939 年。

第四章　次大陆

41　　在社会意义上，英国的白人定居殖民地是英国本土等级制对外输出的结果，相较而言，印度次大陆则是英国等级制进行横向类比的参照物，或者说，它在19世纪后半叶越发成为这样一种参照物。1857年大兵变过后，本廷克、麦考莱、达尔豪西等人曾经推行的旨在推翻他们眼中腐化专制的印度旧制度的政策（以及相应的刻板印象）基本被放弃了。取而代之的新政策（以及相应的新的刻板印象）以较过去更为亲切的眼光看待印度的既有秩序，将其视为值得提携和保存的事物。"传统""永恒""不变"的南亚次大陆从批判的对象变成了爱护的对象："印度过去是改革者的标靶，现在成了反动派的希望。"[1]但印度是一片广袤而复杂的土地，整块次大陆上生活的亿万人口分别信仰两种强大而互竞的宗教。英国人在加尔各答（后来是新德里）直接管理着一部分领土，五百到六百个自治的土邦占据着另一部分领土，后者约占整个次大陆面积的三分之一。那么，在大兵变之后的几十年间，英国人到底是如何重新想象（以及重新建构）

这个帝国之内最负盛名、最具浪漫主义色彩的部分,以"将这里的全体臣民,不分印度人和英国人,都统辖在单一的等级体系里"的?[2]

英国人的办法之一,是把更多注意力放在种姓的概念及分类上。在东印度公司统治印度的最后几十年中,婆罗门的种姓理论愈发固化,其影响遍布从印度南方的庙宇仪轨到印度王公的荣典制度的各个领域。[42]除此之外,种姓还被法院进一步工具化,从而深深渗透进南亚社会,重构了公共崇拜、人身流动、婚姻与继承中的各种人际关系。结果是形成了一种对于印度社会秩序的缺乏流动性、个人与社会地位绑定并且越发包罗万象的愿景;而对英国人而言,这种愿景在19世纪下半叶变得比在公司统治时期更具吸引力。英国人从"他们自己的知识和思维模式"出发,将种姓视作"印度社会体系的基本特征",并将其与英国本土精心排布的等级制相类比,这让他们对印度社会有了熟悉感。到1901年,种姓已经被应用于印度的人口普查,就像英国国内普查使用的社会分类一样。[3]如此看来,印度在英国人眼中是一个整合和连贯的等级体系,有着他们可以把握和理解的"广为接受的社会位阶"。苏珊·贝利注意到，"在英国统治下，次大陆上有空前大量的人被拉入或强制纳入现在被视为种姓社会关键特征的仪式化的社会等级体系"。[4]

种姓，以及将种姓"官方化"的人口普查，让英国人有了一种关于印度社会的分层和传统的整体概貌。不过，这个社会在个别和地方意义上体现为"村庄共同体"。在种姓观念兴盛的同时，对乡村生活的崇拜也在公司统治的最后几十年间发展起来，并同样在19世纪后半叶达到了高峰；这一时期的作家，比如亨利·梅因爵士、威廉·威尔逊·亨特爵士和阿尔弗雷德·莱尔爵士等人，将人们关于乡村的寻常看法加以吸收和润色，赞扬印度乡村的"古老""生机""复杂"和以不成文习俗为基础。这些"健康的农业共同体"是"现存社会和经济秩序"的基石，并因此构成了印度"真实""传统""永恒"的原初单位。[5]作为印度社会的缩影，乡村从定义上就是等级性的：根据菲利普·梅森①回忆，"每个村子里都有一部分人听命于另一部分人……你在村里碰到的每个人都符合

---

① 菲利普·梅森（Philip Mason，1906—1999）：英国历史学家，1928—1947年曾任英印殖民当局公务员，著有《统治印度的人》（*The Men Who Ruled India*）一书，以笔名菲利普·伍德勒夫（Philip Woodruff）出版。

这个模式"。这种愿景也正是吉卜林和其他作家所唤 ⁴³ 起、颂扬和推广的印度形象，它不仅对英国人具有内在吸引力，并构成他们对印度社会看法的关键部分，而且从时间上看，在它最受欢迎的时代，英国本土兴起的乡村崇拜也恰好在体现"英国性"的本质。这并非巧合，而是类比社会学发挥作用的又一例证。[6]

　　在这个分层、伯克式的印度社会农业形象顶部，英国人构建的政府系统同时实行直接统治和间接统治，既实施威权统治又寻求与本地精英合作，但总是天经地义般地加强和维护传统与等级制。在实行直接统治的三分之二国土上，统治当局以一种固定的官员序列形式存在。就像吉卜林观察到的，骡马和大象服从驭夫，驭夫服从中士，中士服从中尉，中尉服从上尉，上尉服从少校，少校服从上校，上校服从大校，大校服从将军，将军服从副王。军队这套对文官同样适用。印度公务员序列实行一套平行的等级链条，从管理乡村的区域长官开始，向上到各省省督，最后到印度副王。整个英印当局的礼仪规范由一份"位阶许可状"严格规管，这份文件在1881年包含77个等级，并在诸如马德拉斯政府天文台台长和加尔各答皇家植物园总监孰高孰低这样的问题上给出了基本建议。在英属印度，官方身份决定了社会等级。保罗·斯科特笔下的一个角色观察到，这些是"严密的等级制层级"，英国统治下的印度正是以此闻名。正像菲利普·梅森回忆的那样，"英国人的印度受到种姓感染的程度，就像印度人的印度一样深"。[7]

为了施行司法制度、获取财政收入，英印当局需要可靠的盟友，而他们选择盟友是基于这样一种假定：他们所偏爱的英国本土社会模型，可以适用于印度，并在印度找到可以类比的参照物。正如英国的地方政府总是依靠当地的贵族和乡绅，英国人在南亚选择的伙伴也是一些"天然领导者"：大土地所有者，"有财产有地位"、"有权有势"、在乡村社会"发挥重要影响"的人。在英国人看来，印度地主要扮演英国权贵那样的角色，因为他们在地方上享有的传统地位和权威让他们对帝国事业的参与既宝贵又可靠。[8] 在联合省①占有庄园土地的乡长②，以及在信德省发挥宗

---

① 联合省（United Provinces）：全称"阿格拉和奥德联合省（United Provinces of Agra and Oudh）"，英属印度省份，位于今印度北部，首府为安拉阿巴德（Allahabad），近年改名为普拉亚格拉吉（Prayagraj）。

② 乡长（Talukdar 或 Taluqdar）：音译为"塔鲁克达尔"，历史上印度的一种土地所有者的称呼。

教、社会和经济影响力的辟尔①都是明显的例子——菲利普·梅森透彻地将这类人统称为"土地所有者，因为这是与他们情况最接近的英国概念"。种姓社会中的乡绅领袖，这是英国直到最后都在固守的关于南亚的形象。1920 年代后期，联合省总督马尔科姆·黑利②爵士将柴明达尔③比作英国贵族，并因此为他们提供支持，希望他们能"为自己确立如老派乡贤在英国乡村生活中占据的位置"。9

　　印度余下的三分之一由土邦构成，这五百多个由拉者④和大君、纳瓦布和尼扎姆统治的私人领地，在1857 年后不再被贬斥为异质和腐化的事物，反而被赞颂为熟悉和传统的存在。在大兵变后出任印度事务大臣的查尔斯·伍德爵士认为："过去压制印度的全体

---

　　①　辟尔（Pir）：伊斯兰教苏菲派精神导师的称号，历史上在南亚信德（Sind）地区也承担维持乡村秩序的功能。

　　②　马尔科姆·黑利：指第一代黑利男爵（Malcolm Hailey, 1st Baron Hailey，1872—1969），英国殖民地官员，1924—1928 年任印度旁遮普总督，1928—1934 年任印度联合省总督。

　　③　柴明达尔（zemindar 或 zamindar）：历史上印度的一种土地所有者的称呼，英国殖民时期承认其为世袭地主，向其征税，并允许其向农民收取地租。

　　④　拉者（raja）：又译罗阇、拉惹，在梵语中意为统治者，与大君（maharaja）、纳瓦布（nawab）、尼扎姆（nizam）等均为历史上南亚土邦统治者的称号；此外，一些东南亚邦国君主也采用拉者称号。

贵族和乡绅，或者放任他们走向毁灭的政策是个错误。"在他任职期间，这一政策被及时扭转过来，称颂取代了批评，保存取代了破坏。[10] 维多利亚女王①在1858 年 11 月发表的宣言书，代表帝国政府承诺"将本地王公的权利、尊严和荣誉当作朕自身的权利、尊严和荣誉加以尊重"，因为王公是南亚社会典型的"天然领导者"。今后，他们将直接与英国君主联结，他们的邦国将免于被英国兼并，他们在无嗣时收养的继承人将得到英国承认。[11] 根据大卫·沃什布鲁克的解释，结果是"在社会意义上"，英印当局现在"在与其眼中基于继承的社会等级制的……封建社会秩序打交道时极为愉快"。[12]

用更积极的话说，这意味着英国人决心通过王公，以及王公所代表并高居其顶点的"根基深厚的等级制社会结构"，对三分之一的印度实行间接统治。[13] 作为名义上享有自主权的"本地邦国"，土邦在英国至高权力统辖下，以及从印度政务官序列中派遣的驻

① 维多利亚女王（Queen Victoria，1819—1901）：英国国王乔治三世孙女，乔治四世与威廉四世的侄女，1837—1901 年为英国女王，1876 年被英国议会授予"印度女皇"头衔。

员①协助下，管理自身事务。土邦不向英印当局纳税，其君主专制属性使其免于民族主义鼓动，它们还向英印军队贡献了数量可观的兵力。王公之间建立了精细的等级秩序，他们执念于礼仪规制以及各自享受的礼炮数目，对于"仪式化主权的华丽主张和象征性位阶的奢侈争夺"感到愉悦。¹⁴他们因而确实很像英国贵族和乡绅，也难怪罗珀·莱思布里奇爵士在1893年初版、1900年再版了《印度金册：印度帝国有位及受勋王公、首领、贵族及其他显要人物谱系生平大辞典》。作者本人拥有德文郡乡村绅士这样一个极为恰当的身份，早年曾在孟加拉②教育系统担任公务员，在1885年至1892年是代表北肯辛顿的保守党下议院议员。他的这部著作献给"最仁慈的印度维多利亚女王兼女皇陛下"，并且根据《泰晤士报》的说法，将来"或许

---

①　驻员（resident）：历史上英国向印度土邦和亚洲、非洲的一些英国保护国派遣的官员，名义上为英国政府的代表和当地君主的顾问，实际上掌握当地最高决策权，当地君主必须按其建议行事。

②　孟加拉（Bengal）：历史上英国统治下印度的一个省份，范围包括今孟加拉国和印度东部的西孟加拉邦、比哈尔邦、奥里萨邦等大片地区，首府为加尔各答；1833年，孟加拉总督（Governor of Bengal）被英国议会授予印度总督（Governor-General of India）称号，成为负责管理英属印度各省的最高长官；英印当局于1912年将首府迁往德里后，重新设置孟加拉总督一职，作为孟加拉省的行政长官。

注定会成为举世公认的'印度贵族宝典'"。[15]

　　这种将种姓主导、乡村生活和王公统治看作"印度社会的基本结构"的看法，在大兵变之后的几十年里成为英国人的传统智慧，并在19世纪的最后25年中进一步发扬光大。[16]在这方面，本杰明·迪斯雷利再次成为帝国等级制成就和哥特式繁荣的关键人物。他作为首相，在1876年主持通过了《帝国头衔法》，为维多利亚女王加上印度女皇称号。这一对帝王头衔的大胆使用，巩固和完善了英国统治下印度的等级体系，让女王本人取代已被废黜的莫卧儿皇帝，高居社会秩序的顶点，在身为西方式君主的同时又成为东方式帝王。进而，遵循都柏林的爱尔兰总督宫廷的先例，她在印度的代表在排场和仪式方面的尊荣大幅提升。从此之后，所有的印度副王都由贵族担任，他们在加尔各答和西姆拉①的宫廷又为各自治领的总督提供了效仿的范例，并远远超过白金汉宫和温莎堡的仪仗，后者在雷丁夫人看来，与印度的"排场与光辉"相比"显得简朴"。[17]

①　西姆拉（Simla）：印度北部城市，气候凉爽；英国统治时期，每逢雨季，副王等英印当局高官会前往西姆拉避暑，因此其有英印当局的夏都之称，建有副王别墅（Viceregal Lodge）。

这种乔安·庞佐·沃格霍恩所说的"装饰文化"的第一个高峰，是1877年副王李顿勋爵①为宣告女王成为印度女皇而举办的杜尔巴大会②（或称"帝国集会"）。作为曾将赫特福德郡的内布沃思府写进哥特式小说的作家的儿子，李顿是策划这场迪斯雷利式盛典的理想人选。经过周密计划，他在莫卧儿故都德里城外选定了一处历史地点，搭建了一座临时性的帐篷之城，在一处特意建起的装饰有旗帜、纹章和彩旗的圆形剧场里，导演了一场展现华丽、统治和效忠的壮丽表演，让"印度的社会学显而易见、引人入胜"，并在全印度受到模仿和复制。从一个角度来看，这场典礼成功借用了南亚本地的杜尔巴大会（即统治者与被统治者之间礼仪性的会面）这一符号形式，阐发了传统社会秩序，并将高居这种社会秩序顶点的女王兼女皇的地位加以合法化。但从另一个角度看，这是一场即兴发挥的、伪装成中世纪风格的尊卑等级奇观，

---

① 李顿勋爵：指第一代李顿伯爵罗伯特·布尔沃-李顿（Robert Bulwer-Lytton, 1st Earl of Lytton, 1831—1891），英国贵族、保守党政治人物，1876—1880年任印度副王；其父爱德华·布尔沃-李顿（第一代李顿男爵）为英国小说家，其子第二代李顿伯爵于1931—1932年主持国际联盟"李顿调查团"。

② 杜尔巴大会（durbar）："杜尔巴"在波斯语中意为"宫廷"，历史上在南亚等地引申表示各土邦统治者集体向莫卧儿皇帝及后来的英国君主效忠致敬的社交聚会。

表明英国人正在印度建立"一种更加清晰定义的荣誉等级制"，并越来越多地投射一种他们南亚帝国的"封建秩序"形象。典礼中也恰当地对土邦王公的角色作了特别强调，他们作为"印度本地的贵族"受到欢呼和引见，"他们的同心同德和热诚效忠"被看作"对于印度帝国稳定的一种不可低估的保证"。[18]

从此以后，土邦王公作为英国统治下的印度最受偏爱（和最具装饰性）的一部分的地位继续快速加强，王公即位典礼、邦内杜尔巴大会以及王公在城市致辞的传统仪式都更加高调地举办，英国在当地的高级官员均会出席，甚至副王本人有时也会莅临。[19]随着信心（以及收入）的增长，许多王公耗费巨资新建了印度–萨拉森风格①的旧式宫殿，例如由查尔斯·曼特少校和罗伯特·费洛斯·奇泽姆设计的巴罗达②土邦的拉克希米维拉斯宫，以及由塞缪尔·斯

---

① 印度–萨拉森风格（Indo-Saracenic）：也称印度–哥特式（Indo-Gothic）或莫卧儿–哥特式（Mughal-Gothic）风格，是英国建筑师吸收和借鉴莫卧儿帝国时期的印度建筑特点，于19世纪中期至20世纪早期在印度次大陆广泛采用的建筑风格，主要用于大型公共建筑和宫殿。萨拉森又译撒拉森，是中世纪欧洲人对阿拉伯人的称呼，在这里主要指以伊斯兰教为官方宗教的莫卧儿帝国给印度次大陆带来的伊斯兰建筑特色。

② 巴罗达（Baroda）：历史上的印度土邦，位于今印度西部。

温顿·雅各布①建造的比卡内尔②土邦的拉尔加尔宫。
这些宫殿是富丽堂皇的混合式建筑，带有角楼、穹
顶、凉亭和塔楼，在文化趣味上保守复古，散发着传
承、秩序和传统的气息。[20] 作为一位具有强烈历史感和
等级意识的副王，寇松勋爵和土邦王公相处得非常融
洽，他把他们看作"同事和伙伴"，认为他们"在将
高低拉平的时代倾向中"，使"传统和习俗得以保存，
生机与活力得以维持，古老高贵种族的如画景观免于
消亡"。寇松在 1903 年为庆祝爱德华七世国王兼皇帝
加冕又举办了一次杜尔巴大会，其堂皇隆重远远超过
李顿勋爵 1877 年的杜尔巴大会，并让王公们扮演了比
在上次典礼上更为主动的角色。王公作为典礼的参与
者，在一座由斯温顿·雅各布特别设计的圆形剧场中
向国王兼皇帝的代表效忠致敬，他们不再只是"帝国
大厦的装饰性部件"，而是被副王视为"支撑屋顶的
柱石"。[21]

　　这里用建筑作比喻是非常恰当的，因为此时英国

----

　　① 塞缪尔·斯温顿·雅各布：指斯温顿·雅各布爵士（Sir
Swinton Jacob，1841—1917），英国建筑师，19 世纪后期在英国统治
下的印度设计多座王公宫殿和公共建筑。
　　② 比卡内尔（Bikaner）：历史上的印度土邦，位于今印度北
部。

人和印度王公一样，正忙于建造自己的建筑。印度的英国建筑的主流也采取相同的印度-萨拉森风格，其富有活力的非对称风格和古意盎然的气氛，颇有一种传播到印度的哥特复兴式建筑的神韵。如果说王公们的宫殿是伊顿厅、加的夫城堡、阿伦德尔堡和温莎堡的东方化版本，孟买的维多利亚终点站、海德拉巴①高等法院和马德拉斯大学则是伦敦、多伦多和墨尔本的类似建筑的奢华扩展或改造版本。[22] 与帝国的其他地方一样，在印度，无论私人宫殿还是公共建筑，无论建造时间多么晚近，也都旨在投射一种类似的统一、可敬、历史悠久和等级分明的帝国社会愿景。有时这种旨趣表达得非常直白，比如孟买大学的哥特式钟楼里安放着代表印度西部各种姓的 24 尊雕塑。同时，阐明这种共同形象的并不只有相同的建筑，还有相同的建筑师，比如亨利·欧文，他既设计了位于西姆拉的副王别墅和马德拉斯法院大楼，也为富甲一方的迈索尔②大君设计了安巴维拉斯宫。[23] 这类有力的视觉证据可以证明英印当局和土邦王公对于等级、秩序、复古和传统的共同承诺，以及前者将后者平等看

51

①　海德拉巴（Hyderabad）：历史上的印度土邦，位于今印度中南部。

②　迈索尔（Mysore）：历史上的印度土邦，位于今印度南部。

待的倾向。

这些社会、政治、仪式和建筑领域保守主义倾向的集中发展，在两代斋浦尔①大君拉姆·辛格（1851—1880 年在位）和马多·辛格②（1880—1922 年在位）的例子中表现非常明显。两代大君都很富有，也都是英国人眼中的模范王公。在拉姆·辛格在位的后 20 年中，他建立了一所学院、一所艺术学校、一座公共图书馆、一座医院（以遇刺身亡的副王梅奥勋爵命名），并建起了一座公共花园。他还建起了一座煤气厂，为城市提供了自来水，投资于灌溉和道路建设项目，并发起洗刷斋浦尔城市建筑的工程，使这里有了"粉红之城"的美称。但在他的诸多建设项目中，占据中心位置的是一座名为阿尔伯特厅的博物馆，以威尔士亲王的名字命名，是斯温顿·雅各布设计的精美的印度-萨拉森风格建筑。下一代大君马多·辛格与他的前代一样，是印度教徒和保守派，以自己对英国的忠诚为荣，也以自己"进步"统治者的名声为荣。为了招待众多来宾，他在自己城市宫殿的外庭建造了一座欧式迎宾馆和一座典礼接待大厅，这

① 斋浦尔（Jaipur）：历史上的印度土邦，位于今印度北部。
② 马多·辛格：指马多·辛格二世（Madho Singh II，1862—1922），1880—1922 年为斋浦尔大君，前代大君拉姆·辛格的养子。

两座建筑的设计者也都是受雇于斋浦尔近半个世纪的斯温顿·雅各布。[24]

这个英印当局所保护和投射的印度形象——光辉夺目并看重仪式，分层且传统，王公统治与乡村属性并存，哥特和印度-萨拉森风格鲜明——在 1911 年的加冕杜尔巴大会达到了人们所说的"精致的顶点"。在国王兼皇帝本人坚持下，乔治五世[①]头戴一顶全新打造的帝国皇冠亲临典礼现场，这让 1903 年寇松的盛典都相形见绌。[25]典礼筹划极为周详，正如肯尼思·罗斯所说："加尔各答副王府与伦敦英国政府之间在 1911 年全年的通信会让研究者认为，相较于施行正义和良好行政，英印当局的存续更多取决于位阶次序、荣誉头衔和服饰上的细微差别。"研究者会这样认为，是因为在很多方面的确如此。国王与王后在这年 12 月适时驾临孟买，为表纪念，他们的上岸地点后来建起了英印当局最后的印度-萨拉森风格建筑之一——印度之门。他们一路前往德里，一座帐篷之城已经拔地而起，按照严格的社交位阶招待来宾，一同建成的还有众多凉亭、一座阅兵场和一座圆形剧场；国王和王

① 乔治五世（George V，1865—1936）：爱德华七世次子，1892 年被封为约克公爵，1901—1910 年为英国王储（威尔士亲王），1910—1936 年为英国国王。

后居住于此，周围环绕着王公、总督、纹章官、军人、随扈以及 20 万宾客。在入城典礼上，国王和王后率领绵延 5 英里的队列进入德里城；稍晚，他们穿着全套加冕礼服出现，接受印度王公的效忠致敬。后来，国王带着少见的强烈感情回忆道，这是"我所见过的最美丽、最壮观的景象"。[26]

受到如此培植和勉励的王公们在第一次世界大战中在财力和人力方面为大英帝国提供了慷慨支援，或许可以说，他们在 1918 年达到了权力和声望的顶峰。国王兼皇帝再一次确认他祖母曾做出的"不受侵犯和不可侵犯"的承诺，形容土邦王公的"存在和安全与大英帝国的存在和安全紧密相关"。同样，哈考特·巴特勒爵士和马尔科姆·黑利爵士这样的英印当局高级官员也赞颂王公体现了"悠久传统的圣火"。[27] 在 1920 年代和 1930 年代，英国人意图"引入旧世界以平衡新世界"，利用王公来对抗国大党代表的城市民族主义者。在 1921 年建立的英印立法机关里，王公们组成了单独的王公院（其成立典礼非常隆重），而在 1935

年英国议会制定的《印度政府法》① 规划的联邦制结构中，他们也获得了重要地位。他们此时空前富有，耗费巨资修建宫殿、置办珠宝，从巴黎和伦敦的卡地亚品牌订购珍珠和红宝石，同时（在较为开化的案例中）也致力于增进臣民的福祉，比如在海德拉巴建立医院和大学。他们不只是徒有虚名的统治者，也依旧是英国人眼中"印度社会的天然领导者"。[28]

这方面请看迈索尔的例子（这个例子是保罗·斯科特很可能会举出的）。迈索尔是英国人眼中印度土邦里的"模范邦"，一直在以较为进步的方式进行治理。在间战期，迈索尔大君②的财富仅次于海德拉巴的尼扎姆，年收入超过 200 万英镑。大君的收入部分用于建造拉利塔宫，这座非比寻常的建筑奇观位于迈索尔城外，仿照伦敦的圣保罗大教堂而建。但大君对臣民同样慷慨，建立和资助了医院、学校、医学院和

---

① 《印度政府法》（Government of India Act）：英国议会于 1935 年通过的规范英国统治下印度的政治制度和政府架构的法律，规定英国统治下的印度是英属印度各省和各土邦组成的联邦，印度副王为最高行政长官，联邦立法机构由各省选举和土邦王公指派的代表组成，其通过的法律经副王批准方能生效，各省政府由民选的省立法机关的多数党组成，各土邦自愿参加联邦。截至印度独立，该法的多项规定并未付诸实施。

② 这里指克里希纳拉贾·瓦迪雅尔四世（Krishnaraja Wadiyar IV，1884—1940）：1895—1940 年为迈索尔大君。

大学，并大力推动迈索尔和班加罗尔的城市美化工程。大君在印度率先发展电力供应（使得班加罗尔早于加尔各答和孟买开始使用电力照明），并推动建立代议制机构。[29] 同时，大君继续在本邦的仪式化生活中担当核心角色。在每年的达萨拉节杜尔巴大会期间，迈索尔城都会举办盛大的庆祝活动，安巴维拉斯宫会举行向大君致敬的正式集会，接着是壮观的队列游行，彩旗、拱门、彩带、军人、旗帜、轿子和仪仗大象必不可少，大君和家人身着最华丽的服饰出席活动，英国驻员则在一定距离外的一个低调位置上。在1934年至1945年间，上述这些活动被生动地记录在安巴维拉斯宫的系列壁画上，庆典活动则一直举办到第二次世界大战后。[30]

同时，英印当局在装饰性事物上也不遑多让。就像在印度经常发生的那样，最清晰地传达这个信息的是英国人的建筑，尤其是他们创造的新首都——新德里。这座城市由乔治五世在1911年杜尔巴大会上宣告和授权建造，由贝克和鲁琴斯①设计，体现了英国人

---

① 鲁琴斯：指埃德温·鲁琴斯爵士（Sir Edwin Lutyens, 1869—1946），英国建筑师，1912—1930年主持新德里的城市规划，并与贝克（Baker）一道设计该城市的主要官方建筑；其岳父为印度副王李顿勋爵。

的印度社会学，以及他们对于菲利普·戴维斯所说的
"等级、地位和位阶"的执念——在这方面，它与那
三次精心编排的杜尔巴大会同样精准，但更为持久。
新德里的副王府①既是贵族庄园，也是乡村府邸，还
是君主宫殿，面阔达 600 英尺，杜尔巴大厅的穹顶外
高 180 英尺。[31] 这里还有仿照伦敦梅菲尔、公园径和皮
卡迪利的贵族府邸为王公们建起的豪华住宅，正如王
公们在城外的印度-萨拉森风格宫殿是仿照辉格党贵
族的府邸所建。而英国官员的住所则聚集在反映和强
化英印当局统治的"尊崇式社会等级制"的"物理和
空间形式"中：一名刊宪官员居住的平房，在面积和
56 位置上都要优于一名已婚一等欧洲人事务书记官的住
处。的确，新德里是一座为英国统治下的印度而生的
城市，深受英国公务员和印度王公这些当局最重要的
支持者的喜爱。鲁琴斯并没有白白迎娶李顿勋爵的女
儿，在将东西方建筑风格融入一种后印度-萨拉森风
格的过程中，他创造了一座帝国等级制和社会秩序的
纪念碑，用罗伯特·拜伦的话来说，这座城市堪称
"一记打在现代平凡人物脸上的耳光"。[32]

---

① 副王府（Viceroy's House）：1930 年落成，自 1950 年起为印
度总统府（Rashtrapati Bhavan）。

当然，间战期的印度在某些方面正在发生变化：政治改革开启了公务员序列的"印度化"和印度的民主化进程，社会逐步世俗化，城镇逐步工业化。但对于英国人来说，现代化的印度从未有过那个属于大君和帝国、属于伯纳德·科恩所说的"秩序、尊崇和等级制"的传统印度所拥有的魅力。对于英国人来说，那才是他们眼中真实、不变、永恒的印度。因此，当哈利法克斯勋爵[①]以副王身份对土邦王公进行正式访问时，他的排场丝毫不亚于当年的寇松勋爵，他乘坐的 12 节车厢的白色专列比俄国皇帝的专列更加奢华，还有仪仗队沿铁路线全程立正站岗。[33] 在威灵登勋爵[②]和林利斯哥勋爵这两位十分看重名望的副王任内，新德里见证了地球上最富丽堂皇的生活方式，这里的鞠躬行礼之多、位阶次序之严，超过了大英帝国包括伦敦在内的任何一个地方。在 1930 年代极盛时期，副

---

① 哈利法克斯勋爵：指第一代哈利法克斯伯爵爱德华·伍德（Edward Wood, 1st Earl of Halifax, 1881—1959），英国贵族、保守党政治人物，1926—1931 年任印度副王，1938—1940 年任英国外交大臣；其祖父查尔斯·伍德（第一代哈利法克斯子爵）曾任英国印度事务大臣。

② 威灵登勋爵：指第一代威灵登侯爵弗里曼·弗里曼-托马斯（Freeman Freeman-Thomas, 1st Marquess of Willingdon, 1866—1941），英国自由党政治人物、殖民地官员，1913—1918 年任孟买总督，1919—1924 年任马德拉斯总督，1926—1931 年任加拿大总督，1931—1936 年任印度副王。

王府雇用了 6000 名仆人，他们在楼下也被精心排序和划分等级，一如楼上的英印官员和土邦王公。而这种有序、装饰性的生活方式还在土邦和英属印度各省的其他地方被争相模仿（和攀比）。未来的爱德华八世①国王曾说，他直到与劳埃德勋爵②待在一起时，才见识到了什么是真正的帝王排场，而劳埃德尚且不是副王，只是孟买总督而已！[34]

在印度，对于英国人以及他们的朋友、盟友和合作者来说，等级制是"一切围绕其旋转的轴心"。同样的描述也适用于英国本土，而这并非巧合。或许这就是为什么印度在很长时间里都能吸引英国人想象世界中浪漫主义、迪斯雷利式的一面。当世界从 19 世纪晚期前进到 20 世纪早期，进而到不稳定的间战期，印度的等级制变得越发有吸引力，因为它代表了一种将某些在英国本土越发受到威胁的重要事务在海外帝国永久化的社会秩序，这种社会秩序的基础是李顿勋爵

---

① 爱德华八世（Edward VIII, 1894—1972）：乔治五世长子，1910—1936 年为英国王储（威尔士亲王），1936 年为英国国王，同年因婚姻问题退位并被其弟乔治六世封为温莎公爵（Duke of Windsor），1940—1945 年任巴哈马总督。

② 劳埃德勋爵：指第一代劳埃德男爵乔治·劳埃德（George Lloyd, 1st Baron Lloyd, 1879—1941）：英国保守党政治人物、殖民地官员，1918—1923 年任孟买总督，1925—1929 年任英国驻埃及高级专员。

所说的"出身、等级和世袭的影响力"。正如弗朗西斯·哈钦斯所观察到的："当英格兰本身成为粗俗民主化的猎物，印度似乎为贵族式安全感提供了前景。"[35] 在这个意义上，这一关于"永恒"印度的当代愿景，同样在英国面前代表了英国自身更加美好（但是正在逝去）的过去，而且似乎表明这种备受珍视但受到威胁的社会形态在海外仍然有可期的未来。托马斯·梅特卡夫认为："英国统治下的印度不仅为帝国提供了典范，也为英国自身提供了典范。"对于那些在英国本土社会不满工业化、城市化和民主化秩序的人来说，他们的利益在苏伊士运河以东那些在他们眼中依然光辉的传统等级体系中将得到更好的满足。[36]

第五章　殖民地

　　当英国人在 19 世纪的最后 25 年间开始在印度以外吞并非洲和亚洲的大片土地，并管理这些地区直至第二次世界大战，他们对于维系一个统一的等级制帝国的冲动达到了顶峰，在广度和深度上超过了 100 年前皮特和韦尔斯利时代的许多先例。白人自治领和印度次大陆被视为是对帝国中心那种悠久的分层式社会秩序的复制和强化，只是二者采取的路径有的相似，有的不同。兰斯多恩、达弗林①和明托等殖民地长官带着全套礼服仪仗，在加拿大和印度之间往返任职；年轻的印度王公子嗣被送往英国公学接受教育，他们的父母则与英国贵族把酒言欢；殖民地乡绅将自己的儿子送到牛津和剑桥读书，他们自己则在宫廷里觐见英国君主。¹ 在自治领和印度，殖民地长官的光辉和分层式的社会结构，构成常规的伯克式智慧和习惯性的保守主义模式；而当"瓜分非洲"（以及亚洲部分地

---

　　① 达弗林：指第一代达弗林和阿瓦侯爵弗雷德里克·汉密尔顿—坦普尔—布莱克伍德（Frederick Hamilton-Temple-Blackwood, 1st Marquess of Dufferin and Ava, 1826—1902），英国贵族、保守党政治人物，1872—1878 年任加拿大总督，1884—1888 年任印度副王。

区）开始后，很快便有迹象表明，这些成例将会在迅速被英国人占有的热带殖民帝国得到跟从和复制。

　　由于英国人只是统治这些殖民地，而（基本）不会去到当地移民定居，因此，在如何看待和如何管理这些本地社会的问题上，相较于几大自治领，印度的土邦提供了在当下更为适合的模式。与当地精英合作，而非将其边缘化，将成为长期采用的管治模式。 [59] 尊重传统的部落社会结构，并对统领这种结构的当地统治者提供支持，很早就被确立为看待和治理这个新帝国的方式。马来亚①就是一个范例。从 1874 年的《邦咯条约》② 开始，到 1914 年为止，英国人与当地统治者洽签了多份条约。每个受到英国保护的马来邦

---

　　① 马来亚（Malaya）：指今马来西亚位于马来半岛上的部分。1895 年，英国将其在马来半岛上控制的 4 个保护国雪兰莪、森美兰、霹雳和彭亨合并为马来联邦（Federated Malay States），继续控制其内外事务；半岛上另外 5 个未合并的英国保护国玻璃市、吉打、吉兰丹、登嘉楼和柔佛称为马来属邦（Unfederated Malay States）。第二次世界大战后，马来联邦、马来属邦与原为英国殖民地的槟城、马六甲合并成为马来亚联合邦（Federation of Malaya），于 1957 年成为独立的主权国家，现为马来西亚的一部分。

　　② 《邦咯条约》（Pangkor Treaty）：1874 年英国海峡殖民地（Straits Settlements，首府在新加坡）当局与霹雳（Perak）素丹签署的条约，使霹雳沦为英国的保护国，英国从此开始正式干涉马来半岛事务。

国的素丹①都同意按照印度模式接纳英国派遣的驻员或顾问。根据条约，马来统治者的主权得到确认，其政权的君主制性质得到强调，同时，他们在除信仰和习俗外的一切事务上都要依照英国驻员的建议行事。此后，驻员们协助素丹们改善了本邦财政，提高了他们对于邦内下级首领的权威。这些对保护国②的安排（后来于 1905 年至 1906 年又拓展到文莱）直到 1941 年日本占领为止都基本保持不变。²

　　在马来统治者接受英国驻员的同一年，英国人吞并了斐济，阿瑟·汉密尔顿–戈登阁下成为总督。他与萨空鲍国王签署了条约，规定斐济人的土地将受到保护，不会像澳大利亚和新西兰原住民的土地那样遭到白人剥夺，并以法律形式巩固了酋长的权威和当地贵族的地位，确定英国人将通过这些既定秩序实施间接统治。戈登是阿伯丁伯爵的一名余子（我们此前提到，他曾呼吁在加拿大全盘复制英国社会秩序），他

---

　　① 素丹（sultan）：伊斯兰教国家的一种统治者称号，一般译为"苏丹"，历史上曾为奥斯曼帝国君主所使用，现仍为阿曼和文莱两国君主的称号；为避免与非洲国家苏丹（Sudan）混淆，本书一律将作为统治者头衔的 sultan 译为"素丹"。
　　② 保护国（protectorate）：又译"保护地"或"保护领"，是历史上西方列强对部分国家和地区进行殖民控制的一种形式，宗主国派驻官员掌握其外交和防务并监控其内政，但一般仍保留其本地原有统治者。

毫不怀疑自己是在与相同社会等级的人打交道。他为了用当地语言向酋长们发表讲话而学习斐济语，还认为英国统治斐济的意义就在于捍卫传统社会秩序，保存传统生活方式。[3]戈登的妻子也有相同的看法。在她看来，当地的高等斐济人是"无可置疑的贵族"。她继续道："他们的举止极为洒脱高贵……我的护士对此完全无法理解，她瞧不起这些她眼里的低等种族。我都不想告诉她：这些本地女士和我是平等的，而她可不是!"后来，戈登又出任锡兰①总督，他继续在那里实施相同的政策，将岛上的高维种姓②当中出身较高的人群当作"传统"贵族来对待，授权他们成为最高首领。在这里，他又一次寻求"尽可能长时间地保存一种可以征召本地的全部自然势力来支持统治权威的体系"。[4]

随着瓜分非洲的步伐加快，这种依靠本地等级体系、在上层培植和支持本地统治者的治理方式，成为英国人治理这些他们短时间内取得的大片土地的显而易见的方式——这既与资源匮乏的状况相匹配，又与

① 锡兰（Ceylon）：斯里兰卡旧称，1815 年沦为英国殖民地，1948 年独立，1972 年改为现名。
② 高维种姓（Govigama 或 Goyigma）：历史上锡兰僧伽罗人（Sinhalese）中的一个种姓，约占僧伽罗人口的一半，传统上从事农耕并占有耕地。

或许同时存在的头脑匮乏的状况相匹配。在西非，乔治·戈尔迪爵士认为，"依照非洲原则、通过本地统治者实施统治的总体政策必须得到遵循"。1904 年，拉各斯总督克劳德·麦克唐纳说："一位伟大的酋长是极为宝贵的财富；他的权威是具有最大公共效用的工具，完整保存这种权威是最为可取的。"[5] 在英埃苏丹①，1898 年后建立的殖民当局遵循了印度土邦和马来亚驻员体系的先例，很快便开始"支持当地素丹们和谢赫②们处理自己臣民的事务"。在肯尼亚，地方政府在 1901 年至 1912 年间建立，通过酋长实行管治，在基库尤人的区域尤其如此。在乌干达，布干达③王国的酋长和摄政者们继续在传统君主卡巴卡之下治理当地，而英国人则通过他们实行间接统治。南部非洲也有类似体系运作，在贝专纳④、巴苏陀兰⑤和斯威士兰，英国

---

① 英埃苏丹（Anglo-Egyptian Sudan）：位于非洲东北部，范围包括今天的苏丹共和国和南苏丹共和国，1899 年被英国武力征服，之后名义上由英国和埃及共管，实际上由英国控制，1956 年独立。

② 谢赫（sheikh）：阿拉伯语中对部落酋长的称号，历史上在西亚、非洲等地均有部落首领使用。

③ 布干达（Buganda）：非洲历史上的王国，位于今乌干达南部，其国王称号为"卡巴卡"（kabaka），1894 年沦为英国保护国。

④ 贝专纳（Bechuanaland）：位于非洲南部，1885 年沦为英国保护国，1966 年独立并改名为博茨瓦纳。

⑤ 巴苏陀兰（Basutoland）：位于非洲南部，1868 年沦为英国保护国，1966 年独立并改名为莱索托。

人都通过当地的国王、酋长和部落实行间接管治。[6]

假如约瑟夫·张伯伦[1]在担任殖民地事务大臣期间（1895—1903）可以完全自行其是，那么，上述这种初创于马来亚和斐济，此时已经拓展到英属非洲殖民地的传统派政策，就有可能突然遭到逆转。此时的张伯伦，虽然和索尔兹伯里与贝尔福[2]一道在保守党内阁中任职，但在某些方面，他还是那个厌恶等级制的激进派人士，正如当年担任伯明翰市长和自由党议员时那样。他像早先一代那些印度的改革者一样，想要激烈干预他管辖范围内的新殖民地的事务，并将本地统治者推翻，因为他们无法担负起他打算实施的现代化和发展任务。[7]但他的这种政策既不受欢迎也无法持续。非洲殖民地出现了对于这种破坏性干涉的反抗，1897年至1898年的塞拉利昂反叛就是一例。[7]同时，在

---

① 约瑟夫·张伯伦（Joseph Chamberlain，1836—1914）：英国激进派和保守党政治人物，1895—1903年任英国殖民地事务大臣，其子内维尔·张伯伦曾任英国首相。

② 贝尔福：指第一代贝尔福伯爵阿瑟·贝尔福（Arthur Balfour, 1st Earl of Balfour，1848—1930），英国保守党政治人物，1902—1911年任保守党领袖，1902—1905年任英国首相；于1917年任英国外交大臣时发表《贝尔福宣言》（*Balfour Declaration*），宣称支持犹太人在巴勒斯坦地区建立"民族家园"；于1926年任英国枢密院议长时发表另一份《贝尔福宣言》，宣称此后英国与大英帝国各自治领之间地位平等、互不隶属，通过对君主的共同效忠而联合，自愿组成英联邦。

62　　这个比属刚果①发生的恶行遭到揭露后引发人道主义反思的时代，还会出现来自公众的反对声音。而殖民地事务部的官员对于这种激进的干预也有所抵触。终于，张伯伦的政策被扭转了过来，这位殖民地事务大臣也只得承认，未来需要继续依赖"本地首领作为中介"：英国人将放弃改革，努力避免出现不满，行事要征得非洲人的同意，殖民地政府将通过本地的等级体系进行治理。张伯伦对于马来素丹们的观察也同样适用于非洲酋长们："应当不惜代价捍卫本地统治者的地位和尊严。"8

　　在这种语境之下，保存传统的当地统治者和本地社会，在 1900 年后成为英国的新殖民帝国广为接受的管理方式。卢嘉德勋爵在尼日利亚实施的"间接统治"，尽管并无原创性可言（部分源于印度土邦，部分源于马来亚的驻员体制），却很快被视为英属非洲殖民地最重要和最有影响力的范例。9他在 1900 年至 1906 年担任北尼日利亚高级专员②，要靠少量人员和

---

　　①　比属刚果（Belgian Congo）：位于非洲中部，1885 年沦为比利时国王的"私人领地"，1908 年正式成为比利时殖民地，1960 年独立，即今刚果民主共和国。
　　②　高级专员（high commissioner）：历史上英国向亚洲、非洲的一些英国保护国和中东的委任统治地派遣的官员，与驻员类似，名义上为英国政府的代表和当地君主的顾问，实际上掌握当地最高决策权，当地君主必须按其建议行事。此外，当今英联邦各国彼此派驻的最高外交代表也使用高级专员头衔，地位等同于大使。

有限预算管理这片广大区域。然而，他被当地穆斯林
酋长的光辉所折服，对他们的管理秩序和管理效率印
象深刻。他由此决心"保存本地权威，通过和依靠本
地埃米尔①们进行工作"，还派遣了英国驻员担任顾
问。但他始终坚持"本地酋长拥有清晰界定的职责和
得到承认的地位，与英国官员对等"。卢嘉德后来回
到这里，在 1912 年至 1918 年间担任尼日利亚总督，
并将间接统治的范围扩展到尼日利亚的南部和西部区
域。这位总督随后成为一名鼓吹手，他在 1922 年出版
了《双重委任》一书，根据玛杰里·佩勒姆②的总结，
书中认为，间接统治是英国的帝国历史中"最全面、
最连贯和最知名的管理体系"。[10]

到间战期，卢嘉德模式，或者说人们认为由卢嘉
德首创的模式，已经被视为"当前在我们的殖民帝国
发生的最为重要的进展"。这种模式在非洲殖民地被
广为采纳，传统社会在这里得到培植，"其等级体系

---

① 埃米尔（emir）：阿拉伯语中高级贵族的称号，历史上在西
亚、非洲等地均有部落首领使用，现仍为卡塔尔和科威特两国君主
的称号。
② 玛杰里·佩勒姆（Margery Perham, 1895—1982）：英国女
作家、历史学家，青年和中年时期长期在英属非洲殖民地生活，曾
撰写多部关于非洲和英国在当地殖民统治的著作。

可以为英国的目标服务"。1920 年代早期，在英国当
局和当地势力的共同努力下，北苏丹地区建立了通过
部落酋长实施统治的方式，这些酋长是阿拉伯谢赫，
在英国人眼里，他们很像北尼日利亚的部落酋长。在
1920 年代末期，之前曾在印度政府政治部工作的约
翰·马菲爵士又将这种模式引入南苏丹部分地区。[11] 前
德国殖民地坦噶尼喀①，此时是国际联盟指定由英国
控制的委任统治地，在这里，卢嘉德的门生唐纳德·
卡梅伦爵士②废止了德国的直接统治体系，"恢复了老
的部落组织"，他认为这种组织是过去既存的，并希
望它可以抵消肯尼亚白人定居者的影响。[12] 在黄金海
岸③，间接统治在间战期以法律形式确立下来，并得
到扩展：阿散蒂④国王的先人曾在 1896 年被英国人放
逐，他却在 1924 年经英国人允许回到家乡，而他的继

---

① 坦噶尼喀（Tanganyika）：位于非洲东部，是今坦桑尼亚在
非洲大陆上的部分，1885 年沦为德国殖民地，1922 年成为英国控制
的国际联盟委任统治地，1961 年独立，1964 年与桑给巴尔合并成为
坦桑尼亚。
② 唐纳德·卡梅伦爵士（Sir Donald Cameron，1872—1948）：
英国殖民地官员，1925—1931 年为坦噶尼喀总督，1931—1935 年为
尼日利亚总督。
③ 黄金海岸（Gold Coast）：位于非洲西部，历史上以出产黄
金而得名，1902 年沦为英国殖民地，1957 年独立并改名为加纳。
④ 阿散蒂（Ashante）：历史上非洲西部的王国，位于今加纳
境内，1902 年沦为英国保护国。

承人则在 1935 年被英国人指定为一个广泛的部落联邦
的首领。北罗得西亚①由英国政府在 1924 年从英国南
非公司手中接管，随后，詹姆斯·麦克斯维尔爵士在
这里推行了同样的体系。[13]

　　这一切的结果如何？直辖殖民地从未有过英国统
治下的印度那令人眼花缭乱的荣光，因为马来亚的素
丹、尼日利亚的埃米尔和非洲人国王们从未统治如最
大的印度土邦那样可敬、有序、富有装饰性的富裕的
社会。但传统印度始终是榜样，这意味着，这个实行
间接统治的新帝国，依赖于被视为处于"一个清晰界
定的等级制社会"顶点的当地统治者的合作与支持。[14]
所以，英国官员在公开场合对酋长、埃米尔和素丹们
给予了极大的尊重，特别是在即位、加冕、授勋、诞
辰和禧庆等典礼场合。在马来联邦成立后，各邦素丹
每两年举行一次杜尔巴大会，乘游艇、火车或大象豪
华出巡，带着大量随从，在大批民众面前举行盛大仪

────────────

　　①　罗得西亚（Rhodesia）：位于非洲东南部，19 世纪末沦为英
国南非公司（British South Africa Company）控制下的保护地，以殖
民者塞西尔·罗兹（Cecil Rhodes）命名，分为南、北两部分。北罗
得西亚于 1924 年成为英国直接控制下的保护国，1964 年独立并改
名为赞比亚；南罗得西亚于 1923 年成为英国直接控制下的保护国，
其境内白人种族主义者于 1965 年单方面宣布独立，建立所谓"罗得
西亚共和国"，后在国内黑人武装斗争和国际社会压力下，于 1980
年将权力交还给黑人领导的政府，国家正式独立并改名为津巴布韦。

式。在印度洋另一边，在乌干达的布多，英国人在第一次世界大战前建立了一所公学，用于培养本地统治者和显贵子弟。这所学校就位于布干达国王的加冕山上，从此，结合了英国和非洲元素的加冕典礼便在学校的礼拜堂中举行。在学校成立 50 周年的庆祝活动上，"高桌上的四位国王"处于最尊贵的位置。[15]

就像在印度一样，外来殖民地长官的威仪与本地君主的荣光并驾齐驱。英国总督是帝国君主的直接代表，也是殖民地的首席行政官员。因此，他应该是一个强大有力且引人注目的人物，约翰·辛格·萨金特为马来亚殖民地长官弗兰克·斯威特纳姆爵士①所画的昂首挺胸的肖像画就生动捕捉和传达了这种气质。他或许无法奢求印度副王或自治领总督那样的宫廷排场和帝王威仪，但他仍然可以享受 17 响礼炮的仪仗，并住在豪华的总督府中，礼仪和位阶、鞠躬和行礼在这里都是非常重要的事物，还有大批侍从武官及仆人随从服侍着他。[16]玛杰里·佩勒姆在间战期和第二次世界大战后初期是英属非洲殖民地的常客，也是殖民地

① 弗兰克·斯威特纳姆爵士（Sir Frank Swettenham，1850—1946）：英国殖民地官员，1875—1876 年、1889—1896 年两次任英国驻霹雳驻员，1882—1884 年任英国驻雪兰莪驻员，1896—1901 年任英国驻马来联邦总驻员，1901—1904 年任海峡殖民地总督。

官方礼节的细心观察者，热爱一切"帝国的堂堂威仪"。她在 1948 年造访位于喀土穆的英埃苏丹总督官邸时，感受到了一种因为喜爱这里的"府邸、仆人、军队、典礼、戈登和基奇纳①的铜像"而产生的突然悸动。直到 1950 年代，英国的殖民地长官仍然维持着令人印象深刻（有时甚至是富丽堂皇）的形象。其中一位是坦噶尼喀的爱德华·川宁爵士：他高大威武，极富帝王气派，是典礼仪式的热情学习者（和发明者），他的传记有一个十分恰当的书名：《羽饰风潮》。[17]

这些殖民地长官的排场极为堂皇。"日冕俱乐部"创建于 1901 年，成员都是各个殖民地的高级官员。在俱乐部一年一度在伦敦举行的晚宴上，现任和前任总督们坐在头桌，"光彩夺目"，"穿戴星章绶带"，"缀满华彩勋章"。[18] 但同时，他们还处在一个精致的地方社会等级的顶点，这个体系向上一路到达伦敦的英国君主，向下一路到达最小的村庄（就像在印度一样）。

---

①　基奇纳：指第一代基奇纳伯爵赫伯特·基奇纳（Herbert Kitchener, 1st Earl Kitchener, 1850—1916），英国陆军元帅，1892—1899 年任英国控制下的埃及陆军总司令，1899 年任英埃苏丹总督，1900—1902 年任南非英军总司令，1902—1909 年任印度驻军总司令，1911—1914 年任英国驻埃及高级专员，1914—1916 年任英国陆军大臣。

66 这是一个复杂的多层结构，当地的最高统治者直接向
总督负责，在这些统治者下面则经常有很多次级的酋
长来行使权威。这种堪称吉卜林式的帝国链条在当时
"北罗得西亚探路斥候团"的例子中得到很好的体现。
这个组织由班图族部落成员组成，他们"忠于国王，
忠于国王在北罗得西亚的代表，忠于酋长，忠于部落
长老，忠于长官以及长官的部下"。在卡梅伦完成他
的工作后，坦噶尼喀也呈现出同样的面貌：此前孤立
的"农民"，"现在与他的头人相联结，头人与下级酋
长联结，下级酋长与酋长联结，酋长与地区官署联
结"。而从这里开始，联系的链条就很清晰了：地区
官员与总督联结，总督与国王联结。[19]

当然，在间接统治的具体模式和程度上，以及实
行间接统治所依靠的本地等级体系的性质上，不同殖
民地之间存在差异。但是，整体的图景却很清晰，起
码对于英国殖民地公务员来说是这样。因为，从英国
派遣出去的总督、驻员和地区专员们，无论其社会背
景如何，对于他们的故土，都怀有一种相同的社会愿
景，并且都认为这种社会愿景在非洲得到了复制和确
认。他们所欣赏的社会是父权制、等级制和乡村性质

的，个人归属于不同的地位分层和等级，这种社会幸
存于英国的大地产中，尽管正在遭到侵蚀。[20] 作为最伟
大的殖民地总督之一，休·克利福德爵士①永远不能
忘怀，在 1870 年代，还是孩子的他在德文郡阿格布鲁
克园的农场和农庄由大人带着见识了他的堂兄克利福
德勋爵。他回忆道："对我来说，仿佛自己突然成了
一个大家族和大群落的一分子。"他认为，这是"一
种近乎完美的社会组织"；在殖民地任职的岁月里，
他希望在海外寻找和培育类似的社会结构。这种看法
体现出的是一种"原教旨伯克式保守主义"——一种
认为传统结构和缓慢演进的制度具备自然正确性和根
植性的观念，以及一种"通过与英国精英进行类比得
出的对于当地精英地位的轻松理解"。[21]

但是，海外社会并不仅仅只是与英国社会相似 67
（就像克利福德眼中的马来亚）："城堡和农庄在这里
对应殖民地宫廷和村落。"[22] 对于一些更富浪漫主义情
怀的帝国主义者来说，海外社会（就像印度村庄和土
邦一样）实际上是某种更好的存在——更纯洁，更稳

①　休·克利福德爵士（Sir Hugh Clifford, 1866—1941）：英国
殖民地官员，1896—1900 年、1901—1903 年两次任英国驻彭亨驻
员，1900—1901 年任北婆罗洲总督，1912—1919 年任黄金海岸总
督，1919—1925 年任尼日利亚总督，1925—1927 年任锡兰总督，
1927—1930 年任海峡殖民地总督。

定，更父权，更不腐化。当帝国中心变得越发城市化、工业化和民主化，当帝国中心的社会结构相应衰败下去，这些远方社会，由于其传统等级体系保存完好，不仅越发具有吸引力，还更需要受到保护，以免遭受正在摧毁传统英国的现代性力量的摧残。这正是查尔斯·坦普尔的观点，他是一名第一次世界大战前驻北尼日利亚的驻员，也是孟买总督理查·坦普尔爵士的儿子。他"欣赏贵族制，鄙视个人主义，认为欧洲的工业资本主义是一种堕落的社会形态"。对他而言，"殖民地托管机制的职责在于……保护北尼日利亚贵族生活的德性以及这里的社群经济，以免它们遭受欧洲资本主义、民主制和个人主义的'野蛮化'后果"。[23]

正如在印度一样，在非洲，英国政治人物和管理者广泛持有上述观点。从这个角度看，对有色人种实行间接统治，反映的心态是仰视的，而不是俯视的，是对于原住民族"本地智慧的一种承认"，而非对他们做出的"永久性的劣等人判决"，体现了对于阻止资本主义和剥削的腐化力量，并让传统和等级制生长壮大的真实愿望。这就是英国人看待他们新取得的热带帝国的方式，其基础（一如既往）是他们看待英国本土的方式。玛杰里·佩勒姆（她本人就是"一种建立在社会等级的存在基础上的社会秩序"的产物）曾经坦率承认，间接统治"就其对历史连续性和贵族传统的强调而言，正是发源于我们的保守主义"。[24] 英国人反复用看待印度次大陆的眼光来看待他们的殖民地：一种他们唯恐在英国本土已经失落，但希望可以在海外培植和保卫的分层的土地秩序。在锡兰独立前夕，年轻的帕特里克·戈登·沃克将锡兰的本地精英描述为"极为富有的土地所有者，在地方上的权力和影响可以与乔治三世时期的辉格党地主相媲美"。[25]

这可以说是通过与曾经存在于英国的社会结构进行类比来想象海外帝国的一个经典（且寻常）的例子。同时，这种对于英国本土和海外帝国之间的联系与对应关系的持续推崇也丝毫不令人意外。因为，在1919 年至 1948 年间，负责英国殖民地公务员选拔事务的拉尔夫·佛斯爵士，对于英国本土和海外帝国社会的愿景，就充满了毫不掩饰的乡村色彩、等级色彩、怀旧色彩。他出身于一个德文郡乡绅家庭，乡村生活、乡村道德和乡村人物是他的"至高现实"；他拥有"一种在社会和政治安排方面毫不动摇的贵族式偏见"；他将管理海外殖民地看作"一项神圣的事业"，"自然对应着英格兰乡贤对佃户承担的义务"。[26]

在挑选前去管理海外帝国的年轻人时，佛斯尽其所能确保入选者拥有和他相同的愿景。通过"传统"权威进行统治，是英格兰人自我治理的一贯方式，是他们治理威尔士、苏格兰以及爱尔兰部分地区的方式，此时也是他们治理海外帝国的方式。因此，"快乐的非洲"反映、匹配甚至在某些方面超越了"快乐的英格兰"。[27]

这种状况一直持续到第二次世界大战。在这场战争中，埃米尔、酋长和素丹们再次向英国伸出援手，在帝国最高君主面临最高需求的时刻给予支持，就像印度土邦王公一样。这方面的例子是 1948 年即位的巴罗策兰①国王勒瓦尼卡三世。他生于 1888 年，在登上王位前是曼科亚的库塔地区酋长。在第一次世界大战期间，他就率领巴罗策兰战时运输兵参与了东非战役，而在 1939 至 1945 年的战争期间，他（按照《谁是谁》中他的条目所说）"通过生产橡胶、筹集经费支援战事"。[28]同样，在 1939 年和 1940 年，马来联邦的各邦统治者总计向英国政府捐赠了 150 万英镑，而马来属邦的各邦君主也同样慷慨。1943 年，殖民地事务大臣奥利佛·斯坦利访问了尼日利亚，这里的包奇

---

① 巴罗策兰（Barotseland）：非洲历史上的王国，位于今赞比亚西南部，1890 年沦为英国保护国。

埃米尔向他表示："我和兄弟埃米尔们以及我们的全体人民，将一直祈求上帝保佑并壮大同盟国军队，让胜利早日到来。"[29]

正是这些人——"酋长，土地所有者，素丹和谢 70赫们"——让英国人感到可以依靠，并且最容易打交道（就像与他们对应的印度王公们一样）。[30]的确，这种政策和这些认知在殖民帝国的某些地方一直延续到最后。在 1950 年代后期，由于英国人仍然确信英国会在印度洋保持军事强国的地位，他们希望可以继续巩固在新加坡的海军基地——此时的新加坡是一个繁华的国际性大城市，这里广大的华裔工人阶级怀有让英国人头疼的（并且越发强烈的）共产主义倾向。英国人长期构想的传统解决办法是，将这座城市并入一个更大的马来西亚联邦，让马来亚（素丹们仍在这里占据主导地位）、沙捞越①（英国的布鲁克家族在 1841

---

①　沙捞越（Sarawak）：又译"砂拉越"，位于婆罗洲岛（加里曼丹岛）西北部，历史上曾由文莱素丹统治，1841 年，英国探险家詹姆斯·布鲁克（James Brook）从文莱素丹手中取得该地的控制权，自封为拉者，建立起布鲁克家族对该地的统治，被称为"白人拉者"（White Raja）。1888 年，沙捞越成为英国的保护国；1946 年，该地成为英国直辖殖民地，布鲁克家族的统治结束；1963 年，与马来亚联合邦、北婆罗洲（今沙巴）和新加坡一起组成马来西亚，现为马来西亚的一邦。

至 1941 年是这里的"白人拉者"）和北婆罗洲①
（这里的公司统治在很晚才被间接统治取代）的乡村
文化和传统文化压倒新加坡的城市激进派。这个联邦
在 1961 年至 1963 年成为现实，几乎可以说是最后的
帝国冲动的产物；在标志这种冲动开始的《邦咯条约》
签署近一百年后，这个联邦仍然沿用着旧的体系。[31]

---

① 北婆罗洲（North Borneo）：位于婆罗洲岛（加里曼丹岛）
东北部，历史上曾由文莱素丹统治，1882 年沦为英国的保护国，
1946 年成为英国直辖殖民地，1963 年与马来亚联合邦、沙捞越和新
加坡一起组成马来西亚，改名为沙巴（Sabah），现为马来西亚的一
邦。

第六章　委任统治地

在第一次世界大战前夜，尽管法国、德国和比利 71
时也参与了"瓜分非洲"，大英帝国依然是世界上最
广大、最恢宏的帝国。白人自治领、印度次大陆和热
带殖民地汇总起来，构成了一个在疆域范围上、在多
样性与普遍性的结合上、在拥有统一的等级制和传统
的特性上都无与伦比的帝国。相比之下，德意志帝国
和比利时帝国虽是君主制帝国，但体量很小；葡萄牙
帝国和西班牙帝国也是君主制帝国，但声誉不彰；法
兰西帝国虽然广大，但法国实行共和制。第一次世界
大战结束后，随着奥斯曼帝国的解体，以及作为国际
联盟委任统治地的约旦和伊拉克两个新王国的成立，
大英帝国在中东地区进行了最后一次扩张。不出所
料，有了 1870 年代以来撒哈拉以南非洲的先例，这些
新成立的古老王国是明确地以印度土邦为蓝本构建起
来的。第一次世界大战或许让民主在世界上安全存
在①（或许没有），但在一代人的时间里，在世界的一

---

① 让民主在世界上安全存在（make the world safe for democra-
cy）：是 1917 年 4 月美国总统伍德罗·威尔逊在呼吁美国参议院对
德国宣战时所宣称的美国参与第一次世界大战的意义和目标。

角，大战的确让等级制在大英帝国安全存在下去。

这项最后的传统式和帝国式社会工程，需要放在更宽广的文化态度和历史先例的语境里来理解。截至19世纪后期，出身最高贵、学识最渊博、游历最广泛的英国人就像当年本廷克和达尔豪西看待南亚那样，鄙视他们眼中东方世界的政治和环境。但是，正如大兵变后在印度以及列强瓜分开始后在非洲发生的变化，他们对于东方的态度随后经历了一个重要转变。部分原因是，理查·伯顿爵士等作家开始在作品中投射出一种阿拉伯人的浪漫主义形象，越发将他们理解为"另一套语言体系"中的英国绅士；部分原因是，他们眼中越发不友好的国内环境让他们的不安全感逐渐增长。面对农业萧条、城市中的大众政治、爱尔兰的反地主骚动以及国内对上议院的抨击，许多贵族因为焦虑和幻灭而开始仰慕（甚至嫉妒）伟岸的贝都因①酋长和他们治下遥远、无瑕的沙漠——在这里，既定的社会秩序仍然存在，传统的尊崇感继续维持；在这里，骑士精神和荣誉的古老价值得到保存；在这

---

① 贝都因（Bedouin）：指以氏族部落为单位在西亚、北非沙漠地带游牧的阿拉伯部族。

里，有一种"从幻灭、犹疑、民主等现代生活产生的恼人之事中逃离的感觉"。[1]

在这种欣赏的眼光下，阿拉伯世界的埃米尔和谢赫们就像印度王公和尼日利亚的埃米尔们一样（可能更甚），是高贵卓越的领袖，是一种曾经存在于英国但正受到严重威胁的传统有序世界的守护者和保卫者。这种观点与印度的哈考特·巴特勒和非洲的查尔斯·坦普尔有明显相通之处。威尔弗里德·斯科恩·布朗特就持有这种观点。他是一位苏塞克斯乡贤，厌恶中产阶级、大众政治、"自私的金融家"和"贪婪的犹太人"；他在中东游历四方，并在开罗附近购置了一块土地；他还说阿拉伯语，养阿拉伯马，穿阿拉伯服装。[2] 马克·赛克斯①也持有这种观点。他是一个从男爵头衔的继承人，也是约克郡斯莱德米尔庄园的继承人；他反感法国大革命，也反感工业革命；他仰慕阿拉伯社会的分层、秩序、传统和尊崇感，将谢赫们和库尔德酋长们看作他愿意平等对话的贵族同侪。奥布雷·赫伯特阁下同样持有这种观点，他是约翰·

---

① 马克·赛克斯（Mark Sykes，1879—1919）：英国陆军上校、保守党政治人物，1916年与法国外交官弗朗索瓦·皮科签署"赛克斯-皮科协定"（Sykes-Picot Agreement），约定协约国瓜分奥斯曼帝国领土的方案。

巴肯①笔下"骑马穿越也门，完成了白人未有的壮举"的桑迪·阿巴思诺特的原型，他厌恶政客、小资产阶级和劳合·乔治②，热爱"宝座、酋长、土匪、危险地带和赤胆忠心"。³

这种对阿拉伯世界日益增长的认同，依次带有贵族色彩、浪漫主义色彩和逃避现实的色彩，恰好与英国霸权在中东地区的逐渐扩张同时发生，而扩张中的英国也将维护和支持当地的传统统治者视为理所当然。英国在 1882 年出兵占领埃及后，便通过埃及赫迪夫③（后来改用素丹称号，是威尔基所画人物的直系后代）实行间接统治，遵循了印度土邦的先例和经验，并依靠驻在当地的英国总领事，确保维持秩序，恢复当地财政，保卫苏伊士运河。⁴ 在阿拉伯半岛和波

① 约翰·巴肯：指第一代特威兹缪尔男爵约翰·巴肯（John Buchan, 1st Baron Tweedsmuir, 1875—1940），英国小说家、保守党政治人物，1935—1940 年任加拿大总督。

② 劳合·乔治：指大卫·劳合·乔治（David Lloyd George, 1863—1945），英国自由党政治人物，1916—1922 年任英国首相，1926—1931 年任自由党领袖。

③ 赫迪夫（khedive）：原为波斯语中的贵族头衔，1867 年奥斯曼帝国承认其为埃及的穆罕默德·阿里王朝统治者的头衔；1914年第一次世界大战爆发后，英国正式将名义上属于奥斯曼帝国领土的埃及变为其保护国，赫迪夫改称素丹。

斯湾，英国人分别与马斯喀特①素丹、阿曼休战海
岸②的谢赫们、巴林统治者、卡塔尔谢赫和科威特谢
赫签署条约，将它们确立为"阿拉伯半岛大片地区的
最高掌权者"。英国在 1914 年与奥斯曼帝国开战后，
便支持谢里夫侯赛因③（最显赫的阿拉伯贵族，当地
最高酋长，哈希姆王朝的创立者）和他的几个儿子反
叛土耳其人的统治。[5]这一政策得到了驻在开罗的阿拉
伯局④的特别支持，赫伯特和赛克斯与该局都有联系。

---

①　这里指马斯喀特和阿曼（Muscat and Oman），位于阿拉伯半
岛东南部，1820 年由马斯喀特素丹国与阿曼教长国合并而成，19 世
纪末沦为英国保护国，第二次世界大战后英国承认其为独立主权国
家，1970 年改名为阿曼。

②　阿曼休战海岸（Trucial Coast of Oman）：又称停战诸国
（Trucial States）、停战海岸（Trucial Coast）、休战酋长国（Trucial E-
mirates）等，是位于阿拉伯半岛东南部的部落联盟的合称，各部落
于 19 世纪早期至 19 世纪末先后与英国签署休战协议，接受英国军
事保护；1971 年，英国宣布保护条约终止后，各部落组成主权独立
的阿拉伯联合酋长国。

③　侯赛因：全名侯赛因·伊本·阿里（Hussein bin Ali，
1854—1931），伊斯兰教先知穆罕默德后裔，哈希姆家族（Hashemi-
tes）族长，麦加城谢里夫（sharif 或 sherif，意为"圣裔"）。1916
年领导阿拉伯大起义，反抗奥斯曼帝国统治，起义成功后与其长子
阿里先后成为阿拉伯半岛西部的汉志（Hejaz）王国国王，次子阿卜
杜拉后为约旦国王，三子费萨尔后为伊拉克国王。后来，汉志被内
志（Nejd）王国吞并，伊拉克王国被革命推翻，约旦哈希姆王国延
续至今。

④　阿拉伯局（Arab Bureau）：1916—1920 年设在埃及开罗的
英国情报部门，在马克·赛克斯提议下设立，托马斯·爱德华·劳
伦斯曾任其工作人员。

赛克斯在呼吁英国在战后建立各个阿拉伯王国的问题上尤其有影响力。他认为，这些国家"具备农业本质和近乎中世纪的架构"，在这里，"乡贤、长老和农民之间可以重建和睦生活"，并集体"用他们的身心礼敬神圣的永恒秩序，而他们所属的社会恰是这种秩序在俗世的镜像"。[6]

随着奥斯曼帝国战败，这种浪漫主义的等级制冲动成为英国战后政策的基础，而有两个人在对这种冲动的追寻中付出了极大的精力和决心，并取得了成功。第一位是托马斯·爱德华·劳伦斯[①]，他对谢里夫侯赛因和他的儿子们极为仰慕，并坚定信奉英国和中东的传统秩序。在寻求建立新的阿拉伯秩序方面，他确信英国将比法国更有优势，因为英国拥有以君主制为顶点的分层社会结构。他解释道："像谢里夫和封建酋长治下的阿拉伯这样的传统人为社会，在与我们打交道时会找到一种光荣的安全感，因为我们国家的最高位置不是靠功绩或野心就可以取得的。"[7] 以造王者自居的劳伦斯与第二位有影响的英国人看法完全

[①] 托马斯·爱德华·劳伦斯（Thomas Edward Lawrence，1888—1935）：英国陆军上校，在1916—1918年阿拉伯起义中任英国联络官，绰号"阿拉伯的劳伦斯"（Lawrence of Arabia）。

一致，这就是温斯顿·丘吉尔；他作为劳合·乔治联合政府的殖民地事务大臣，负责将上述理念付诸实施。在第一次世界大战结束后，丘吉尔已经完全转变为一个社会保守主义者，对于"旧世界"的沉沦以及"君主与帝王"、稳固的统治阶级以及光辉的社交庆典的消逝，他十分沮丧。对于哈布斯堡、霍亨索伦和罗曼诺夫王朝的消失，以及"既有价值和古老制度的垮塌"，他深表遗憾。作为殖民地事务大臣，他深信，在中东，一如在帝国其他地方，"与君主和传统一派的友谊和合作将最有利于英国的利益"。[8]

在1921年3月的开罗会议①上，劳伦斯和丘吉尔希望实现他们的社会理念和帝国理念，方式是在已经成为英国战利品的国际联盟中东委任统治地建立新的君主制政权。对于丘吉尔来说，这种政权有两个吸引人的地方：一是在公共支出紧缩并受到严格审查的当下，它们可以让大英帝国以廉价的方式维持下去；二是它们可以建立"最好的结构"，这种结构可以"与印度的土邦相类比"。[9]与英国的战时政策（所谓"谢

---

① 开罗会议（Cairo Conference）：1921年3月英国有关政府官员和专家在埃及开罗召开的会议，由英国殖民地事务大臣温斯顿·丘吉尔召集，研究制定英国在中东的政策，决定扶植麦加谢里夫侯赛因·伊本·阿里诸子分别成为英国统治下的中东地区委任统治地的君主。

里夫方案"）相一致的是，他们意图让谢里夫侯赛因的几个儿子分别统治这些新的阿拉伯国家。在外约旦①，侯赛因的次子阿卜杜拉②被立为埃米尔，他的左膀右臂是以驻员为首的英国人监督下的当地行政机构，以及由英国军官和英国装备组建的"阿拉伯军团③"。在相邻的伊拉克（美索不达米亚委任统治地），阿卜杜拉的弟弟、先前屈辱地被法国人从叙利亚国王宝座上赶下来的费萨尔④赢得了被（英国人）有效动员起来的民众支持，得以在一开始就被立为国王，并一直统治到1933年去世。[10] 和在约旦一样，一名英国高级专员对伊拉克国王和国家施加影响，还通过加强谢赫们的权力控制农村的部落。直到1932年英国结束对伊拉克的委任统治，这种间接统治模式大体没有发生变化。[11]

---

① 外约旦（Transjordan）：国际联盟巴勒斯坦委任统治地的一部分，位于约旦河以东，1921年成立英国控制下的外约旦酋长国，1946年成为主权独立的约旦哈希姆王国。

② 阿卜杜拉：指阿卜杜拉一世（Abdullah Ⅰ，1882—1951），侯赛因·伊本·阿里次子，约旦哈希姆王朝开创者，1921—1946年为外约旦埃米尔，1946—1951年为约旦国王。

③ 阿拉伯军团（Arab Legion）：英国于1920年在外约旦建立的军事力量，1956年被约旦政府改组为现代的约旦陆军。

④ 费萨尔：指费萨尔一世（Faisal Ⅰ，1885—1933），侯赛因·伊本·阿里三子，伊拉克哈希姆王朝开创者，1920年为叙利亚国王，1921—1933年为伊拉克国王，伊拉克在其统治下于1932年成为独立的主权国家。

此外，英国控制下的中东还出现了两个新国王，尽管这不完全是预先谋划的结果。第一次世界大战爆发后，埃及正式（也是迟来地）被英国吞并，但在1922年就宣告独立，埃及素丹福阿德获得国王称号。像约旦和伊拉克的君主一样，他也根据英国高级专员的建议行事；同时，英国人继续明确和排他地控制埃及与大英帝国其他地方的联系、埃及的防务、外国人在埃及的利益以及名义上由英国与埃及共管的苏丹的事务。在这种安排下，埃及本质上是"一个采行印度模式的土邦"。[12] 在红海对岸的阿拉伯半岛上，英国人一开始支持谢里夫侯赛因，希望他可以成为阿拉伯国王，就像他的儿子成为约旦和伊拉克统治者那样。[13] 但侯赛因后来与诸子及英国人闹翻，拒绝接受开罗会议的解决方案。他因而失去了英国人的支持，并在1924年被迫退位。很快，他就被自己的老对手伊本·沙特①赶出阿拉伯，后者自立为沙特阿拉伯国王。1927年，伊本·沙特与英国人签署条约，承认英国为本地区的最高权威。10年后，参照与马来素丹们签署的条

① 伊本·沙特：指阿卜杜勒·阿齐兹·伊本·沙特（Abdulaziz Ibn Saud，1875—1953），1902—1932年为内志（Nejd）统治者，沙特阿拉伯王国的建立者，1932—1953年为第一代沙特阿拉伯国王。

约，英国人完成了与亚丁港腹地部落统治者的谈判，包括穆卡拉素丹萨利赫和赛云素丹贾法尔。这让间战期英国在阿拉伯世界的领地得以补全和巩固。[14]

因此，到这一时期，英国主导下的中东地区是以格特鲁德·贝尔所称的"创造国王"政策为基础组织起来的，结果是产生了一批强调"宏伟壮丽"和"有序尊荣"的政权。这里有新国王的即位宣告和加冕典礼，这里有"大谢赫和贵族""郊野权贵""沙漠大酋长"宣誓效忠新国王的杜尔巴大会，这里还有由类似谢赫的地主主导的新国家的农村、内阁和立法机构。这里的英国驻员和高级专员也以恰当的殖民地长官威仪行事：埃及的劳埃德勋爵拥有尖角礼帽、勋章绶带和劳斯莱斯轿车；伊拉克的珀西·考克斯爵士①拥有白色制服、金色蕾丝和"得体简洁的尊严风度"。[15]这片广大的帝国新领地奠基于一种关于阿拉伯社会结构的浪漫主义、仰慕崇拜、逃避现实的观点，这与鲁道夫·瓦伦蒂诺在他的电影《谢赫》（1921）中对于"高贵、尊严、阳刚、优雅、雄壮"的贝都因特性的弘扬是非常接近的。这种认知在间战期一直维

---

① 珀西·考克斯爵士（Sir Percy Cox, 1864—1937）：英国外交官、陆军少将，自 1893 年起长期在中东地区和波斯担任英国领事、驻员等职务，1920—1923 年任英国驻伊拉克高级专员。

持，并典型地体现在切姆斯福德勋爵①的侄子威尔弗雷德·塞西杰阁下身上。他生于阿比西尼亚②，1930年代在中东各地旅行。他和布朗特、赫伯特、赛克斯一样，"终生渴望蛮夷式的光辉，渴望野性生活，渴望色彩和鼓声"，"对于长期存在的习俗和仪轨，有一种持久的尊崇"，"对于西方在其他土地上的革新举动极为排斥"，"对于现代世界单调的一致性深恶痛绝"。[16]

在1930年代，这些关于阿拉伯社会，特别是其领袖的"传统主义"观点继续构成英国对中东委任统治地和其他属地的政策基础——这里的治理结构被恰当形容为"自印度帝国孕育，由世界大战催生"。和南亚的王公一样，伊拉克和约旦哈希姆王朝的统治者建造由英国建筑师设计的宫殿，雇佣英国保姆、导师和家庭教师，把儿子送到英国公学上学。在伊拉克，费萨尔国王以犹如瓦伦蒂诺电影式的风度统治国家："他的声音仿佛散发着乳香的芬芳，让人联想到色彩

---

① 切姆斯福德勋爵：指第一代切姆斯福德子爵弗雷德里克·塞西杰（Frederic Thesiger, 1st Viscount Chelmsford, 1868—1933），英国贵族、殖民地官员，1905—1909年任澳大利亚昆士兰州总督，1909—1913年任新南威尔士州总督，1916—1921年任印度副王。

② 阿比西尼亚（Abyssinia）：埃塞俄比亚的旧称，1941年改为现名。

鲜艳的卧榻、绿色的头巾和金银珠宝的光彩"。[17] 在他去世及委任统治结束后，伊拉克君主制的高潮时期是由阿卜杜勒·伊拉①王储摄政的年代，他对于礼仪、谱系这些宫廷消遣非常上心。约旦的情形类似，阿卜杜拉埃米尔的宫廷也同样气派，这里有他在安曼的宫殿，有他豢养的鸟和猎隼，还有经常亲切造访的英国驻员亚力克·基尔布莱德爵士。詹姆斯·莫里斯注意到，驻员和君主之间的关系看起来真的是"平等者间的会面"。英国官员仰慕贝都因精神，而在殖民地公务员中，"大部分英国人都是乡绅出身"，并因此"与阿拉伯绅士们相处时有宾至如归之感"。[18]

在第二次世界大战期间，王权和农村等级制仍然是英国人对中东认知的基础，也是大英帝国在中东存在的基础，就和印度与非洲的情况一样。在沙特阿拉伯，伊本·沙特一如既往地忠诚，弘扬着"贝都因阿拉伯式王权概念"。雅尔塔会议结束后，温斯顿·丘吉尔在访问他的国家时，对于这位"阿拉伯沙漠的家

---

① 阿卜杜勒·伊拉（Abdulilah，1913—1958）：侯赛因·伊本·阿里之孙，伊拉克国王费萨尔二世的堂叔，1939—1953 年为伊拉克摄政，1943—1958 年为伊拉克王储，1958 年在伊拉克 7 月 14 日革命中被杀。

长式国王"的"战士一样的活力"感到"极为钦
佩"。在约旦,埃米尔阿卜杜拉(丘吉尔恰当地称他
为"我的造物之一")在"忠诚与坚定的合作"方面
与印度王公和马来素丹们不相上下,他相信"敌人的
数量每增加一个,他对盟国事业的奉献就要增加一
分,英王陛下的政府在任何条件下都可以信赖他将为
共同利益付出努力"。在伊拉克,军队在 1941 年起兵
反叛摄政阿卜杜勒·伊拉,英国人随即发动了一场反
政变,以支持摄政及其主要政治盟友努里帕夏①,此
后他们二人都持续支持英国。而在埃及,从 1942 年 2
月至战争结束,法鲁克②国王和纳哈斯帕夏③领导的政
府一直与英国人合作。[19] 的确,到 1945 年,英国在中
东的势力范围已经空前扩大(也更加君主化),涵盖
了从利比亚到波斯再到希腊的君主制政权。埃及、约
旦和伊拉克的"传统"君主国,以及波斯湾沿岸和亚
丁腹地的酋长国是其中的重心。这是从 1921 年开罗会

---

① 努里帕夏:指努里·赛义德(Nuri al-Said, 1888—1958),
伊拉克政治人物,1930—1958 年间 8 次担任伊拉克首相,1958 年在
伊拉克 7 月 14 日革命中被杀。

② 法鲁克(Farouk, 1920—1965):埃及国王福阿德一世(Fu'ad
I)之子,1936—1952 年为埃及国王,1952 年在埃及 7 月 23 日革命
中被推翻,为埃及统治者穆罕默德·阿里帕夏的玄孙。

③ 纳哈斯帕夏:指穆斯塔法·纳哈斯(Mostafa el-Nahas,
1879—1965),埃及政治人物,1928—1952 年间 5 次担任埃及首相。

议起步的丘吉尔式事业的最终扩展。[20]

在此之后，这些君主制纽带和等级制认知在本质上继续维持不变。作为战后工党政府的外交大臣，欧内斯特·贝文①渴望继承达尔豪西、本廷克和张伯伦的改革事业。他认为，英国此前在中东的帝国政策"建立在过于狭窄的基础上，主要依靠国王、王公和帕夏们的人格"，而他希望给英国与这些阿拉伯君主国之间的关系增添"一种新的、更具吸引力的形象"，手段是与"农民"合作对抗"老爷"，促进这些国家在政治、经济、教育和社会领域的发展。[21] 不过，实践层面几乎没有发生变化。在埃及，英国人继续依靠法鲁克国王，他们认为国王很受欢迎，不应该和他对立。一位外交部的"大人"观察到："君主制具有威望和连续性。我们该用君主制。"他们正是这样做的。外约旦的情况也是一样，委任统治在 1946 年结束，英国人（遵循埃及在 1922 年的先例）向埃米尔阿卜杜拉表达感谢的方式，是让他成为独立约旦的国王。在英国人眼里，用丘吉尔式的语言来说，阿卜杜拉国王属于"这样一代人：国王具备强健的心智，可以整天

80

---

① 欧内斯特·贝文（Ernest Bevin，1881—1951）：英国工会领袖、工党政治人物，1945—1951 年任英国外交大臣。

骑在马上，如有需要可以斋戒，可以宴饮时便会大宴宾客"。在他极为华丽的加冕典礼结束后，阿卜杜拉感谢英国人"在 25 年间，将这片土地从奥斯曼帝国不为人知的角落，提升到一个独立王国的地位"。[22]

伊拉克的情形也是一样，英国人继续依靠努里帕夏、摄政阿卜杜勒·伊拉、年轻的国王费萨尔二世①，以及由谢赫们和帕夏们组成的"老帮派"或者说"老禁卫军"；尽管贝文意图改革，但还是这些人最让英国官员感到"基本的亲近"。就像一名英国外交官运用熟悉的类比方法所说的，通常认为，摄政本人"极为仰慕和喜爱英国、英国办法和英国人物。他的汽车、飞机、衣服、马匹、猎犬甚至天鹅都是英国的，他的许多最亲密的朋友也是英国人"。他确实称得上是英国乡村绅士的典型，或者更确切地说，他很像年轻的乔治三世。[23] 波斯湾沿岸的情形也类似。印度独立后，驻在这一地区的英国驻员继续着他们的工作，向当地统治者提出建议；有所不同的是，过去这些驻员是从印度公务员序列中选调、向新德里报告，现在则变为从外交部派遣、向伦敦报告，从接受印度副王的

---

① 费萨尔二世（Faisal II, 1935—1958）：伊拉克国王费萨尔一世之孙，加齐之子，1939—1958 年为伊拉克国王，1958 年在伊拉克 7 月 14 日革命中被杀。

指示变为接受英国外交大臣的指示。直到 1950 年代早期，英国的文职和军事顾问仍然在中东各地任职（比如巴格达的迈克尔·赖特爵士），维持着"帝国的堂堂威仪"，而英国人制造的国王们似乎仍然是他们唯一可以依靠的盟友。[24]

直到 1950 年代和 1960 年代初期，在阿拉伯半岛南部的亚丁附近以及波斯湾沿岸，传统的帝国观念和帝国等级制观念仍然存在，甚至有所扩展。在东亚丁和西亚丁保护国，通过素丹和谢赫实行间接统治一直是英国所采取的方式；1959 年，这一地区不同类型的酋长国被整合为一个联邦。4 年后，这个联邦又与亚丁殖民地结成南阿拉伯联邦①。这样做的目的很明确，散发着 1920 年代和 1930 年代印度的气息：运用（用英国首相哈罗德·麦克米伦的话说）"素丹们的影响和权力"对抗城市中激进的中产阶级民族主义——这次，这里说的城市不是指加尔各答（或新加坡），而

---

① 南阿拉伯联邦：英国人于 1962 年将其在阿拉伯半岛西南部（今也门境内）的若干保护国合并为其控制下的"南阿拉伯联邦"（Federation of South Arabia），并于 1963 年将亚丁殖民地（Colony of Aden）并入；1967 年，也门民族解放运动胜利，英国被迫撤出，南阿拉伯联邦和其东部的原英国控制下的南阿拉伯保护国（Protectorate of South Arabia）合并成为独立的南也门人民共和国（后改名为也门民主人民共和国）。

是指亚丁这个国际性的港口城市。[25] 在北边，海湾各酋长国仍然遵循英国驻员的建议，继续实行着陈旧的间接统治；自从马斯喀特和阿曼素丹在 1903 年向来访的印度副王寇松勋爵宣誓"永远忠贞奉献"以来，这种统治方式就基本没有变化。在 1960 年代，当年宣誓的素丹的后裔继续住在他当年的宫殿里，而米字旗则在不远处的英国总领事（之前的驻员此时已策略性地改用这个头衔）官邸上空飘扬。不过，此时的阿曼素丹国，只不过是曾经的大英帝国的一处遗迹罢了。[26]

第三部分

全局概观

第七章 荣典

在地理、族群、历史、文化、经济、政治和行政 ⁸⁵
等各方面，白人定居自治领、印度次大陆、直辖殖民
地和国际联盟委任统治地是截然不同、多元异质的属
地。而间接统治在运作和安排上也有多种变形，从海
湾酋长国和印度土邦（享有相对的自治权），经乌干
达和北尼日利亚，到马来各邦和桑给巴尔①，最后到
埃及、伊拉克和约旦（位于光谱的另一端）。[1] 然而，
人们却轻易地把大英帝国这些分殊的组成部分看作一
个包罗万象的整体。造成这种现象的部分原因是，当
时世界地图上的广大区域都被统一涂成了红色，这种
制图学意义上的形象提供了一幅令人安心的连贯统一
的图景。还有一部分原因是，一种社会学意义上的形
象也给人提供了类似的统一图景，而这便是等级制的
形象。英国人以等级制的方式看待本国社会，多数人
也希望本国保持这种形象；因此，英国人以同样的方

---

① 桑给巴尔（Zanzibar）：非洲东部岛屿，历史上桑给巴尔及
其附属岛屿曾为马斯喀特和阿曼素丹国的一部分，1856 年建立独立
的桑给巴尔素丹国，1888 年沦为英国保护国，1963 年独立，1964
年与坦噶尼喀合并成为坦桑尼亚。

式看待他们的帝国，多数人也同样希望帝国保持这种
形象，就毫不奇怪了。需要再次强调，等级制将帝国
的异质性同质化了。的确，从帝国中心内部开始，为
了鼓励和发扬对帝国的愿景，使其更加连贯、更能服
众，人们采取了多种重要的方式；其中之一，是荣誉
体系的扩张和法制化。

　　19 世纪后期和 20 世纪前期是一个史无前例的荣
誉制度大发明的时期，远超过在此一百年前的上一个
类似时期。具体来说，英国的头衔等级体系输出到帝
国的边远疆土，并且，与过去相比，这一体系在英国
本土和海外帝国下沉到更基层的社会群体中，将更多
人群吸纳进来。不过，这一切都有先例可循，就像帝
国时代的英国经常发生的类似情形一样，要做的只是
对先例加以延伸，扩大适用。"最尊贵的嘉德骑士团"
是用于团结和聚拢各种各样统治精英的荣誉团体，主
要是外国王族（1924 年时包括意大利国王、瑞典国
王、挪威国王和比利时国王）和英国贵族（包括兰斯
多恩勋爵、德比勋爵、寇松勋爵和德文郡公爵）。[2]
"最光辉的圣帕特里克骑士团"当年创设的目的是将
爱尔兰的本地精英吸收到帝国中心，它的首领由爱尔

兰总督担任。"最荣耀的巴斯骑士团"经过改革和扩充，用于对英国军官和公务员进行排序和嘉奖；1815年，该骑士团的规模大幅扩充，从此，它的成员被划分为三个等级：同袍勋位（CB）、骑士司令勋位（KCB）和骑士大十字勋位（GCB），这三个等级的设置既把不同成员的功绩分出高下，也为有抱负的陆海军军官和政府公务员设置了上升阶梯。[3] 随着帝国自19世纪最后25年起的不断扩张，遵循上述先例和实践，更多的荣誉头衔被创造出来、颁赐出去，用以构建和团结一个更大的不列颠世界。

这波新发展的起点是1868年，绝非巧合的是，这也是迪斯雷利的第一届政府短暂在位的时期。根据殖民地事务大臣白金汉公爵的提议，"最卓越的圣米迦勒和圣乔治骑士团"这个先前局限于英属马耳他和爱奥尼亚群岛居民的荣誉团体得以重建和扩充，成为嘉奖大英帝国所有海外领地的统治者、管理者和定居者的荣誉骑士团。[4] 遵循巴斯骑士团的先例，该骑士团的成员也分为同袍勋位、骑士司令勋位和骑士大十字勋位三个等级；随着殖民地官员的职级逐渐提升，他们在这个荣誉等级里的地位也相应提升。几乎所有工作得力的殖民地管理者都会成为圣米迦勒和圣乔治同袍

（CMG，骑士团成员内部戏称其为"叫我上帝"）；次等的直辖殖民地的总督会前进一步，被封为圣米迦勒和圣乔治骑士司令（KCMG，"请叫我上帝"）；头等重要的直辖殖民地的总督则会被封为圣米迦勒和圣乔治骑士大十字（GCMG，"上帝叫我上帝"）。[5] 同理，较高两个骑士等级的成员还会包括加拿大各省省督，澳大利亚各殖民地总督，派驻中东的英国驻员和高级专员，以及各自治领总督。

被重新发明的圣米迦勒和圣乔治骑士团恰当地将总部设在伦敦的殖民地事务部内，并在圣保罗大教堂设置了专门的礼拜堂，从此，它为英国的殖民地精英提供了远超过德国或法国的殖民地官员可以获得的名望和社会认可。对于一个由严格的等级原则建构起来的帝国来说，这样的奖赏和排序在人看来是至关重要的；而总督作为君主的代表，理应配备绶带、星章和头衔。在我们前面提到的殖民地长官中，阿瑟·汉密尔顿-戈登在1871年当上毛里求斯总督时被封为圣米迦勒和圣乔治骑士司令，7年后被派往斐济担任总督，不久，他就在50岁这个相对较年轻的年纪被封为骑士大十字。在下一代人中，弗兰克·斯威特纳姆在骑士团中的上升之路见证了他在马来亚公务员序列中的升

迁：他在 1886 年因其代理霹雳[1]驻员的工作被封为圣
米迦勒和圣乔治同袍，1897 年作为马来联邦总驻员被
封为骑士司令，1909 年在从这一职位上退下来、转任
调查毛里求斯财政状况的皇家调查委员会主席时被封
为骑士大十字。再晚一些，休·克利福德在 1900 年当
上北婆罗洲总督时被封为圣米迦勒和圣乔治同袍，
1909 年担任锡兰总务秘书期间被封为骑士司令，1921
年作为尼日利亚总督被封为骑士大十字。[6]

　　除此之外，由于维多利亚时代中期，海外帝国的
英国定居者关于设立殖民地本地荣誉骑士团的请求被
一再驳回，为了回应他们的压力，圣米迦勒和圣乔治
骑士团还用来嘉勉殖民地本地的政治和社会精英——
例如自治领的总理，像是威尔弗里德·劳雷尔爵士和
罗伯特·博登爵士（均为加拿大总理、骑士大十字）
以及爱德华·莫里斯爵士（纽芬兰总理、骑士司令），
还有当地司法系统中的显要人物。骑士团同时还用来
赏赐海外属地的本地统治者，比如沙捞越的"白人拉
者"查尔斯·布鲁克就被封为骑士大十字；不过，这
类受封者中的大多数是有色人种，即印度的王公、马

---

　　① 霹雳（Perak）：原为马来半岛上的国家，1874 年与英国签
署《邦咯条约》，沦为英国保护国；现为马来西亚的一州。

来亚的素丹、苏丹的谢赫和尼日利亚的埃米尔，这是
他们在社会地位上得到英国人平等对待的决定性标
志。[7] 上述人等热切追求标志骑士团成员身份的绶带和
星章，而总督代表英国君主册封骑士团成员的仪式则
无一例外成为殖民地的盛事。正如额尔金勋爵所说：
"殖民地的总理和大法官们像男孩子抢玩具一样争抢
星章和绶带，如果我们想阻拦，他们就冲我们大喊大
叫。"[8] 其实，这与英国本土的情况鲜有差别，而这正
是荣誉制度的意义所在。这种对于头衔的渴求，将英
国殖民地精英和殖民地本地精英连在一起，组成一个
统一的、等级制的、荣誉性的整体，"一个广大互联
的世界"。

类似情况也同步出现在英国统治下的印度。三项
全新的荣誉为印度次大陆量身打造出来，以补全圣米
迦勒和圣乔治骑士团在自治领和直辖殖民地发挥的作
用。"最尊贵的印度之星骑士团①"创立于 1861 年

---

① 印度之星骑士团（Order of the Star of India）：1861 年由英国
女王维多利亚创立的荣誉骑士团，用于封赏印度土邦王公和英印当
局官员及高级公务员，初期成员仅有一个等级，1866 年扩大为骑士
大司令（Knight Grand Commander）、骑士司令（Knight Commander）
和同袍（Companion）三个等级。1947 年印度独立后，英国政府停
止册封该骑士团的成员。

（大兵变后不久），其规模在随后的半个世纪里几经扩大；"最显赫的印度帝国骑士团①"于1878年建立（为庆祝维多利亚女王成为印度女皇），在其后几十年中也得到了精心经营；"印度皇冠勋章"同样设立于1878年。[9] 前两个骑士团与圣米迦勒和圣乔治骑士团一样，将成员分为三等，而印度皇冠勋章则是专门颁发给女性的。这三者的明确宗旨，是对英印当局精英和印度土邦统治者以及他们各自的业绩进行排序、奖赏和调和。查尔斯·刘易斯·塔珀在1893年声称，这三项荣誉的意义就在于它们"向欧洲人和本地人同等开放"。他认为，"假如它们受限于任何种族标准"，这些荣誉就会"变成无的放矢"。他总结道："所有人都应该团结在为帝国服务的事业中。"从实践来看，也的确如此。[10] 正如嘉德骑士团联结了英国贵族和外国王室成员，圣米迦勒和圣乔治骑士团联结了英国殖民精英和自治领与直辖殖民地本地精英，三项印度荣誉的目的是团结英印当局官员和土邦王公。

在英国人方面，印度公务员序列中的初级英国官　89

---

① 印度帝国骑士团（Order of the Indian Empire）：1878年由英国女王维多利亚创立的荣誉骑士团，用于封赏印度土邦王公和英印当局官员及高级公务员，作为对印度之星骑士团的补充，初期成员仅有一个等级，1887年扩大为骑士大司令、骑士司令和同袍三个等级。1947年印度独立后，英国政府停止册封该骑士团的成员。

员可以获封印度之星同袍（CSI）或印度帝国同袍
（CIE），就像殖民地公务员序列中的同等官员会被封为
圣米迦勒和圣乔治同袍一样。这对那些在官员序列中
升不到太高位置的人来说，是职业生涯的最高荣誉，
这类人包括总医官、总督秘书、警察总督查、各省税
收委员会委员等。更高级别的人物，包括高等法院法
官、派驻各土邦的驻员以及副王行政会议成员，会被
封为印度之星骑士司令（KCSI）或印度帝国骑士司令
（KCIE），鲁琴斯和贝克两位建筑师因为他们营建新德
里的功劳，也同样获封印度帝国骑士司令。[11]孟买总
督、马德拉斯总督和孟加拉总督无一例外会被封为印
度帝国骑士大司令（GCIE），并有机会被封为印度之
星骑士大司令（GCSI），享受同等待遇的还有在印度公
务员序列里一路升到旁遮普总督和西北边境省省督这
类殖民地官员的顶级职位的人，印度驻军总司令，以
及伦敦的印度事务大臣；最后，印度副王当然兼任两
大印度骑士团的总团长（遵循爱尔兰圣帕特里克骑士
团的先例）。同时，印度皇冠勋章会授予总督夫人、
副王妃、总司令夫人和印度事务大臣夫人。[12]

而这些荣誉也同样给予印度人，既为了把他们和
英国人团结起来，也因为人们相信印度人非常在意这

种荣誉和认可。这是对 19 世纪早些时候约翰·林赛爵士提出的结论和建议的认可和接受。他当时极力主张道："体现身份等级的标志在印度这个国家极受欢迎；如果欧洲人能有办法为印度王公的尊崇地位进一步增光添彩，他们一定极为受用。"50 年后的查尔斯·刘易斯·塔珀完全赞成这种看法，他说："毫无疑问，有身份有地位的印度人希望分享我们的荣誉，对这些东西青睐有加。"[13] 的确，这些在任何事关身份地位的事上都要一争高低的印度王公，为了获得自认为应得的英国荣誉，更是争得难解难分。吉卜林抓住这点大加嘲讽：

有位科拉采王公，统治偏僻小邦国

想当印度之星同袍，于是大搞建设

盖好监狱和医院，附近又建下水道

忠诚的臣民都以为，王公快要疯掉

……

终于授勋名单到，结果让人很难过

除了印度帝国同袍，王公一无所获[14]

正如诗中所说，两大印度骑士团在用于封赏印度

90

土邦的王公（偶尔还有土邦的女性统治者以及马来亚和波斯湾地区的素丹们）时，精心考虑了王公相对地位的高低，以及他们对英国当局的忠诚和配合程度：最低等级的统治者被封为印度帝国同袍（就像诗中所写的），然后是印度之星同袍、印度帝国骑士司令、印度之星骑士司令、印度帝国骑士大司令、印度之星骑士大司令。像迈索尔大君这样极为富有、极为显赫的王公，可以代代被封为印度之星骑士大司令。结果，很多土邦王公的官方肖像是自己穿戴印度之星骑士团的斗篷、星章、颈饰和绶带的形象，就像孟买、马德拉斯、孟加拉总督和印度副王一样——这又是一个有序等级制和荣誉平等的标志，英印当局官员和印度王公由此融合起来。同理，最高等级的印度王公的妻子和其他女性亲属会和英印当局高官的妻子一样，被授予印度皇冠勋章。[15] 另一项惯例，是将那些治理较好的最大土邦的宰辅大臣封为两个骑士团的骑士，以表彰他们料理邦务的贡献，比如迈索尔的莫克夏甘达姆·维斯韦斯瓦拉亚爵士和米尔扎·伊斯梅尔爵士就都被封为印度帝国骑士司令。

以上这些创新和发展，可以解释英国的荣誉体系

为何会演变到 20 世纪初期那种高度精密、高度帝国化
的状态。这个体系将定居自治领、印度次大陆和热带
地区的殖民地联结进入了一个完整、有序、超越种族
的头衔等级制度，且没有任何其他帝国可以做到同样
的程度。对于那些既在印度又在直辖殖民地服务过的
人来说，沿着两个印度骑士团以及圣米迦勒和圣乔治
骑士团复杂缠绕的荣誉阶梯逐级交替上升，一路上的
收获是十分丰厚而堂皇的。这方面的例子，我们可以   93
看珀西·考克斯爵士，前文介绍过的 1920 年代初英国
驻伊拉克高级专员。这个职位是他穿梭往返于中东和
南亚的公职生涯的顶点和终点，他在其中由低到高获
得了与自己工作相匹配的各项荣誉勋位：他在 1902 年
至 1911 年间由于在海湾地区的工作获封印度帝国同
袍、印度之星同袍和印度帝国骑士司令，在第一次世
界大战期间于西线战场担任印度远征军总政治官时受
封印度之星骑士司令和印度帝国骑士大司令，1920 年
代理英国驻波斯公使时被封为圣米迦勒和圣乔治骑士
司令，最后在 1922 年担任驻伊拉克高级专员期间获封
圣米迦勒和圣乔治骑士大十字。他觐见费萨尔国王时
身穿制服、胸前缀满饰物的形象令人印象极为深刻。

　　但以上这些并不能囊括帝国在鼎盛时期所创造和

颁赐的全部荣誉。不属于任何一个荣誉骑士团的团外骑士，1885 年时有 230 人，1914 年上涨到 700 人，而这期间的受封者很多都来自海外帝国，并以殖民地的高级法官居多，其中就包括了 1896 年受封的第一位非洲人骑士——塞拉利昂的塞缪尔·刘易斯。[16]1896 年，皇家维多利亚骑士团①创立，以奖励在私人场合为英国君主服务的人，它经常用于封赏受到君主特别青睐的殖民地官员或属地统治者，比如马来亚的霹雳素丹伊德里斯②，他在 1913 年作为圣米迦勒和圣乔治骑士大十字，被加封为皇家维多利亚骑士大十字（GCVO）。1902 年，爱德华七世创立了帝国服务勋章（ISO），这相当于圣米迦勒和圣乔治骑士团的初级分支。该勋章的授予规模又在 1921 年进一步扩大，目标成员是帝国公务员序列中从事行政管理和文案工作的人，成员上限为 750 名，三分之一是英国本土公务员，三分之一是印度公务员（其中英国人和印度人各一半），剩下

---

① 皇家维多利亚骑士团（Royal Victorian Order）：1896 年由英国女王维多利亚创立的荣誉骑士团，用于封赏为英国君主个人提供服务的人员和宫廷官员，早期分为骑士大十字（Knight Grand Cross）、骑士司令（Knight Commander）、司令（Commander）、四级成员（Member 4th Class）和五级成员（Member 5th Class）五个等级。

② 伊德里斯（Idris, 1849—1916）：1887—1916 年为霹雳素丹。

三分之一是在自治领、直辖殖民地和保护国工作的公务员。[17]

然而，帝国的扩张与对荣誉的需求，又促使乔治五世于1917年发明了最后一项帝国荣誉，他恰如其分地将其命名为"最杰出的大英帝国骑士团①"。骑士团的成员划分成五个等级，在骑士大十字（GBE）、骑士司令（KBE）和司令（CBE）之下还设了军官（OBE）和普通成员（MBE）两级，骑士团之外再设一个单独的"大英帝国奖章"（BEM）。这个骑士团通过这种设置表达出的新奇目标是，它不再只对各种达官显贵开放，而是对国王的所有臣民开放，不分性别，不分社会地位，不分在帝国境内居于何地。就英国国内而言，它是彰显英国民主的团体，意义是嘉奖各行各业、各个阶层中为第一次世界大战的胜利做出贡献的人。对海外帝国来说，它是全帝国的荣誉，从新加坡到塞拉利昂、从约翰内斯堡到斋浦尔的任何人都可以受此嘉奖。[18] 结果，在骑士团创设后两年内，共有

94

---

① 大英帝国骑士团（Order of the British Empire）：1917年由英国国王乔治五世创立的荣誉骑士团，用于封赏英国本土和全帝国范围内不分社会等级的有贡献人士，成员分为骑士大十字（Knight Grand Cross）、骑士司令（Knight Commander）、司令（Commander）、军官（Officer）和普通成员（Member）五个等级，是英国迄今为止累计册封人数最多的荣誉骑士团。

22 000 名来自不同社会阶层和行业的人成为骑士团的各级成员；到 1938 年，这个数字达到 30 000。这其中绝大多数人是只被封为骑士团军官和普通成员或被授予大英帝国奖章的平凡人士，但是，这个以大英帝国命名的骑士团不可避免地包括了英国总督和属地统治者们，他们在骑士团中一般都属于最高的两个等级。休·克利福德爵士于 1925 年在已有圣米迦勒和圣乔治骑士大十字勋位的基础上被封为大英帝国骑士大十字；骑士团创设的当年，迈索尔大君也在自己的印度之星骑士大司令勋位之外增添了同样的勋位；1937 年，布干达国王在于 1925 年获得的圣米迦勒和圣乔治骑士司令勋位之外又被封为大英帝国骑士司令。[19] 这项创新，标志着英国的帝国荣誉等级体系终于完整了。

这套系统也在册封贵族这一更高级别上以类似方式扩展和运作，使一部分帝国骑士成为帝国的贵族——部分是为这些人的海外服务工作进行准备或加以奖赏，部分是为了将一整套荣誉等级体系输出到海外帝国。工作极为出色的殖民地总督，有望在职业生涯结束时获得贵族爵位，比如阿瑟·汉密尔顿-戈登爵士在历任斐济总督、新西兰总督和锡兰总督后，被封为斯坦莫尔男爵并度过余生，马尔科姆·黑利爵士在担任印度联合省总督期间成为印度帝国骑士大司令和印度之星骑士大司令后，又获得了一个男爵爵位（和一枚功绩勋章）。对某些特定职务而言，贵族爵位是必不可少的：在出任驻埃及高级专员前，乔治·劳埃德坚决要求册封自己为贵族，因为他（和很多人一样）相信"所有东方人都对贵族老爷极为看重"（其实英国人也如此）。[20] 平民身份的人士只要被任命为加拿大总督、南非总督、澳大利亚总督或印度副王，都毫无悬念地会被封为贵族，以便能够以适当的体面代表国王兼皇帝的形象——寇松、韦维尔去印度前，格莱斯顿、巴克斯顿去南非前，以及约翰·巴肯去加拿大前，都被封为贵族。很多担任过这些顶级帝国职务的人，在卸任回国时还在原有爵位上被加封更高的爵位：新西兰的布莱迪斯洛、加拿大的宾和印度的切姆斯福德由男爵晋封为子爵，而南非的巴克斯顿、新西兰的高里以及印度的李顿和寇松最终都被加封为伯爵。

　　至于那些最为成功的英国殖民地长官和在海外帝国服役的军人，则会被反复加封各种勋位和爵位，他们活像披挂穿戴着各种星章、颈饰、奖章、绶带、貂皮袍和小冠冕的人形圣诞树，演绎着帝国荣誉等级制

95

最华丽的形象。这里从一个冗长名单中挑选三位来介绍。[21] 达弗林勋爵最初是一位爱尔兰男爵和地主，曾任加拿大总督（1872—1878）和印度副王（1884—1888），其间曾任驻欧洲几个最重要国家的大使。他在职业生涯中积累了圣帕特里克骑士团、巴斯骑士团、圣米迦勒和圣乔治骑士团、印度之星骑士团和印度帝国骑士团的骑士勋位，获封一个英国爵位并两次晋封，最终他成为达弗林和阿瓦侯爵。陆军元帅、喀土穆和布鲁姆的基奇纳伯爵也不遑多让，他以绥靖苏丹之功受封巴斯骑士大十字，以领兵打赢布尔战争之功受封圣米迦勒和圣乔治骑士大十字，作为印度驻军总司令获得印度之星和印度帝国两个骑士大司令勋位，功绩勋章、圣帕特里克骑士勋位和嘉德骑士勋位以及男爵、子爵和伯爵爵位为他增添了更耀眼的光辉。[22] 在下一代人中，弗里曼·弗里曼-托马斯先生在1912年至1936年间几乎不间断地担任了孟买总督、马德拉斯总督、加拿大总督和印度副王等职务，并随之获得了两个印度骑士团的骑士大司令勋位以及圣米迦勒和圣乔治骑士团、大英帝国骑士团的骑士大十字勋位，又随着职位的升迁，被封为男爵、子爵、伯爵直至侯爵。[23]

不过，到这时，爵位也已经像骑士头衔一样，可以授予那些在海外帝国定居并渴望加入帝国精英行列的杰出人士。(从男爵头衔是骑士到贵族之间的过渡，偶尔会被授予富有的殖民地居民，比如加拿大的艾伦·麦克纳布爵士和塞缪尔·卡纳德爵士以及澳大利亚的查尔斯·尼科尔森爵士和丹尼尔·库珀爵士；贵族爵位则与此不同，一般要有过公共服务经历的人才能获得。[24]) 在 1914 年之前，以这种方式被封为贵族的有三名加拿大人——约翰·麦克唐纳爵士的遗孀、唐纳德·史密斯(被封为斯特拉思科纳勋爵)和乔治·斯蒂芬(被封为斯蒂芬山勋爵)，有南非第一位本地出生的首席大法官德维利尔斯，还有纽芬兰总理爱德华·莫里斯爵士。在此之后，比弗布鲁克和阿索尔斯坦于 1917 年被封为贵族，阿什菲尔德、辛哈、莫里斯、卢瑟福、福莱斯特和斯特里克兰[①]在两次世界大战之间被封为贵族。其中，斯特里克兰是特别值得一提的声名显赫的人物，一生游走于马耳他贵族身份

_____

① 斯特里克兰：指第一代斯特里克兰男爵杰拉德·斯特里克兰(Gerald Strickland, 1st Baron Strickland, 1861—1940)，英国殖民地官员，马耳他贵族和政治人物，1902—1904 年任英属背风群岛总督，1904—1909 任澳大利亚塔斯马尼亚州总督，1909—1913 年任西澳大利亚州总督，1913—1917 年任新南威尔士州总督；1921—1940 年任马耳他宪法党领袖，1927—1932 年任英属马耳他总理。

和英国贵族身份之间，游走于帝国外围政治和帝国中心政治之间。斯特里克兰在出身上是一位马耳他的伯爵，在思想感情上是一个英帝国主义者，在婚姻上与英国威斯特摩兰郡的古老乡绅家庭霍尼奥德家族结亲。他政治生涯的开端，是在英属马耳他担任殖民政府官员，并因此在 1889 年获得圣米迦勒和圣乔治同袍勋位，在 1897 年获得骑士司令勋位；接着，他接连担任英属背风群岛、塔斯马尼亚和西澳大利亚总督（由此在 1913 年被封为圣米迦勒和圣乔治骑士大十字）；后来，他又同时担任英属马耳他总理和兰开斯特选区选出的英国下议院议员两个职务（由此于 1928 年被封为贵族）。[25]

与斯特里克兰不同的是，绝大多数海外帝国的权贵们都满足于他们原本的头衔；但是，这些"模范"王公和君主从英国人那里得到的嘉奖之丰厚，可以与最受优待的英国殖民地长官相提并论。其中一位显赫的荣誉收藏家是斋浦尔大君，他从 1880 年到 1922 年一直统治自己的土邦，其间以一种势不可当的、甚至令人感觉乏味的频率，收获了一批荣誉勋位：1888 年获封印度之星骑士大司令，1901 年获封印度帝国骑士大司令，1903 年获封皇家维多利亚骑士大十字，1918

年获封大英帝国骑士大十字。不过，取得类似佳绩的也不乏其人。海德拉巴土邦的末代尼扎姆①于1911年即位，并马上获得印度之星骑士大司令勋位；6年后，他和迈索尔大君一道成为大英帝国骑士团的创始成员、骑士大十字；1946年，他凭借深厚的资历和第二次世界大战期间对英国的贡献，获得了皇家维多利亚颈环。但获得这种程度认可的并不仅限于印度王公。在同代人中，与海德拉巴尼扎姆同年即位的桑给巴尔素丹②在位直至1960年，他的收获更多：1935年获封大英帝国骑士大十字，次年获封圣米迦勒和圣乔治骑士大十字，1956年获封巴斯骑士大十字。在太平洋上的汤加，女王萨洛特③于1932年获封大英帝国女爵士司令，并于1945年被晋封为女爵士大十字，1953年获封皇家维多利亚女爵士大十字，最后于1965年获得圣米迦勒和圣乔治女爵士大十字勋位。以上这些都是在荣誉方面收获丰厚的属地王公，他们所获得的封赏丝毫不亚于英国殖民政府中的精英。在这方面，跨越

98

----

① 这里指阿萨夫·贾赫七世（Asaf Jah VII，1886—1967），1911—1948年为海德拉巴尼扎姆。

② 这里指哈利法·本·哈鲁布（Khalifa bin Harub，1879—1960），1911—1960年为桑给巴尔素丹。

③ 这里指萨洛特·图普三世（Sālote Tupou III，1900—1965），1918—1965年为汤加女王。

帝国内不同种族的融合与平等再次出现。正如詹姆斯·莫里斯所说："从东亚到西非，本地权贵们成了英国骑士团的骑士，在自己身上奇妙地结合了中世纪骑士遗产以及他们自己的部落根脉和祖传外表。"[26]

上述实践和规划表明，这个发端于英格兰，进而扩展到全英国的荣誉体系，在这一时期扩展到了整个大英帝国，将全世界都纳入进来并划分为不同层次。第一次世界大战后，当俄国、德国、奥匈帝国那些精心设置的君主制下的荣誉勋位不复存在，英国荣誉体系便成为西方世界尚存的最复杂、最全面的头衔等级体系，为世界上就人种、地域和社会学属性而言最广大的人群提供奖赏和认可。帝国境内许许多多不同社会阶层的人，不论肤色深浅，都真心向往着荣誉饰物和勋位晋封，决定何人该得到何种勋位的过程更是广受注目。根据寇松勋爵的观察，一种"对于荣誉头衔和身份位阶不知餍足的渴求，存在于全世界说英语的人群中"。[27]人们普遍相信，各种"帝国式"的荣誉，如同《伯克殖民地乡绅系谱》上刊载的家族那样，是帝国中心向外传播和复制的文化，同帝国外围渴望得到认同和吸纳的文化，相互联结交汇而成的节点。由此，这个精心分层的头衔、勋位、绶带和星章的体系，创造并投射了一幅秩序化的、统一的、等级制的帝国图景。[28]

在这方面，可以以1920年1月公布的新年荣誉名单为例。这是一个涵盖全帝国的广泛名单，下面是从中任意抽取的一些名字。开头部分并非授予任何荣誉头衔，而是任命以下人等为英国枢密顾问官[①]：不久前从尼日利亚总督任上退休的卢嘉德勋爵，以及在加拿大和澳大利亚总理前往凡尔赛参加巴黎和会期间代理各自国家总理职务的威廉·怀特爵士和威廉·瓦特。在自治领方面，新西兰的铁路和原住民事务部长被封为圣米迦勒和圣乔治骑士司令，塔斯马尼亚总理被封为团外骑士，一位南非联邦众议院议员被封为圣米迦勒和圣乔治同袍。在名单的印度部分，伊达尔[②]大君获封印度之星骑士司令，孟加拉税收委员会的一位委员获封印度帝国骑士司令，孟买都市专员获封印度之星同袍，仰光海关首席征收员获封印度帝国同袍，印度驻军的两位准将获得皇家维多利亚司令勋

99

────────────

①　枢密顾问官（Privy Counsellor）：英国枢密院的成员，近代演变为荣誉性职务，囊括了英国中央政府各机关的主要官员。枢密院（Privy Council）是英国君主的主要咨询机关，其中的一个委员会在近代逐渐演变为英国内阁。

②　伊达尔（Idar）：历史上的印度土邦，位于今印度西部。

位。在殖民地方面，巴巴多斯总督获封圣米迦勒和圣乔治骑士司令，尼日利亚首席大法官被封为团外骑士，马来联邦的司法专员获得大英帝国司令勋位。最后，在中东部分，美索不达米亚委任统治地文官政府的首席司法官员被封为圣米迦勒和圣乔治骑士司令，珀西·考克斯爵士也因自己在德黑兰的外交工作被授予同样的勋位，而埃及素丹的宫廷大臣则被礼节性授予大英帝国骑士司令勋位。[29]

这些帝国荣誉在此之前已经扩充到了一种史无前例的程度。此类荣誉勋位在本质上是哥特式的中世纪事物，与服饰、典礼、纹章、宗教和君主制紧密相关，都是等级制展示和帝国式堂皇所需的配置。荣誉关乎服饰，因为很多殖民地长官和属地统治者的肖像，描绘的都是他们穿戴着自己所属的荣誉骑士团的斗篷、星章、绶带和颈饰的形象，也因为位于各个帝国属地首府的副王和总督们的雕塑，无一例外刻画的都是他们身披印度之星骑士团或圣米迦勒和圣乔治骑士团礼袍的样子。荣誉关乎典礼，因为在伦敦、加尔各答或德里举行的各个荣誉骑士团高等级骑士的册封典礼都是光辉壮丽的场合，也因为两个印度骑士团还曾在印度帝国的三次杜尔巴大会期间举行由副王主持的特别集会。荣誉关乎纹章学，因为骑士们的旗帜、¹⁰⁰纹章和格言会在各个骑士团的礼拜堂里得到展示。荣誉关乎宗教，因为除了两个印度骑士团以外，所有这些荣誉骑士团都是基督教性质的团体。最后，荣誉关乎君主制度，因为正如另一位印度事务专家所说，"君主是荣誉之源，所有获得嘉奖或礼遇的人都对君主负有义务，承诺向其奉献自己以作为回报"。[30]

正如这句话所说，接受一项荣誉，不只是提升了受封者在社会上和帝国内的等级地位，还将其正式置于一种对英国君主的直接从属关系中。作为"荣誉之源"，英国的国王和女王承担的一项重要职责就是担任所有荣誉骑士团的君主。正当君主在英国国内的日常政治参与逐渐减少之时，他们对于创设、规制、扩展和分配帝国的各种荣誉产生了越来越大的兴趣。维多利亚、爱德华七世和乔治五世在位期间，都深入参与了新创立的荣誉骑士团的设计和命名；乔治六世①在各种荣誉授予仪式上感觉最轻松愉悦，他还恢复了嘉德骑士团和皇家维多利亚骑士团的骑士册封典礼；所有这些君主都极为关注制服、纹章、位阶和谱

①　乔治六世（George Ⅵ，1895—1952）：乔治五世次子，爱德华八世之弟，伊丽莎白二世之父，1920 年被封为约克公爵，1936—1952 年为英国国王，印度独立后停止使用"印度皇帝"头衔。

系，极为看重将英国荣誉授予外国君主的决定。[31] 在间战期，连续几位国王都在为大英帝国骑士团寻找一个新礼拜堂的问题上花费了很多心思。最终，这个新礼拜堂设在了圣保罗大教堂这个"帝国的教区教堂"内部，时间是 1960 年。这个决定还算及时——又或许已经太晚？[32]

第八章　君主

"英格兰的女王，是否将要成为一个世世代代不
断壮大、扩张、巩固的帝国的君主?"在担任加拿大
总督（1847—1854）期间，额尔金勋爵这样问道。很
快，这个问题就确定无疑而且持续地得到了肯定的答
案。从19世纪中期开始，英国君主的政治权力逐渐削
弱，而大英帝国的版图却在不断壮大。这种时间上的
巧合也同时创造了一个机遇——通过把君主制和这个
正在迅速扩张的帝国联系起来，向帝国分享自身的荣
光，来为君主制创造全新的功能、目的和正当性，而
这些正是君主制当时所急需的。因此，靠着迪斯雷利
的努力，英国君主制得以刷新，被重新发明出来，成
为一种有着史无前例的影响力、重要性和伟大感的帝
国君主制。[1] 这种新发展的表现之一是，从1876年起，
历代君主在身为大不列颠及（北）爱尔兰联合王国国
王或女王的同时，还兼任印度皇帝或女皇。表现之二
是，自爱德华七世起，所有君主都被额外冠以"英国
海外领地"的统治者的头衔。更具实质意义的是，这
意味着，从维多利亚到乔治六世，英国君主们得以把

空前广大的帝国疆土统合起来，把空前精密的帝国等级制统辖起来。[2]

但事情并不止于头衔的提升和称谓的翻新。在英国君主变得越发帝国化的同时，大英帝国本身也变得越发"皇家化"。帝国化的君主制融合并塑造了君主化的帝国。奇怪的是，对于这个极为复杂的双向过程，我们至今了解（和关心）得极少。[3] 在鼎盛之时，大英帝国是一个皇家式的帝国，一位具备全球影响力和半神般完整性的君主君临其上，将其统合；王权将自身的象征和能指充斥其间，运用秩序、等级、传统和主从关系将帝国聚拢在一起，使其得以强化、正当、统一和完整。从高度平等主义和共和主义的 21 世纪视角来看，的确很容易忽略上述情况所达到的程度。不过，我们已经可以勾勒出这一过程的结果——一个右翼的皇家国度的超验愿景得以创造和投射出来，以地面上的社会秩序模仿和映射天堂中的神圣次序。[4]

这种表现之一是，大英帝国境内的许多地方都以英国国王或女王的名字命名。这样的做法具有双重意味，既强调占有与获取，也强调纪念与礼敬。而要论命名的范围之广、频率之高，没有任何王室成员可以与维多利亚女王相提并论。她在位期间，恰逢历史上规模极大的地理发现和帝国扩张时期；让她的名字遍布全球，只是对她在 1880 年代和 1890 年代获得的半神般地位的强调，因为以女王兼女皇的名字给世界上如此多的地方打上标签，本身即是一种地理上和人世间的神化和崇拜。她的名字真可谓触目皆是：乌干达有维多利亚尼罗河①，澳大利亚有维多利亚殖民地，赞比西河上有维多利亚瀑布；世界上有六个维多利亚湖和两个维多利亚角，还有不计其数以维多利亚命名的山脉、海湾、海峡、峡谷、高地、公园、矿山、山峰、海滩、桥梁、郡县、港湾、丘陵、地块、领地、峡湾、山口、海港、海岬和山丘。这种方式让女王兼女皇在她的帝国之内可以说无所不在；詹姆斯·莫里斯注意到，女王"在地图意义上和统辖意义上为世界留下了如此深的烙印，人类历史上从未有君主可以与之相比"。[5]

　　不过，维多利亚时代不仅是空前的大发现与大扩张的时代，也是见证了空前的城市发展的时代。在西

---

　　① 维多利亚尼罗河（Victoria Nile）：英国人和部分西方人对从东非的维多利亚湖流至阿尔伯特湖的白尼罗河河段的称呼。

103　非、纳闽岛、圭亚那、格林纳达、洪都拉斯、纽芬兰、尼日利亚和温哥华岛，许多新城镇的命名和旧城镇的改名都选用了煤气灯时代荣光女王的名字。在这些城市（以及其他许多城市），普遍存在的皇家意味又由于君主的各种永久形象的树立而进一步加强。维多利亚、爱德华七世、乔治五世和乔治六世的雕塑（尤以维多利亚为多）被永久安放于城市广场和总督府门前的显要位置。从开罗到堪培拉，从惠灵顿到约翰内斯堡，从温哥华到瓦莱塔，女王兼女皇的形象反复出现，雕塑之上还经常加建一座天篷以增光添彩。维多利亚的雕塑在她生前即已遍布四方，而几位国王兼皇帝则一般在死后才被立像，形象多为他们骑在马上的样子。还有一些用途更加明确的建筑物，很多都建造得极为奢华，包括孟买的维多利亚终点站（非常恰当地完工于1887年），寇松在加尔各答主持建造的维多利亚纪念堂（在女王死后20年方才完工），以及多伦多的皇家约克饭店（长期被誉为"全帝国最大的饭店"）。[6]与此相比，更加平凡但更加普遍的，是以"国王"或"皇帝"、"女王"或"女皇"、"维多利亚"或"爱德华"、"乔治"或"伊丽莎白"、"加冕"或"禧庆"命名的各种路、街、道、径、排房、广场、月牙楼和林荫路，在任何一个殖民地或自治领的村庄、乡镇、市郊和市内都可以找到。

　　王室这种遍布全帝国的强大且广泛的存在感，并不只体现在地图、雕塑、建筑或地名上。帝国君主制还以多种形式在很多层面闯入了帝国臣民的个人生活和集体意识。君主本人是帝国武装力量的统帅，所有军官都由其直接任命。对军人英勇作战表现的最高奖赏是维多利亚十字勋章，对平民在战时勇敢表现的最高奖赏是乔治十字勋章。在整个帝国境内，硬币和邮票上都有女王兼女皇或国王兼皇帝的形象。所有的邮筒上都庄重地印着君主姓名的字母花押，管理这些邮筒的邮政系统叫作皇家邮政，所有官方信件都装在印有"为女王（或国王）陛下服务"字样的信封里寄出。帝国境内的基督教堂在每个礼拜日都会为君主祈祷。帝国国歌歌唱的既不是民族也不是帝国本身，它唱出的是一句战歌式的、富有骑士精神和等级意识的呼喊："上帝保佑国王。"[7] 殖民地法院、自治领议会、陆军团团部和各地总督府的建筑都会以王室肖像和君主纹章来装饰。所有正式晚宴和很多非正式晚宴在散场时都会全体举杯向君主致敬。所有中小学生受到的帝国历史教育实际上是英国国王和女王们的故事——

105

尽管卢嘉德勋爵不鼓励尼日利亚的学校教授有关斯图亚特王朝的内容，认为这样可能会"培养出不尊重权威的思想"。[8]

这些就是帝国、君主制与等级制的日常交汇。这个包含了名称、地点、建筑、形象、雕塑、仪轨和庆祝活动的大集合，让任何人都无法忘记或忽略自己作为君主的臣民而非共和国公民的身份。反过来，这解释了为什么殖民地总督要在胸前缀满绶带和勋章，为什么自治领居民见到总督要鞠躬行礼，为什么印度副王步入新德里副王府的国宴厅时乐队要高奏国歌——不是因为这些殖民地长官自己是什么伟大人物（尽管其中一部分或许确实如此），而是因为他们是君主的代表，因此得以享受帝王般的礼遇，能够像牧师为上帝代言那样为君主代言。[9]某种意义上，这正是这群人最重要的公共职能：他们向海外帝国的臣民表明，尽管帝国的君主住在伦敦，无论臣民身在何处，他仍然统治着他们每一个人；反过来，臣民要报以恰当的效忠和顺从。额尔金勋爵在1890年代担任印度副王时曾解释道，自己大张旗鼓出巡各地的主要目的是"为女王陛下的臣民提供机会，让他们可以在陛下的代表面前表达自己对她的地位和她本人的忠诚和爱戴"。[10]

大英帝国的皇家属性，不止体现在地图、雕塑、硬币和邮票，以及向君主的代表行礼这些事上，正如额尔金勋爵所说，也体现在公共仪式的创造和表现上。与荣誉体系一样，这些仪式在范围上涵盖全球，在设置上精细分层，在本质上深具皇家属性。在最为常规的层面，帝国各地的总督府都会在君主的官方生日和非官方生日举行大型招待会，每次招待会的请柬都极为抢手。还有庆祝程度比这更高一些的活动：自1904年起，维多利亚女王的诞辰日成为"帝国日"，帝国境内的每所学校，每个村庄、乡镇、城市和首府都会庆祝。这天会举办各种队列游行，人们高唱赞美诗；童军领袖、学校校长、市长、总督和副王们会轮番发表演讲，赞美帝国的有序统一，歌颂"无所不知、无不关怀"的君主。[11] 除了这个全帝国共享的节日，各海外属地还发展出了自己的皇家节庆，用以纪念本地与王室之间的特殊往事和特别关联，比如两次世界大战之间在苏丹庆祝的"国王日"，就是为纪念1912年1月乔治五世和玛丽王后①在印度出席杜尔巴大会后回国途中经停苏丹这一事件而设立的。[12]

106

---

① 玛丽王后（Queen Mary, 1868—1953）：1910—1936年为英国王后，乔治五世之妻，爱德华八世与乔治六世之母。

以这些常规、例行的皇家主题节庆活动作为坚实基础，一整套公共仪式得以发展和创设，并在广大地理范围内以空前隆重的规格举办，以在帝国化的英国君主的各种重要人生节点加以纪念。当然，自从有了君主制度，地方上就一直在举办与加冕、婚礼、禧庆和葬礼等王室事件有关的庆祝或纪念活动，并且到拿破仑战争期间，此类活动的举办已经从英国本土成功扩展到了殖民地。但是，在19世纪晚期，这些活动被推进到了一个更加高效、更加自觉、更加奢华的程度，举办的范围也随着帝国的扩张而进一步扩展。结果，从维多利亚即位50周年金禧庆典到乔治六世加冕典礼的各种王室庆典，不仅得以在格拉斯哥和伯明翰、剑桥和巴斯、丽兹和曼彻斯特、诺里奇和约克庆祝，还在香港和仰光、悉尼和拉各斯、内罗毕和直布罗陀、蒙特利尔和奥克兰，以及无数城镇和乡村庆祝。这些全帝国共享的庆祝场合都有统一的风格：旗帜高高飘扬，公共演讲和街头派对络绎不绝，军队分列式和教堂礼拜接连不断，还有各种雕塑揭幕和纪念堂落成典礼。所有这些庆祝活动所强调的主题，都是历史与等级、统一与秩序、君主与帝国。[13]

这些地方性的庆祝活动也为全国性和帝国性的大

场面提供了发展演化的材料。这类大场面同样也在 18 世纪末 19 世纪初有了先例。在乔治三世即位 50 周年金禧庆典和庆祝英国战胜拿破仑的活动中，地方上的节庆活动最终汇入伦敦的庆祝活动，使地方场面得以补全、完善和升华，获得了全国性的意义和剧场式的光辉。[14] 更近一些的促进元素来自印度，在那里，1877 年、1903 年和 1911 年举行的三次杜尔巴大会把地方庆典习俗上升为全印度的事物，长达几周的节庆活动以骑士团结精神、封建等级制度和帝国主从关系为主题，将土邦印度和英属印度结合起来。[15] 但是，李顿勋爵所说的“几面彩旗”在空前范围大张旗鼓悬挂的情况，并不只发生在苏伊士运河以东。为了回应印度的奢华排场，一种类似的豪华庆典文化也在帝国的首都发展起来。从维多利亚即位 50 周年金禧庆典和 60 周年钻禧庆典，到乔治五世即位 25 周年银禧庆典和乔治六世加冕典礼，每一项重大的皇家事件都被同样投射为一项帝国事件——精心排演过的游行队列经过伦敦街头，每个人都出现在事先指定的合适位置上。于是，大英帝国便呈现为一个有序统一的等级体系，而高居顶点的是半神般的君主。[16]

　　在伦敦和其他地方上演的此类最重大的活动，就

是 1897 年维多利亚女王即位 60 周年钻禧庆典。在 5
万名来自帝国所有殖民地的部队士兵的仪仗护卫下，
女王兼女皇穿过人山人海、华丽装点的伦敦街道，接
受臣民的效忠和欢呼，参加在圣保罗大教堂门外台阶
上举行的感恩礼拜，享受人世间崇拜的至高时刻。桂
冠诗人阿尔弗雷德·奥斯丁写下了献礼诗篇。一位名
叫爱德华·埃尔加的地方作曲家创作了一首"开阔、
高贵、富有骑士精神"的《帝国进行曲》，后来又把
此曲改编为《威风凛凛进行曲》。[17] 加拿大总理威尔弗
里德·劳雷尔在庆典当天早上被封为骑士。摄政公园
举行了"帝国游园会"，女王陛下剧院上演了"帝国
芭蕾舞会"。此时此刻，处在空前的节庆气氛中的帝
国"就像一件巨大的建筑作品……城池一般地矗立于
来者面前，在铜墙铁壁里架起炮塔；正如其他建筑在
顶端放置圣徒和天使的形象那样，这座建筑的顶点是
维多利亚女王手持宝球和权杖，沐浴在传奇光辉中的
雍容形象"。乔治·斯蒂芬斯在《每日邮报》上写道，
"就外观之华丽，特别是联想之华丽而言"，这是"一
场世界历史上无可比拟的盛典"。[18]

在这个愈发讲究排场的时代，德里和伦敦并列成
为这些历久弥新、皇家式及帝国式奢华场面的两大示

范中心，并将这些场面输送到帝国外围的各个角落，在从地方社区的庆祝活动中汲取灵感和正当性的同时，又反过来进一步强化这些地方活动。通过这些相互联结的盛典和互相强化的仪式，大英帝国向世人展示自身，以一种比其他任何国度都更频繁、更辉煌、更奢华和更全球化的方式亮相。帝国的广大，使得帝国典礼之宏大，在1914年之前就已非其他国家可以比拟；第一次世界大战结束后，几个大国的君主制被相继推翻，大英帝国更成为具备独一无二的皇家性和仪式性的国度。这并不只是昙花一现的排场噱头，女王兼女皇和国王兼皇帝形象的光辉投射是整件事情的基础和核心。[19] 这个人间国度的超验愿景，是一个君主高居其顶点的全球性等级体系；这愿景是对天国的模仿，因为在那里也有一位君王高居等级体系的顶点。正如《每日邮报》在1897年钻禧庆典日所说，让女王前往圣保罗大教堂敬拜上帝的安排是恰如其分的，因为在这个世界上，上帝是"比她更加庄严崇高"的"唯一存在"。[20]

这些盛典还有助于实现与前面所说相关联的另一种皇家目的，因为英国君主在帝国范围内是国王们的国王，就好像他在英国本土是贵族们的主君。或许唯有那位天上的君王拥有高于他的地位，但在他之下却有许许多多君主。这些君主是英国人实行间接统治的代理人和受益者，一旦根据各自的地位和等级排定了高低次序，便全部服膺女王兼女皇或国王兼皇帝的至高权威。[21] 由此，在伦敦开展的以加冕、禧庆和葬礼为核心的各项典礼活动，不仅仅是从帝国中心向帝国外围伸展出去的盛大壮丽的等级制巡礼，同样是远方属地的君主来到帝国首都表达敬意和顺从的场合。这些人或者身着与西式礼服同样华丽的本地服饰，或者穿戴两个印度骑士团、圣米迦勒和圣乔治骑士团、大英帝国骑士团的绶带、星章、颈饰和斗篷，亲身前往伦敦。他们的行程受到自己属地媒体的广泛报道和自己臣民的热烈欢呼，因为没有比跨越半个地球去宣誓效忠更加隆重的事务了，这种显示他们在英国上层人脉广泛的致敬动作只会增加他们在自己属地的声望。

这种事例在维多利亚的两次即位禧庆之前几乎没有，不过从这两次庆典开始，以印度王公在德里的三次杜尔巴大会上向印度副王效忠的形式为蓝本，形成了一种排演周全、反复上演的典礼模式，反过来让印度王公们不光在德里，也有机会在伦敦向英国君主效忠致敬。这种仪式性访问是经过严肃精心策划的活动，虽然看不到大象，但会有军乐高奏。珠光宝气的斋浦尔大君前往伦敦参加爱德华七世国王的加冕典礼时"带了125名官员和随从，一行人租用了一整艘轮船用于往返"。安排这次行程的工作非常恰当地交给了斯温顿·雅各布，他是常驻大君宫廷的印度-萨拉森风格建筑专家，凭借筹划这次出行的辛勤付出获封印度帝国骑士司令，后来又因为参与1911年德里杜尔巴大会的组织工作获得皇家维多利亚司令勋位。[22] 我们之前已经介绍过的桑给巴尔素丹，在排场上毫不逊色，参与类似活动的经历还更为丰富，他先后到伦敦参加了乔治五世、乔治六世和伊丽莎白二世三位君主的加冕典礼，并因此在他获得的三个英国荣誉骑士团的大十字勋位之外，增添了三枚加冕纪念章。

前来伦敦向最高君主效忠致敬的属地统治者还有很多。霹雳素丹伊德里斯从马来亚出发参加爱德华七世的加冕典礼，他的随行队伍里包括了两位显要的地方头领，他的儿子、女婿以及他的"印度骑兵卫队"。当他得知国王患病，他长途跋涉前来参加的"无双大典"因此推迟，这位素丹闭门谢客，用两天时间祈祷他的君主早日康复。[23] 参加同一场加冕典礼的还有从巴

113

罗策兰来的勒瓦尼卡国王。他受到伦敦各界的盛情欢迎，有辆皇家马车供他调遣；在多塞特郡的一个村庄，当地人把驾车的马匹换下来，自己上去牵着国王的马车前行，场面仿佛凯旋仪式；从各方面来说，这次访问都是他国王生涯的顶峰。根据这位国王的观察，"当国王们坐在一起时，从来不会缺少话题"。勒瓦尼卡的继承人耶塔三世在参加 1937 年的加冕典礼时也获得了同样的殊荣，他受到乔治六世国王的接见，他的秘书专门出版了关于这次访问的记录。这位国王对于他所目睹的典礼活动的超凡脱俗的效果没有丝毫怀疑。他的秘书写道："当一个人亲眼见到加冕典礼的行进队列时，他绝不会认为自己身在凡间，他会以为自己要么身处梦境，要么身处天堂。"[24]

在这些盛大庆典的间隙，来自印度、非洲、马来亚和中东的王公和附属王族会经常到温莎堡、巴尔莫勒尔堡和白金汉宫进行私人访问，受到英国君主的接见、封赏和招待。一方面，正如参加加冕典礼时一样，他们被视为帝国等级体系中的封臣，前来拜访自己的封君；因此，当巴苏陀兰最高酋长在 1919 年访问英国、拜会乔治五世之后，英国政府没有同意他前往罗马访问，因为担心他"有可能受到梵蒂冈方面的接待排场的误导，错误地认为教皇是比英国国王更加重要的人物"。[25] 但是，另一方面，这些人又被看作与英国君主同等的伙伴君主，属于帝国的"皇家工会"成员；在 1918 年后，对英国王室来说，这样一个团体的意义远大于（在各种层面）严重萎缩的欧洲其他王室。因此，乔治六世国王在 1944 年致信那位已然被反复封赏的桑给巴尔素丹，祝贺他的王朝迎来 200 周年大庆，并赞颂"殿下在位 33 年间，慷慨给予我父王和我的友谊和忠诚，这在两次漫长和艰苦的大战中显得尤为宝贵"。在这里，可以看到大英帝国在多种意义上呈现出的皇家帝国属性——关于这一点，威廉·斯利姆①爵士在担任陆军参谋总长时对埃及的法鲁克国王说得非常露骨，他提醒国王说："铁幕的另一边可是没有国王的。"[26]

114

对于这个属于国王们的帝国，帝国中心同样有所回应：先是英国的王室成员，后来是君主本人，开始前往海外帝国。在 1825 年至 1875 年间，加拿大和澳大利亚某些最为狂热的忠君人士不断敦请维多利亚女

---

　　①　威廉·斯利姆：指第一代斯利姆子爵（William Slim, 1st Viscount Slim, 1891—1970），英国陆军元帅，1948—1952 年任英国陆军参谋总长，1953—1960 年任澳大利亚总督。

王将自己的余子派到殖民地称王，让英国王室在海外开枝散叶。这类（受到安东尼·特罗洛普等人支持的）谋划最终无疾而终。[27] 但是，其在随后截至第二次世界大战的几十年中却得到了回响，人们制订了一些替代性的方案，用更加个人化的方式把君主制和帝国联系起来。一种方案是委派君主的亲属担任自治领总督，让这些地方与君主产生空前紧密的联系，让可能担任国王兼皇帝代表的人选中最为尊贵的人物居于自治领政治和社会等级体系的顶点。此类任命的第一例正是出于迪斯雷利之手：露易丝公主的夫君、维多利亚女王的女婿洛恩侯爵于 1878 年至 1883 年受命担任加拿大总督。这是一种"全新的治国试验，君主制度受雇成为弘扬帝国之伟大团结的手段"。加拿大人民毫不掩饰他们的欣喜。[28]

此后，这项试验被一再重复，使得帝国的君主制真正在海外帝国登场，成为一项关键要素。维多利亚女王最偏爱的儿子康诺特公爵①于 1911 年至 1916 年担任加拿大总督，他是第一位拥有王室血统的殖民地

---

① 康诺特公爵：指康诺特公爵阿瑟王子（Prince Arthur, Duke of Connaught, 1850—1942），英国王室成员、陆军元帅，为维多利亚女王三子，爱德华七世之弟，1911—1916 年任加拿大总督；其子康诺特的阿瑟王子（Prince Arthur of Connaught）于 1920—1924 年任南非总督。

长官，让自治领成为"汇聚尊崇和名望的焦点"。[29]在两次世界大战之间，王室把注意力转向南非，1920年至1924年在此担任总督的是康诺特的阿瑟王子，前面那位加拿大总督的儿子；接替他担任南非总督的是维多利亚女王的孙女爱丽丝公主的丈夫阿斯隆伯爵①。这一时期提出的一个广受支持的方案，是将乔治五世的四个儿子同时派往四大自治领担任总督。这个方案没有付诸实施，但大英帝国是一个应当由王室总督来治理和团结的皇家式帝国的观念则在第二次世界大战期间发展到了顶峰：曾任南非总督的阿斯隆伯爵出任加拿大总督，国王的哥哥温莎公爵赴任巴哈马总督，国王的弟弟格洛斯特公爵②则在1945年就任澳大利亚总督。[30]

为了让君主真正帝国化、让帝国真正皇家化而采取的另一种更加立竿见影的办法，是由王室成员对海外帝国进行隆重访问，这可以视为对地方首领从帝国

① 阿斯隆伯爵：指第一代阿斯隆伯爵亚历山大·坎布里奇（Alexander Cambridge, 1st Earl of Athlone, 1874—1957），英国贵族、陆军少将，为维多利亚女王的孙女婿，玛丽王后之弟；1924—1930年任南非总督，1940—1946年任加拿大总督。

② 格洛斯特公爵：指格洛斯特公爵亨利王子（Prince Henry, Duke of Gloucester, 1900—1974），英国王室成员、陆军元帅，为乔治五世三子，爱德华八世与乔治六世之弟，1945—1947年任澳大利亚总督。

外围前往帝国中心朝圣的回访和对照。这种访问，通常会包括陆上和海上的浩荡队列，持续数月的时长和绵延千万里的行程，不计其数的招待会、晚宴、巡游和演讲，以及面前欢欣鼓舞的广大热情民众。这类访问的第一例，是威尔士亲王1860年的加拿大之行，他访问了魁北克和安大略，并跨过边界前往美国继续行程。7年后，他的弟弟爱丁堡公爵①跟随他的脚步，完成了王室成员对澳大利亚各殖民地的首次访问。不过，真正奠定此类访问基调的，是威尔士亲王在迪斯雷利的敦请下于1876年对印度的访问。他在孟买和加尔各答举行了多场招待会和杜尔巴大会，会见了多名土邦王公并向他们表达了自己的强烈支持，主持了印度之星骑士团的集会，还在闲暇时间猎虎取乐。[31] 后来，他的弟弟康诺特公爵（前面介绍过的加拿大总督）作为他的代表，于1903年到印度参加杜尔巴大会（尽管被寇松抢了风头）；1921年，公爵再次来到印度，这次是去马德拉斯、孟买、加尔各答和新德里，主持在1919年蒙塔古—切姆斯福德改革下设立的新立法机构的开幕式。[32]

---

① 爱丁堡公爵：指爱丁堡公爵阿尔弗雷德王子（Prince Alfred, Duke of Edinburgh, 1844—1900），英国王室成员、海军元帅，为维多利亚女王次子，爱德华七世之弟。

这些帝国内部的皇家活动在下两代人中发展到了更高的程度：国王和王后们开始亲自动身前往海外，在远方子民面前显露真容。这使得各种出访安排变得更加精致完善，出访行程变得更加新颖脱俗、激动人心、富丽堂皇，使帝国的皇家轮廓线和君主制符号更加生动鲜活。乔治五世在继承王位前，曾于1901年访问大洋洲，主持新成立的澳大利亚联邦的议会开幕式，并于1905年首访印度。他在1911年以前所未有 ¹¹⁸ 的隆重规格再次抵达印度，作为第一位涉足海外帝国的在位君主，将自己加冕为印度皇帝。[33] 在此之后，他坚决不再离开英国，但他的长子、未来的爱德华八世在1919年到1925年间几乎游遍帝国的每一个部分，不仅去了所有的自治领，还去了印度（并在德里红堡出席土邦王公参加的杜尔巴大会）、非洲殖民地和西印度群岛。他二弟的出访经历与他不相上下，以约克公爵的身份访问了东非（1924—1925）和澳大利亚（1927），后来又作为国王乔治六世访问了加拿大（1939）和南非（1947），成为第一位访问这两个自治领的在位君主。[34]

王室成员的亲身出访，让邮票和硬币上的面孔、帝国日的庆祝活动、对帝国荣誉勋位的占有或追求以及总督府的请柬变得前所未有的真实而富有意义。在这方面，这类出访恰似当年伊丽莎白一世女王在英格兰国内的盛大巡幸的翻版；这种由君主或其近亲属象征性参演的"超凡脱俗的巡回演出"，占据了帝国的舞台中心，打破了帝国内部的界限。[35] 的确，这类出巡在帝国的不同地方有着不同的含义。在各自治领，皇家访问是以肉眼可见的方式，再次肯定海外臣民的英国属性和他们在帝国中心的社会秩序中占据的位置。在南亚次大陆，君主以莫卧儿皇帝继承人的身份登场，堂皇君临本地等级体系的顶点。当君主到达直辖殖民地，走到非洲的部落和酋长中间，他展现的是"国王对尔等一如既往的慈父般的关怀"。不过，无论这类访问有着怎样的地方差异和不同意味，帝国上下对于王室访问都有一种压倒一切的印象。即詹姆斯·莫里斯所说的："对于千百万帝国子民来说，与国王、王后或威尔士亲王会面，或者仅仅只是看到他们，都是平生的重要经历。"史末资①元帅曾经这样告诉玛丽王后："您是有分量的大家伙，其他王后都是小家伙。"[36]

---

① 史末资：指杨·史末资（Jan Smuts，1870—1950），南非军人、政治人物，英国陆军元帅，1939—1950 年任南非联合党领袖，1919—1924 年、1939—1948 年两次任南非总理。

　　在这样一种皇家式帝国的语境中，我们可以恰当
地理解乔治六世在他加冕典礼结束后发表的讲话：
"今天早上，我感到整个帝国非常真实地会聚在威斯 120
敏斯特修道院的高墙内"。在无形和有形意义上，全
帝国形形色色的上下人等在这个场合得到整合、排
序、规制、分层和安排。[37] 而王冠与帝国之间的共生共
荣关系似乎完好地延续到了下一代人身上。在陪同乔
治六世国王和伊丽莎白王后访问南非期间，伊丽莎白
公主利用她 21 岁生日的机会，宣誓自己将把一生奉献
给为她所属的帝国大家庭服务的事业。1953 年，她自
己的加冕典礼成为又一场帝国的盛会；在这个场合，
另一位英国保护下的君主、汤加的萨洛特女王，凭借
自己面对伦敦的恶劣天气毫不气馁的态度，几乎夺去
了人们注意的目光。随后，伊丽莎白二世对"一个仍
然存在的帝国和若干坚定相信自己英国属性的自治
领"的访问取得了激动人心的成功。这当中尤其成功
的是对澳大利亚的访问，其精明的组织者是对女王忠
诚到谄媚的联邦总理罗伯特·孟席斯。他后来的一番
推测在不经意间佐证了爱德华·汉密尔顿半个世纪前说
的话："或许我们都是势利眼，就是喜欢等级社会？"[38]

第九章　视角

121　　那么，在 1850 年代至 1950 年代的帝国鼎盛时期，这个英国人所征服、定居、统治和管理的帝国，这个他们一路与之同行并共同投身其中的帝国，在他们眼中究竟是什么样子？可以肯定的是，这个帝国是一个拥有无与伦比的空间和体量的全球现象，在其领土和势力范围之内，地方性和世界性并存，特殊性与普遍性兼备，由此，它无疑构成了一个"完整的互动体系"。同样地，帝国既是"可感知世界"的一部分，也属于不可感知的想象世界。彼得·马歇尔非常精准地观察到，在这两个世界中，帝国的形象都代表了英国人的某种有目的、持续性和有意识的努力，即以他们心目中英国本土的社会秩序为样本，规制、塑造和理解海外帝国社会。[1] 需要特别强调的是，催生和激发了强劲的帝国冲动与帝国想象的那个英国本土社会，在社会心态和政治文化上是极为保守的。人们相信，这个社会的结构在整体上是分层、个人化、传统、等级制和带有神圣色彩的；尽管它在向着一个更开放、更民主的选举社会迈进，但这个社会在实践中绝不崇尚人人生而平等的理念（两性平等就更不必说）。[2]

帝国中心如此，可想而知，帝国外围也是如此。构成帝国外围的属土和领地的确是多种多样的，但是，一种共同属性贯穿于所有这些属土和领地的社会结构以及人们对其社会结构的认知中，这种共同属性依次体现为：乡村尊卑属性（白人自治领）、王公种姓属性（印度次大陆）、传统酋长属性（直辖殖民地）和贝都因部落属性（中东委任统治地）。将这种共同属性进一步紧密联结的，是一种全帝国共享的"英国性"——精致的荣誉和头衔体系，以及对帝国君主制的普遍崇拜，从帝国中心传播到帝国外围，再从外围传回中心，使得一个有序的帝国社会得以分层、强化、概括总结和对外宣示。无与伦比和交错关联的常规仪轨和重大庆典，使得这一切变得鲜活、真实，完成从过去到现在再到未来的传承。[3]通过这些方式，英国人把通俗的社会学愿景从帝国中心输出和投射到帝国外围，又从海外帝国引进并类比到英国本土，从而建构出让自己感到舒适和熟悉的相似性、一致性和亲缘性。

"一个广大互联的世界"由此诞生，而对于这个非比寻常、横跨几大洲的实体与情感的双重构造的最佳描述，是"作为装饰主义的帝国主义"。借助在法国革命战争和拿破仑战争期间建立的各种先例，英国人改造了他们的帝国社会，并在 19 世纪中期至 20 世纪中期以一种本质上属于装饰主义的模式来团结、理解和想象这个帝国社会。因为装饰主义即是将等级制变得可见、内在和真实。既然英国人以等级制的方式来构想与理解帝国中心，那么他们以同样的方式去构想与理解帝国外围也就毫不奇怪了，而荣典仪式和君主威仪就是帝国这个广大世界得以整合、互联、团结和神圣化的手段。因此，等级制在帝国中心和帝国外围都是常用的组织工具和认知工具：它既提供了占主导地位的帝国意识形态，又支撑了遍布各地的帝国景观场面。[4]在这一视角下的不列颠帝国，如同不列颠民族和不列颠人民一样，是一项关于"信仰……家庭……财产……君主制"的典型的伯克式事业，在跨越几个世纪的时光中和跨越大洲大洋的空间中有机演化自身的结构，并以各式各样的奇艳饰物进行对外展示和炫耀。[5]

123　　需要重申的是，这种等级制及帝国主义心态的一个方面，是对基于后启蒙时代的白人及西方优越论和有色人种及殖民地低劣论的种族差异观念的发展和强化（与之相伴的，是对基于白人内部的男性优越论和女性低劣论的性别差异观念的发展和强化）。英国人有时会以整体分类而非个人角度理解海外帝国的居民（就像他们有时会以这种方式理解英国本土居民）。在这种整体视角下，英国人会以粗暴的肤色刻板印象以及同样粗暴的优劣尊卑关系看待海外帝国居民。因此，当英国下议院在 1910 年 6 月就英国对埃及的行政管理进行辩论时，即便是日后作为第一个能与圣雄甘地进行平等协商的印度副王而受到赞誉的豁达大度的爱德华·伍德，在发言时也习惯性地使用"白人"统治"劣等"的"黑色人种"这样的语言。而当保守党领袖阿瑟·贝尔福秉持他个人一贯的怀疑主义态度，认为"这不是优等和劣等的问题"时，下议院的其他议员并不赞成他的观点。[6]

但是，从帝国内部关系的更广阔视角来看，贝尔福的观点并不全然错误。因为，英国人也经常会以个人角度而非整体分类理解海外帝国的居民（就像他们经常会以这种方式理解英国本土居民）。在这种个人视角下，英国人会更关注等级而非种族，并基于一种亲缘性的认知，欣赏对方在地位上与自身的相似性。在一种视角下，英国人的确将海外帝国居民视为异族、他者、地位低下的人，需要由他们来统治和照顾。[7]但在另一种视角下，英国人也会将海外帝国居民看作与自身相似的、可类比的、平等的人，甚至是比自己更好的人。印度副王威灵登勋爵在纳瓦纳加尔①大君（也是板球运动家）兰吉特辛吉逝世后评论道："他是两个种族之间合作、友谊和善意的使者……是一位伟大的统治者，也是一位伟大的绅士。"[8]这种观点在社会意义上是保守主义的，在政治意义上也是保守主义的。卢嘉德勋爵曾经做出一种阐释，仿佛是日后威廉·斯利姆爵士"铁幕另一边没有国王"这句评论的先声：大英帝国的全部意义就是"保存传统的统治者，使其成为变化世界中的社会安全堡垒"。在这项事业里，一个人的肤色远没有这个人在当地社会等级中的地位重要："真正重要的分类是地位"，并且，地位因此构成"其他一切分类的基础"。[9]

这一论断，不仅在帝国运作方式的空泛、抽象的概括意义上成立，在帝国治理和运作的现实意义上同样成立。既然大多数英国人相信他们出身于一个等级

①　纳瓦纳加尔（Nawanagar）：历史上的印度土邦，位于今印度西部；兰吉特辛吉（Ranjitsinhji，1872—1933）于1907—1933年为该邦大君。

社会，他们在海外帝国办事和打交道时，也就自然倾向于在当地社会光谱中自上而下而不是自下而上地寻求配合，当地社会中的上位者既是他们的支持对象，也是他们的合作者，还是他们统治的中介。[10] 英国人在海外帝国选择盟友，是基于他们从本土带来的社会养成和社会认知。除此之外，这种统治方式还有财政上的道理，与英国本土治理的历史传统与实践相协调。如果要以一种低廉的方式治理帝国（一个低税收的帝国中心当然只能与低廉的帝国治理方式相匹配），就一定要有自发的合作者参与进来；正如英国历史本身所表明的，能与政权合作的最佳人选是富有、出身高贵、有权有势的人。简单来说，海外帝国居民并没有被整体看作低劣和有潜在威胁的人群，而是被逐个差别对待。[11] 根据情境与条件的不同，帝国境内的白人和有色人种都有可能被看作高贵的人，也都有可能被看作低贱的人。

反过来，这又解释了为什么英国人在思考和想象他们广大的帝国和居住在帝国境内的各个种族时，会鄙视某些白人而尊重某些有色人种人士，贬低某些与他们相同种族的人而推崇某些其他种族的人。定居在海外帝国的英国人的确和本土英国人属于同一种族，

但是，相同的肤色和种族并没有让本土英国人失去
"他们在等级和头脑上对于殖民地英国人的基本优越
感"。在 18 世纪，辉格党的大贵族和附庸于他们的门
客，把在印度发了财的英国商人看作粗鄙的暴发户。[12]
在 19 世纪，澳大利亚的英国人被人瞧不起，因为他们
要么是爱尔兰裔天主教徒，要么是囚犯的后代，也可
能两者都是。在 20 世纪，从自治领来到英国的旅客经
常被英国人以强烈的居高临下的态度看待，诺埃尔·
考沃德 1938 年的剧本《越过海洋的握手》就表现了
这一点。以上这些都说明，在历史上，很多本土英国
人并不把白人定居的帝国属地看成"白人的伟大希
望"，而是看成一个社会学意义上安置土包子、乡巴
佬甚至罪犯的垃圾场，"那些在英国把自己毁了的人
的最后出路"。[13]

这样看来，遍布海外帝国的是英国本土产出的各
种浮渣和碎屑：遣送得越远越好的囚犯及其后代，伯
明翰和格拉斯哥的贫民窟和贫困区出来的穷人，法律
界、教会和军界的失败人物，以及负债累累、丑闻缠
身而被迫出走和靠边站的贵族。这些都是没有根基的
边缘人，无法在英国的社会秩序中找到位置、取得位
置或保住位置，或者干脆被排除在外。他们是困窘的

白人，也可以说是那个年代的"白色垃圾"。[14] 与此相反，土邦王公、部落酋长、中东的埃米尔和谢赫们更像是"黑色黄金"，在一个有序、传统、稳固、悠久、人和、体面、整全、纯洁的更好的世界里，这些更好的人高居社会顶点。在特定的语境和条件下，英国人的确将这些深肤色的帝国成员视为比某些白人更可敬、更重要和更高贵的人。上述情形并非事物的全貌，但确实是一个实在、重要和被人忽视的面相。如果我们肯定这个面相的存在，我们就需要承认，除了占据我们头脑已久的"白人-有色人种"之分这种过度简化的模式以外，还存在其他观察大英帝国的方式。是时候将东方主义重新导正了。[15]

究其原因，我们不应理所当然地认为，接近和还原大英帝国历史的唯一路径是对抗性的、刻板的、不平等的种族集体性（正如我们不应理所当然地认为，接近和还原人类历史和生产历史的唯一路径是对抗性的、刻板的、不平等的男女对立集体性或中产阶级老板与工人阶级职工的对立集体性）。本书并不否认，这种集体性是帝国历史的一部分（正如另外两种集体性分别是性别史和经济史的一部分）。但它只是一部分而已。集体冲突的确存在，但大英帝国内部一样有

126

很多以承认对方拥有平等社会地位为基础的个人层面
的合作（就像在人际关系和生产过程中存在个人层面
合作一样）。这种"亲缘性的培植"可以超越肤色的
界限和障碍，在这个意义上，哈里·利博索恩观察
到，它是"种族主义的解药"。[16] 的确，在这个意义
上，以不平等为常态的等级制帝国和等级制社会也许
有着比平等社会更低的种族主义色彩，因为在过去的
平等社会里（也许如今仍是如此？），由集体性、对抗
性的种族主义身份构成的社会秩序愿景没有其他替代
物。基于个人不平等的旧有社会和帝国在处理种族问
题上有一些崇尚集体平等的当代社会所缺乏的办法，
这一结论也许让今天的我们感到不快，但它的历史有
效性并不一定因为我们的不快而打折扣。[17]

从这个角度理解，作为一个保守、传统、有序的
现象，大英帝国并不只与种族和肤色有关，也与阶级
和地位有关。具体来说，帝国关乎古风与复古，传统
与荣誉，秩序与服从；关乎荣耀与气度，骏马与大
象，骑士与贵族，巡游与典礼，羽饰礼帽与貂皮礼
袍；关乎酋长与埃米尔，素丹与纳瓦布，副王与总
督；关乎宝座与王冠，统治权与等级制，炫耀与装

饰。[18] 这让我们回到约瑟夫·熊彼特在《帝国主义与
社会阶级》中提出的见解：他认为，19世纪殖民帝国
的建立和治理，是两种人群共有的个人身份意识的产
物，一种人是欧洲最希望向后看的社会群体，急欲逃
离现代工业、民主政治和大城市之苦，另一种人是海
外的传统部落首领和统治者，他们与第一种人最像，
并且最受第一种人同情。[19] 从这个视角来看，对于帝国
的冲动属于古代而非现代，且有一种强有力的、传统
的社会愿景作为基础和指南。大英帝国也许是资本主 128
义的最高阶段（也许不是），但一定是等级制的最高
阶段。[20]

部分原因是，等级制为帝国社会，进而是为帝国
的宗旨提供了一种有说服力和吸引力的愿景。正如斯
蒂芬·豪指出的，在治理和行政上，大英帝国的特征
是"一种浪漫主义的、反资本主义的精神"。[21] 在此前
的研究中，英格兰教会所传播的宗教和英国公学培养
出的责任感（以及军官食堂供应下的军队）对于帝国
的重要性已经受到广泛认可。[22] 但很少有人注意到这些
神圣和世俗（以及军事）冲动背后的社会学基础和表
达：坚信保存等级制的重要性，因为认定等级制是神
赐的、前资本主义的，因而也是最佳的秩序。[23] 这适用

于帝国中心：英国的很多机构和体制在精神气质和意识形态上就是反资本主义、亲等级制的。这也同样适用于帝国外围：自治领的大地产和哥特式大教堂，南亚次大陆的土邦王公和印度-萨拉森风格建筑，非洲和中东的酋长和传统部落，以及遍布全帝国的荣誉制度和王室形象，通过上述事物，以及各种绝非无意识的精心设计，鼎盛时期的大英帝国在相当程度上成为一个反资本主义和亲等级制的建构。

然而，大英帝国绝不仅仅是一个与英国本土社会相仿的等级制建构，还是一个比英国本土更加等级制的建构，是本土社会模型的放大和加强版本，带着更明丽的色彩、更闪亮的光辉、更浓烈的香气，如花朵般盛放。请看，副王和总督在任职地受到了在英国本土从未得到的尊崇和讨好，他们卸任回国后常常怀念在任期间理所当然享受到的行礼和致敬。请看，地区专员管理着超出绝大多数英格兰乡绅想象的大片土地的行政事务。请看，帝国的公务员和行政人员在海外的奢华舒适生活回国后就会大打折扣，他们"远离荣耀，遭到流放"，回到伊斯特本和贝德福德这类地方。[24] 请看，前往自治领的中产阶级移民盼望可以成为人物，变成当地乡绅，取得他们在英国不敢奢望的地

130

位。也就难怪，前往海外帝国的定居者、行政人员和殖民地长官都努力在海外复制英国的等级制社会，而非颠覆这种社会，因为他们在其中得到了更高的地位。[25]

如此被看待和唤起的大英帝国，作为一个等级制建构、一项"传统"事业，一定可以算是现代历史上最不寻常的创造之一；而只有当这个帝国已经消亡的当下，我们才能开始把握它诸多不同寻常之处的全部幅度和多变本质——如果我们确实希望做到这点。这个帝国的不同寻常之处，必定包括被保守培植起来的白人自治领，围绕种姓、乡村、王公和殖民政府建立起来的印度帝国，根据间接统治理论来管理的非洲殖民地和中东委任统治地，蕴含着极大创造性和东方宫廷式复杂性的荣誉体系，以及在各种庆典和每个邮筒上都要抛头露面的帝国君主制。的确，到间战期，当德国、俄国和奥匈帝国的君主政体和剧场式帝国消失，西方世界已经没有任何可以与大英帝国相提并论的存在。面对在墨索里尼的意大利和希特勒的纽伦堡上演的充斥高科技的阅兵和探照灯通明的集会，乔治五世的银禧庆典和乔治六世的加冕典礼所展现的属于上一个时代的豪华排场，成为一种精心投射的、让人安心的强力解药。[26]

　　因而，不仅帝国中心可以用乔治·奥威尔的"太阳底下阶级观念最重的国家"这句名言来形容，帝国外围也可以这样来形容。在这点上，中心和外围是相互强化的：一方面，帝国围绕从英国本土输出的社会等级制概念建立；另一方面，帝国反过来由外围向中心强化等级制。到 19 世纪后期，大英帝国作为一个等级制帝国的实质和外表，对加强英国人关于他们在帝国中心归属于一个传统、农业、分层社会的认知，发挥着越来越重要的作用。[27] 在一个大众民主、高度工业化、城市空前扩张和贵族体系走向衰落的时代，大英帝国精密的层次和秩序，与近期重新活跃起来的君主制互相支撑，使得普通英国人相信，自己仍然生活在一个有序的社会，也使得身着华服的殖民地长官相信，即便是在劳合·乔治掌权的时代，贵族依然高居社会等级的顶点。通过这些方式，"关于帝国秩序的理念"持续与"关于英国自身秩序的理念"紧密联系。[28]

　　从上述视角来看，大英帝国关乎土地、农业和乡村，以及一种理想的、神赐的社会秩序，其源头是一种在英国本土大大小小的地产庄园里依然存在但越发受到威胁的生活方式和社会结构，以及一种在海外帝国受到了更好的维护（并且还在继续受到维护）的生活方式。正如埃德温·鲁琴斯爵士带着愉悦和肯定所说的，前往"印度，就像去非洲一样"，让他感受到"非常托利①式甚至是前托利式的封建"。这一观察十分敏锐，而且在整个间战期都可以成立——到间战期，人们还深信，自治领会继续保持农业社会面貌。[29]的确，这种保守主义的乡村情结至少要维持到第二次世界大战结束，在某些情况下甚至维持到了战后。直到1950年，英国保守党还宣称它是国家共同体和帝国共同体的捍卫者，这种共同体的特征是一种在本土和海外就其本质和源头而言属于乡土性质的"无穷的等级次序"。历史上，保守党人一贯"与农业利益和帝国理念联系在一起"，而农业利益和帝国理念本质上都是等级制的。[30]

这一切在利奥波德·艾默里1943年对英国和全帝国发表的两场演讲中得到了很好的体现。他博览群

---

① 托利（Tory）：这里指托利党（Tories）的或与其接近的意识形态。托利党是活跃于17—19世纪的英国早期政党，今英国保守党的前身。托利主义属于传统保守主义，尊崇和维护传统宗教权威、政治权威和社会秩序。

书，学养深厚，游历广泛，1924 年至 1929 年在鲍德温政府中担任殖民地事务大臣，第二次世界大战期间又担任丘吉尔政府的印度事务大臣。艾默里口中的英国，是一个有机的、渐变的、传统的共同体，其住民对于机械化的形式和抽象的教条不感兴趣，比较信赖个人感受和直觉。进而，使这个国家闻名于世的，是它典范式的君主制，众多乡村府邸和慈父般的土地所有者，以及将个人的独特品性和地位差异在无形中融入日常生活的无比美丽的乡村社会。从这里延伸出去，艾默里口中的大英帝国是"在不断变化的条件下，由英国品格和特定的社会政治原则转化而成的外在形态；这种品格和原则构造了一种明确的英国文化或英式生活方式，首先在英国土地上演化，后来又被我们的人民传播到世界各地"。大英帝国由"善于妥协、善于保守、善于适应"的国民性格所创造，定义这个帝国的，是将地方差异和普遍爱国主义融合起来的团结性和连续性，是对秩序和权威的强烈热爱以及对系统性方案和逻辑性结论的反感，是对妥协和宽容的信念，是对帝国君主的共同效忠，是对传统、古风、"旧内容"和"旧形式"的尊重。[31]

以这种方式得到描述（和受到推崇）的战时的大

英帝国，这个温斯顿·丘吉尔绝不希望主持其解体的
帝国，作为一个传统的、君主制的、分层的伯克式有
机体，正是 1776 年美洲殖民地居民坚决拒斥的那个帝
国——他们拥抱"人人生而平等"的革命原则，反对
君主制、头衔、贵族和等级制；也是伍德罗·威尔逊
在第一次世界大战后拒斥的那个帝国——他急切地参
与了俄罗斯帝国、德意志帝国和奥匈帝国的解体，并
希望创造一种保障西方民主安全，而非保障英帝国主
义安全的文明；还是富兰克林·罗斯福极为反感的那
个帝国——尽管他自己出身美国上流社会，在哈佛上
大学，与乔治六世国王交朋友，并对与丘吉尔共处
"同一个时代"感到高兴——毕竟，美洲殖民地居民
早在 18 世纪就与英国人的等级制帝国决裂了；150 年
过去，为什么这个反动的帝国还没有消失？[32] 只有在冷
战初期，当美国人发现大英帝国在与共产主义的对抗
中可以成为一个有用的盟友时，这种敌视性认知才短
暂地缓解了。

　　在英国本土和海外帝国，大英帝国自始至终都站 [134]
在既定秩序一边。难怪帝国的鼎盛时期恰好是辉煌壮
丽的典礼仪式最为盛行的时期，也恰好是保守党独霸
政坛的时期。也难怪帝国的伟人都在保守党的神殿中

占据一席之地。比如本杰明·迪斯雷利，他扩大了圣米迦勒和圣乔治骑士团并创立了印度帝国骑士团，他安排洛恩勋爵出任加拿大总督，安排威尔士亲王访问印度，他让维多利亚女王成为印度女皇，他相信"要想时常触动和满足国民的想象，唯有张扬各种头衔名号"。[33] 比如寇松勋爵，他倾心于地产庄园、古老建筑、封建秩序以及仪式化的表达，"他在精神上仿佛永远活在装饰华丽的仪仗大象的背上"，他带着一种对于荣誉勋位永不满足的贪婪，收集着各种骑士头衔和贵族爵位，他感到与印度王公相处比与德比的资产阶级富人打交道更加轻松。再比如温斯顿·丘吉尔，他热爱帝国的"光辉、富丽与冰镇香槟酒"，帝国的"各种响亮的头衔名号"，以及帝国的"传统、形式与典礼"，他将自己的政治生命献给了"两项我认为占据至高位置的公共事业——维持英国及其帝国长期以来的伟大，以及历史性地延续我们的岛国生活方式"，他1965年的国葬仪式将成为最后、最终、告别性的帝国典礼。[34]

因此，大英帝国作为一项等级制事业，从来不只是"英国人想象力的单方面创造"。它从来不只是单

方面的，因为很多殖民地居民同样相信它，愿意归属
于它、参与它的事务并受到它的褒奖，比如孟席斯
（他最终成为名誉勋位获得者、蓟花骑士、五港提督，
据传还曾觊觎贵族爵位）。[35] 同时，帝国也从来不只是
头脑中的想象，因为在英国本土和海外帝国都有充足
的物质，用于形塑和构建帝国的图景。结果是，大多
数英国人将帝国视为他们本土社会的延伸，而不是截
然不同的对照。他们基于内外一体的假定向海外输出
的社会认知，并不少于基于内外有别的假定从海外输 135
入的社会认知。他们急于把帝国变得熟悉，正如他们
承认帝国的陌生，将其视为一种社会等级体系，而不
是一种种族等级体系。英国人的帝国在海外，但他们
又努力使它像本土。他们眼里看到的，正是他们受限
于条件所能看到的、他们想要看到的，以及他们期待
看到的。[36]

第十章 局限

136   这样一幅关于英国及其海外帝国的图景是令人信
服的和具有整体性的，需要予以承认和还原。不过，
这幅图景同时也是有局部性的和富有派系色彩的，这
点同样应该予以承认和还原。人们尝试将大英帝国创
造、统合并勾画为复制和强化本土社会秩序的"一个
广大互联的世界"，但与此同时，理论和实践之间、
意图与成果之间赫然出现了一道鸿沟——大多数涉及
帝国的中心控制与外围配合的领域都存在这种鸿沟，
而且早在 18 世纪后期和 19 世纪前期就已然如此。[1]在
现实中，帝国从来不是一个充分等级化、高度同质性
的整体，无论那些治理帝国、投身其中并与之同行的
英国人如何努力、希望与相信。反过来，这也意味着
在帝国的中心，总有一种左派（从潘恩、科布登到莫
雷尔及其他人）观点认为，帝国是"托利党的喧闹"，
不是一个囊括社会各阶层的有序、父权式的传统有机
体，而是一个为高高在上的达官显贵提供户外休闲和
剥削机会的体系。这些英国国内的批评者一般是城市
化的中产阶级知识分子，而随着帝国的扩大和演变，

来自帝国外围的殖民地人士也加入他们的行列，并往往与他们有着类似的背景和相似的观点。[2]

即便是在几个白人定居自治领，英国的社会等级制也没有完全成功地复制过来，尽管希望如此的人已经尽了最大努力。在这些经济欠发达、以农业为主导的地方，贫富之间的差距并不像英国那样悬殊，这意味着，社会的不平等和分化程度也更低。正如沃尔特·白哲特[①]所说，"将成熟的英国式社会移植到殖民地的一系列努力"，"往往从一开始即告失败"，"金字塔的塔基扩展到海外，塔尖就会垮塌"。[3]的确，对很多定居者来说，离开英国的全部意义就在于逃离母国那套令人窒息的等级制（和等级态度），在更强调平等和机遇的土地上开始新生活，就像前一个世纪的北美殖民地先驱那样。从这个视角看，缺乏等级制正是殖民地成功而非失败的标志——比如澳大利亚人所说的"伙伴情谊"。[4]约翰·达尔文注意到："海外的英国人对于在他们看来过于严苛的本土阶级体系一般都无甚好感。"如果这些海外的英国人恰好是爱尔兰裔，

---

①　沃尔特·白哲特（Walter Bagehot，1826—1877）：又译"白芝浩"，英国记者、作家，著有《英国宪法》（*The English Constitution*）一书。

信奉天主教而非英国国教，支持爱尔兰自治，反对帝国主义，他们就更不大可能接受帝国等级制，而是会选择把在爱尔兰遭受的苦难化作殖民地的不满声浪（就像在澳大利亚一些地方发生的那样）。[5]

也因此，在白人自治领，许多人都反对那些移民贵族阶层中失败、黯淡的支脉：这类"绅士移民"、贵族化的"汇款一族"，靠着从本土定期汇来的有限款项，就想在崇尚凭本事吃饭的殖民地过上一种奢侈无度、高高在上、无所事事的生活；他们的风度和气派引起的好感不多，引起的愤怒则不少。他们作为某种标志和符号，代表的是那个大多数定居者庆幸自己远离的世界，那个自己不愿再想起的世界。也因此，许多人不满总督府里靡费甚巨的排场用度，以及连带的势利小人圈子、"山寨"宫廷、对位阶的执念，和那些渴求总督府请柬的阿谀奉承、追名逐利的谄媚之辈。[6]还因此，许多人将批评指向自治领总督职位本身，认为这不过是"一件闪闪发光、华而不实的玩具"，认为担任这一职务的人是"英国政党的废弃物""进口来的大人物""没经验的贵族小毛头""无所事事的权贵"，动不动就被塞到自治领来当总督，比如南非的巴克斯顿、加拿大的贝斯博罗、新西兰的布莱迪斯洛和澳大利亚的达德利。[7]

印度的情况也是一样，在这里，帝国统治的等级本质并没有其支持者和受益者声称的那样完好无缺、令人信服。部分原因是，尽管英国人花了精力，做了调查，但他们对于印度和印度社会仍然非常无知。[8] 种姓是一种极其复杂的事物，它对于南亚人的意义，相较于它对于英印当局的意义，在某些方面更多，在另一些方面又更少。种姓的高低贵贱和王公的尊卑高下之间的关系又特别成问题，而很多英国人不明白自己对此并不了解，比如爱德华七世国王就曾错误地（但很典型地）认为，纳瓦布和拉者属于比婆罗门更纯粹的种姓。[9] 不仅如此，在人们眼中，很多土邦王公不是传统社会的维护者，而是游手好闲、挥霍无度、贪得无厌、腐化堕落、独裁腐败的人物，就连寇松这种对他们颇有好感的副王，有时都感到必须要干预某些王公滥用权力的严重行为。对于英印当局的统治本身，英国人相信，这个政权的等级制和壮丽华美的排场，保证可以激发全印度上下本地人的想象力。在三次帝国杜尔巴大会期间，这种观点成为为活动的巨大规模和巨额花销辩护的论点；不过，似乎鲜有证据表明，次大陆的多数人口对这些宏大场面很感兴趣，或者受到这些场面的持续影响。到第二次世界大战时，这种帝国排场已经被人看作"为了维持名望，吃力地延续着已经无人欣赏的阔绰场面"。根据菲利普·伍德勒夫的回忆，几乎没有印度人"为帝国的浮华而兴奋激动"。[10]

英国人对于"传统"印度的执念——属于乡村、种姓、地主和土邦的印度——不只是源于错误的认知和偏颇的类比，这种执着还让英国人以忽视、漠视、无视的态度对待正在孕育着的另一个印度：一个属于受过教育的、现代化的、激进的城市中产阶级和民族主义者的印度，这个印度尤其出现在加尔各答和1885年后的国民大会党中。[11] 国大党痛恨英印当局的原因之一，是这个当局侵犯性的帝国主义政策选择以一种尊崇传统和等级制的面貌出现。尼赫鲁曾做过一个后来不断被人引用的对比，他认为，颇具讽刺意味的是，英国人作为充满活力的进步西方的代表，竟然会选择与僵化落后的东方世界里最为保守和压迫性的力量结盟。但英国人的回应则是将这些反对力量斥为"没有代表性的极端分子"，无可救药地敌视既定秩序。[12] 在整个英印统治期间，当局都偏好传统、反感现代，偏好等级、反感民主；这种态度的典型例证，是李顿勋爵在 1877 年杜尔巴大会之际向女王兼女皇谈到的一句话："只要王公在我们这边，人民也就在我们这边。"同样是这种观点，促使当局在 1911 年作出决定，将印度的首府"从头等的政治和商业城市加尔各答，迁往德里这个非商业性、非政治性的古代帝国荣耀的中心"。[13]

英国人对于直辖殖民地也有类似的幻觉。在安德鲁·波特看来，间接统治模式下的部落和酋长体系，连同它附带的等级体系和尊卑结构，经常是建基于"对当地社会的某种扭曲和残缺的知识"之上的。因为，不管从历史学角度还是人类学角度，英国人对于他们吞并的地方都所知甚少。而他们在殖民地的部落和英国的乡村地产之间所做的类比，以及在殖民地的本地头领和英国的乡村绅士之间所做的类比，经常错得离谱（就像在印度做的类似类比一样）——按约翰·托什的话说，这些类比是"自我欺骗和半真半假"的。[14]卢嘉德或许在北尼日利亚取得了一定成功，因为那里确实有本地的埃米尔们在以威权方式统领着自己的部族。但是，在（卢嘉德所不了解的）尼日利亚南部和西部，分布着没有政权结构、去中心化的小规模社会，埃米尔和等级制在这里并不存在，卢嘉德尝试扶持"委任酋长"的做法极大地冒犯了这些原本没有酋长制传统的社会。[15]在苏丹，间接统治在南部取得了一定成功，但在北部则不然，这里的酋长本来被英国人看成依靠和信赖的对象，但他们实际上并没有英国人所想象的那样大的权威。[16]在坦噶尼喀，唐纳德·卡梅伦爵士尝试发掘德国占领此地之前"真正"的、"传统"的部落和酋长的做法，并借此进行统治，但这也是同样无知而徒劳的做法，因为"很多东非人连酋长都没有，更不用说国王了"。[17]

这种认为当地有着亘古不变的等级制的错误信念，还进一步放大了间接统治的局限。和在印度一样，英国人在殖民地偏好农业、不爱工业，偏好乡村、不爱城市，偏好传统、不爱变化，偏好与个人而非社会群体打交道，这导致当局对于进步的、主要在城市活动的中产阶级较为反感。1873 年，金伯利勋爵认为，在西非，比较好的做法是"对于'受过教育的本地人'这个群体，什么都不要做。我只会与世袭酋长们打交道"。后来，英国人长期延续了这一政策，这意味着喀土穆、拉各斯和内罗毕这样的城镇越来越处在帝国当局的注意力之外。然而，正是在这些地方发生着最为激烈、难以逆转的变化，民族主义的政治运动和对帝国的敌意终有一天会在这里发展壮大。一位在苏丹工作的政府官员与尼赫鲁不谋而合，认为"酋长们代表过去。受教育阶层代表现在"。他认为，无视这种情况，是一种"对传统的病态迷恋"——这个分析可以适用于鼎盛时期大英帝国的许多地方。在伦敦殖民地事务部负责马来亚事务的部门中，也存在这种较为进步的观点——1931 年，德拉蒙德·希尔斯博士认为，"从民主的角度来看，强化世袭统治者的地位是一种倒退的做法"。[18] 的确，到这时，许多行政人员和政治人物已经开始更为公开地批评间接统治的一整套理念，指责它不合时宜、不民主并且抗拒变化。[19]

同样的认知局限和政策局限也典型地体现在英国对中东君主国的扶植（和创造）上，只不过具体表现因为地域差异而稍有不同。即便这些新兴君主国当初是以印度土邦为蓝本建立起来的，即便它们的建立体现了大英帝国对于阿拉伯等级体系和贝都因酋长们的真心尊敬，但这些政权缺乏传统和历史这类可以稳定政局的工具，也没有坚实的民意基础。就像在非洲一样，英国人出于需要和无知，选择依靠这些盟友，但盟友们的实际权力和正当性与他们享受的特权和排场并不相称。在埃及，"王子们"和"帕夏们"被看作英国的走狗和傀儡而遭人厌恶，在人们眼中，他们是大英帝国的代理人而非人民的公仆。同属哈希姆家族的约旦和伊拉克统治者，其地位也同样岌岌可危，因为他们的王位完全是英国人给的，而且，据一名政府官员的观察，他们"从来没有成功赢得稳定的民心"。[20] 的确，就如埃利·科杜里所说，伊拉克只是一个"唬人的王国，建立在虚假的基础上"，是"腐朽贪婪的反动派的温床"，它的国王得不到库尔德人的支持，得不到犹太人的支持，得不到什叶派部落的支持，也得不到巴格达中产阶级的支持。[21]

因此，英国人不可避免地被多数当地人看作"既得利益者"的盟友（就像在印度和直辖殖民地的情况一样），这使英国人进一步"被视为阻挠有益的社会变化的障碍"。[22] 他们因此而遭人厌恶。在间战期，中东发生的变化遵循的是印度模式而非非洲模式：西方化、现代化、城市化和学校教育，让亚历山大港、开罗、巴格达和安曼迅速出现了有文化且政治化的民族主义中产阶级。他们站在反对派的视角，认为大英帝国"从其与谢赫和王公结盟，不信任城市价值观和知识分子趣味等做法来看……它是反动派的真正盟友"。[23] 第二次世界大战期间，英国在苏伊士运河到波斯湾之间的地区部署了空前规模的军队，让这种民族主义情绪进一步激化到了在奥姆·萨金特爵士看来令"统治阶级已经难以控制"的地步。持这种看法的人不止他一个。欧内斯特·贝文在 1946 年评论道："我不相信帕夏们在埃及的统治可以永远没有争议地维持下去。"英国外交部一名派驻伊拉克的工作人员在两年后说了类似的话："民族主义已经扎下了根"，而"伊拉克的摄政不是引领这股运动的人"。[24] 从这种令人不安的观点来看，英国维持与中东君主国的联系，维持"老帮派"的存在，更多地体现了帝国的虚弱，而非其统治手腕。[25]

以上是帝国的等级结构和等级情绪的地方性局限。除此之外，还有更多总体性的局限、不足和缺陷，限制了从帝国中心散发出的等级制冲动的范围和效果。部分原因在于，帝国内部普遍存在的社会保守主义，并不必然转化为政治上的服从。自治领领导人也许会对帝国的头衔和荣誉趋之若鹜，也许会对王室成员顶礼膜拜，但这并不妨碍他们强调本自治领的独立自主，从而削弱帝国作为"有机统一体"的地位。

早在第一次世界大战之前，他们已经直截了当地否决了"帝国联邦①"的构想；在 1920 年代和 1930 年代，南非的史末资将军和爱尔兰自由邦的威·托·科斯格雷夫都强烈主张，自治领与英国之间"自由且平等"的关系应该得到承认，这一要求最终体现在了 1931 年的《威斯敏斯特法令》中。[26] 就连罗伯特·孟席斯这样极为亲英的等级制拥趸，都会选择在必要场合扮演民族主义角色。在 1941 年的至暗时刻，他一度准备逼迫丘吉尔下台；在自己从英国隆重请到澳大利亚的总督面前，他吝啬地捍卫着总理的实权；通过与美国和新西兰签订《美澳新安全条约②》而将英国排斥在外，他承认需要让自己的国家改变传统上与英国联合的政策，转而与美国建立更密切的联系。[27]

在"传统"的印度，情况也是一样，英印当局与土邦王公之间的合作，并不像王公们和英国官员共同参与各种帝国骑士团的惬意画面所表现得那样和谐与

---

① 帝国联邦（Imperial Federation）：19 世纪末 20 世纪初提出的一种政治构想，主张在大英帝国内部进行体制改革，让英国本土和各殖民地特别是自治领共同建立一个联邦制政治实体，成立由全帝国代表组成的帝国议会，建立统一的帝国防务和帝国关税同盟等。该构想的绝大部分内容未能实现，于第一次世界大战后走向没落。

② 《美澳新安全条约》（ANZUS Treaty）：又称《太平洋安全保障条约》，美国、澳大利亚、新西兰三国于 1951 年签署的军事互助条约。

完满。尽管他们在公开场合配合了这类后迪斯雷利时代的盛大典礼活动，某些王公私下里（有时是公开地）将这一套排场斥为虚假和掉价的东西。斋浦尔的前后三代大君，虽然乐于享受王公中的忠诚典范的美名，却也在进行无声的抗议——他们采用印度-萨拉森风格建造公共建筑，但在建造私人宫殿时，却因为这种风格太像英国统治的同谋而拒绝使用。比这更不加掩饰的，是巴罗达大君塞亚吉拉奥三世：他在全体王公中的地位仅次于海德拉巴的尼扎姆，早在达弗林勋爵任内就获得了印度之星骑士大司令勋位；但他在1911年的杜尔巴大会上却公然对国王兼皇帝无礼，以傲慢而非恭顺的态度完成了效忠礼节。从此之后，英国人（根据充分的理由）将他视为民族主义煽动分子。[28] 按照圣雄甘地的看法，不少王公很讨厌按英国人的要求穿戴起各种礼服、星章和绶带，像马戏团的动物一样在殖民者编导的哑剧中登台表演——王公们的这种疏离情绪，可以解释他们为什么拒绝接受《印度政府法》（1935年）的各项条款（吉塔·梅塔在她的小说《统治》里很好地捕捉到了这点）。[29]

相似的情景也出现在直辖殖民地，与英国人合作 143

的埃米尔、素丹和显贵们也会像自治领领导人和印度王公一样，强调自身权威，抗拒大英帝国。第一次世界大战之前，总体而言，英国在热带非洲的力量是虚弱而分散的，像通布卡的奇隆哥齐·冈都依这样有抱负的酋长得以自行称"王"，以强化自己的地位，即便没有得到当地英国专员的同意也依然故我。到间战期，大英帝国在当地的存在变得更有力，也更成体系，不过随之而来的是，英国人逐渐不情愿地认识到，在像尼日利亚的索科托省这种地方，那些最为成功的非洲酋长，往往享有民众拥戴赋予的合法性，经部落长老而非英国官员指定登位，他们被英国人寄予"实行良政"的厚望，却也是最难控制和最具独立意识的。[30] 同样的情况也发生在马来亚，在 1930 年代初期，新任高级专员塞西尔·克莱门蒂爵士试图将素丹们统治的各个邦更紧密地整合起来，但这一计划遭到素丹们的激烈反对，最后只得放弃。当非洲民族主义的风潮兴起之后，王室成员的访问和与王室有关的典礼活动开始逐渐由受教育的"进步"非洲人士掌控，让反对帝国的情绪在表面上的驯服姿态之下传播。威尔士亲王在 1925 年和乔治六世国王在 1947 年对北罗得西亚的访问都属于这种情形；而在 1953 年，北罗得西亚大会党公开抵制伊丽莎白二世女王加冕的庆典活动。[31]

然而，英国人和当地统治者关系最困难的地方是中东，这里的新兴君主国根基不稳，当地君主只有和英国人拉开距离才有希望安抚国内的民族主义者。在1920年代，伊拉克国王费萨尔让英国高级专员们非常头疼：他意志薄弱，诡计多端，游移不定，不可信任，经常站在反英群体一边对抗大英帝国。他的继承人加齐国王则是另一个"完全不负责任"的人物：他在王宫中开设了一部反英广播电台，与希特勒眉来眼去，还对科威特提出领土要求。[32] 埃及的情况也好不了多少，由帕夏们主导的政府在1922年到1936年间一直拒绝与大英帝国签订双边条约，法鲁克国王则毫不掩饰自己对轴心国的同情。用丘吉尔的话说，国王是"英国的坏朋友"。在第二次世界大战期间，伊拉克摄政阿卜杜勒·伊拉在1941年被一场亲纳粹政变推翻，英国人不得不对伊拉克进行干涉，扶持他重新掌权；次年，英国人又在埃及成功逼法鲁克就范，支持同盟国的军事行动。毫不意外的是，局面在此后并未好转。英国尝试与埃及签订新条约的努力在1946年遭到挫败，因为法鲁克对英埃苏丹提出了领土要求；英国

144

外交部在 1948 年和伊拉克方面谈判草拟的新双边条约，又被伊拉克摄政迫于民众的民族主义情绪而否决。[33]

以上这些都说明，大英帝国作为社会结构和等级愿景，并不总能和帝国权力政治的现实保持一致；也因此，毫不奇怪地，帝国等级制的两股最重要的统合力量，同样不如它们最坚定的支持者所希望的那样有效。就帝国的荣誉制度而言，无论它的影响范围有多大，包容和创新有多强，它从来没能完全成功地将遍布世界的帝国社会统合和规制起来。在社会较为平等的白人自治领，荣誉体系只被少数人真心接受，从来没有像在英国本土那样赢得声望和光环。[34] 早在 1840 年代，加拿大总督查尔斯·梅特卡夫爵士就观察到，加拿大某些地区的"民主精神，或者说反英精神"，会让当地人"努力把这些荣誉勋位变成笑料"，而这一观点不断得到证实。弗雷德里克·艾略特也同意这种看法："授予头衔并不能制造贵族。在这种财富转瞬即逝的地方，册封世袭头衔纯属徒劳。"在加拿大和澳大利亚建立当地的贵族序列（以及在殖民地立法机关中建立世袭性的上议院）的计划从未付诸实施——这种计划基本上是不得人心的，能够得上资格的人也寥寥无几。只有极少数英国贵族头衔被授予殖民地居民，其中比弗布鲁克等人的爵位还曾引起很大争议。[35]

无论如何，随着各自治领国家意识的萌生，当地人对伦敦授予的荣誉勋位越来越冷淡，对贵族头衔尤其冷漠。部分原因是，他们不愿再低三下四地留在帝国的怀抱；还有部分原因是，他们认为荣誉头衔，尤其是世袭头衔，与本国的平等主义精神不符（与特罗洛普的想法相反）。因此，加拿大政府在1919年向国王上书，呼请国王"今后避免将荣誉勋位或名誉头衔授予您治下在加拿大定居或长住的臣民"。受此限制，1950年代预备授予亲英、亲王室的文森特·梅西的嘉德骑士勋位最后没有授予（后来，为表安慰，伊丽莎白二世女王授予梅西不附带头衔的皇家维多利亚颈环），近些年授予康拉德·布莱克英国终身贵族头衔的提议也遭到了反对。1925年，南非也采取了类似做法。尽管间战期的澳大利亚没有实行类似的做法，由工党领导的联邦和州政府却直接选择不再向伦敦推荐受勋人选。[36] 在帝国的其他地区，荣誉体系没有引起这么大的矛盾，不过，确有一些印度王公将荣誉勋位视为空洞的小玩意；而且，就像其他类似的体系一样，

195

荣誉体系在给人带来愉悦的同时，也制造嫉妒和厌恶。

在这种气候下，即便是帝国的君主制，其在海外领地将等级制正当化的效果，与在英国本土相比也打了折扣。抛开无处不在的彰显君主权威的标志、符号和象征物不论，正如特伦斯·兰杰所观察到的，许多非洲人、南亚人、法裔加拿大人和阿非利卡人①对英国王室根本不感兴趣。[37] 逐渐壮大的民族主义情绪和越发强烈的平等冲动，意味着在多种认同互相竞争的大熔炉中，英国式的帝国君主制并不受到普遍尊崇。在澳大利亚，爱尔兰裔天主教徒和工党激进派对充满等级色彩和王权符号的帝国日庆典并不买账；相比之下，他们更愿意庆祝圣帕特里克节，而到第一次世界大战结束后，澳新军团日又成了更受欢迎的节日。[38] 在南非，阿非利卡民族主义者对于本民族圣贤和英雄的忠诚始终超过对南非联邦或大英帝国的忠诚；对他们来说，大迁徙纪念日的意义要大于帝国日。在这种情况下，由王室成员担任总督，既可能是利好，也可能

---

① 阿非利卡人（Afrikaner）：原称"布尔人"（the Boers），为17—19世纪殖民非洲南部的以荷兰裔移民为主并融合法、德等国移民形成的白人民族，曾在19世纪建立德兰士瓦（Transvaal）和奥兰治（Orange）两个国家；1910年南非联邦成立后，在当地白人居民中占多数的阿非利卡人成为新自治领的主导力量。

是负担，他们在任上必须小心谨慎，但又无法避免出错。由康诺特公爵出任加拿大总督的安排在当地遭遇了"暗流涌动式的批评"，因为人们担心里多厅①会出现等级森严的宫廷排场；阿斯隆勋爵出任南非总督的任命则被斥为"陈规陋俗的昂贵遗存"；而格洛斯特公爵的澳大利亚总督任期才过了两年便提前结束，取而代之的是新南威尔士州首席部长、工党的威廉·麦凯尔。[39]

与此相似，王室成员的帝国访问往往被英国媒体报道为胜利旅程，称其激发当地人民热情表达自己的忠诚，不过事实却并非总是如此。1868 年，在爱丁堡公爵访问澳大利亚期间，一个精神失常的爱尔兰人试图行刺；在约克公爵于 1901 年访澳期间，当地的批评声音直指"旧世界王族肮脏的手印"，以及"对纹章、花押……饰物、头衔……所有这些骗人琐事的顶礼膜拜"，整个访问被人斥为"反澳大利亚的、将种姓制度永久化的病菌污染"。[40] 在印度，康诺特公爵很不喜欢甘地和国大党在他访问期间"煽动老百姓反对自己"，而未来的爱德华八世则没能靠自己的访问赢得

146

————————

① 里多厅（Rideau Hall）：位于渥太华，1867 年起为加拿大总督府。

印度民族主义者的心。他向父亲写道："我必须现在就告诉您，我对自己在英属印度的工作感到十分沮丧，因为我并没感到自己做了什么有用的事；实际上，应该说我很清楚自己没做什么贡献。"在这之后，形势每况愈下，以至于计划为爱德华八世（后来改为乔治六世）举行的杜尔巴大会都取消了。[41]在南非，两任皇家总督未能成功阻挡阿非利卡民族主义的浪潮，1947年的王室访问也不甚成功，南非国民党及支持该党的媒体对访问充满敌意。就连伊丽莎白二世女王1953年至1954年对澳大利亚的访问，激进派也只以怀疑态度报以谨慎欢迎，认为这是一场上流社会的喧闹；持有类似态度的爱尔兰裔天主教徒则为总理孟席斯对王室的逢迎谄媚感到恶心。[42]

无论如何，到这时，王室相对于各自治领的地位已经根本改变了，这给英国君主高居单一、广涵的帝国等级体系顶点这一旧理念带来了颠覆性的影响。1926年，《贝尔福宣言》对自治领做出的"定义"承认各自治领是"自主的共同体"，从此之后不再以任何形式从属于英国，而是在各个方面与英国地位平等，并"由对君主的共同效忠联结起来"——这些语句后来写入了1931年的《威斯敏斯特法令》。[43]这种

全新定义造成的后果之一，是创造出"君权可分"这
样一个新概念，即国王分别是每个自治领的君主。反
过来，这一新概念暗示：统一的帝国君主制终结了，
以君主为顶点和合法性源泉的帝国等级制也随之终结
了（尽管在当时只有爱尔兰自由邦和南非希望将这种
暗示变为明示）。[44] 后果之二，则是作为君主海外代表
的自治领总督的权力被实质性缩减，总督人选改由国
王根据自治领政府而非英国首相的建议任命。随后，
澳大利亚犹太人艾萨克·艾萨克斯爵士在 1931 年被任
命为澳大利亚总督，南非出生的帕特里克·邓肯爵士
在 1937 年被任命为南非总督，预示着过去出身王室和
贵族的总督们代表的那种统一的帝国等级制气数
将尽。[45]

这些新情况表明，在大英帝国的等级制愿景中，
有相当一部分无知和自欺欺人的成分。而这意味着，
在全球范围与这种愿景相关联的那些著名的装饰性景
观，并不能让所有地方的人群真正信服。对于一些人
来说，为帝国和君主制超脱尘世的光辉形象所做的各
种努力只是一场空，典礼仪式不只会营造共识，也能
带来冲突。因此，当维多利亚女王庆祝自己的钻禧庆

典时，尽管喜庆气氛遍布帝国，但爱尔兰人却为同胞死于饥荒的历史而公开表达强烈的抗议，认为这就是女王在位 60 年的全部记录。[46] 在印度，民族主义者利用英印当局的仪轨实现他们自己的目的，以此表达对这个政权的厌恶，因为这样就能让国大党的领袖们"和帝国的贵人们平起平坐"。[47] 在英国，基尔·哈迪认为，君主制和大英帝国这些东西十分荒谬，他（和《曼彻斯特卫报》一起）于 1911 年在《泰晤士报》的读者来信专栏发文，声援瓜廖尔①大君的行动。[48] 1910 年 2 月发生了所谓"无畏舰恶作剧"事件：安东尼·巴克斯顿假扮阿比西尼亚皇帝，让弗吉尼亚·伍尔夫和邓肯·格兰特、霍勒斯·德维尔·科尔等 5 位朋友一起，登上英国本土舰队的旗舰，做了一次"正式访问"。在英国，在帝国的许多地方，城市中产阶级知识分子反感庆典仪式，一如他们反感这些庆典仪式所夸张宣扬的那个帝国。他们都和伍尔夫一样，厌恶昆廷·贝尔所说的那种"带金蕾丝边的雄性奢华"。[49]

装饰性帝国这种自欺欺人的虚幻性还体现在更深

① 瓜廖尔（Gwalior）：历史上的印度土邦，位于今印度中部。此处疑为作者笔误，"瓜廖尔大君"应为"巴罗达大君"，即上文提到的塞亚吉拉奥·盖克瓦德三世（Sayajirao Gaekwad Ⅲ，1875—1939 年在位）。

的层面上。因为，它背后的那种强调传统和连续性的
保守主义帝国文化，从很多方面来说恰恰是非常晚
近、人为发明出来的。在各自治领，那种人们认为稳
定不变、一直上溯至征服者威廉之前的等级体系，实
际上很晚才被发明出来，《伯克殖民地乡绅系谱》一
书充斥着矛盾、想象和谬误。[50]那个由种姓、村庄和土
邦王公构成的表面上"永恒不变"的印度，连同其
"传统"的印度-萨拉森风格的宫殿，非但只是一种忽
视了城镇、中产阶级和民族主义者的局部愿景，更是
基于"永恒不变"印度的上述三大支柱一成不变这一
错误假设，而实际上，这三种事物在大兵变到印度独
立之间发生了巨大变化。[51]与此相似，马来素丹们在得
到英国人扶植之后，成了与此前完全不同类型的君
主；某些得到英国殖民政府认证的东非和西非的"传
统酋长"实际上完全不是这样一回事；而与摩洛哥国
王这种真正的传统君主相比，英国人在中东一手打造
的那些王朝就像暴发户。荣誉骑士团、有关帝国君主
制的各式器物以及由此衍生出的种种帝国景观，全都
在制造一种印象：某些非常晚近的事物，实际上是非
常古早的事物。从这种视角出发，迪斯雷利、寇松、
米尔纳、卢嘉德和丘吉尔的大英帝国，就如同早先皮

特、邓达斯和韦尔斯利的那个大英帝国一样，奠基于伪装成古老事物的新鲜事物之上。[52]

以上种种，说明的是一个表面上堂皇地致力于维护既定秩序、否定破坏性变化的帝国，到头来是如何在实际上充当了变革的工具，在较长时间范围内促成了对整个帝国事业的颠覆和终结。不过，这还只是一个方面。总的来说，尽管英国执政当局拒斥达尔豪西、本廷克、帕麦斯顿、张伯伦、贝文等人的观点，即英国在海外的统治应该促进当地的改良与改革、现代化与进步——但帝国的实际情况，则是改良在所难免，改善无可逃避，现代化无法逆转，进步无从抗拒——是一种作用在历史尺度上的不以人们意志为转移的法则。从铁路到蒸汽船，从电报到飞机，从机关枪到无畏舰，从水坝到桥梁，从金矿到证券交易所，维系帝国的是功能性考量，驱动帝国的是经济性考量，治理帝国运用的是最先进的可用技术；在这另一种版本和愿景的帝国之内，没有位置（或空间）留给以今充古的等级体系下那些假冒的、放错时代的器物，或者骑士想象中的君主威仪，又或者熠熠生辉的典礼仪式。[53]

作为帝国现代化而非帝国保守主义的工具和化

身，这些技术上的变革具有内在的重要性；不仅如此，技术上的转变还进一步带动了社会发展和政治变革，现代灌溉技术、公共卫生、流行病学、使用地方语言教学的普及小学教育以及使用英语教学的大学教育，在1857年后出现在印度，随后扩展到其他殖民地。这些改良措施并不只是在健康和教育方面改善了住在帝国外围人们的物质生活条件，进而从多方面延长了他们的预期寿命，更加速创造出城市化的、受过大学教育的中产阶级民族主义者，并使其数量不断增长；他们为英国人所反感，但他们高举民主、自由和集体行动大旗的反殖民主义政治鼓动，最终会终结大英帝国，并以奠基于截然不同的政治组织和社会团体原则之上的独立主权国家，取代帝国统一互联的等级体系。[54]

第四部分

终点

第十一章　解体

1936 年 12 月 7 日，正值国王退位危机的高潮，¹⁵³ 弗吉尼亚·伍尔夫在日记中袒露心声：看起来，爱德华八世"这个微不足道的小人物挪动的石子，引发了一场雪崩"。她继续写道："种种事物都会变得完全不同。"这里她所指的"种种事物"，是"帝国、等级体系和道德体系"，简单来说，就是布鲁姆斯伯里派①所厌恶的一切。¹ 回过头看，这可以说是带有误导性的末世预言，忽略了各自治领的保守文化，没有考虑土邦王公、部落酋长、传统社会和间接治理的因素，不能充分理解头衔、饰物、荣誉、纹章、君主和皇帝对人的吸引力。这个预言也低估了君主制与帝国的抗压能力和恢复能力，这些能力的具体体现，包括乔治六世和王后在第二次世界大战中的表现，包括 1945 年后的 10 年中历届英国政府对于维持英国的帝国力量所下的决心，还包括伊丽莎白二世的加冕典礼和她随后的环球访问所取得的激动人心的成功。然而，从长远视角

---

① 布鲁姆斯伯里派（Bloomsbury Group）：20 世纪上半叶以伦敦布鲁姆斯伯里为活动中心的英国文人派别，弗吉尼亚·伍尔夫是其成员。

来看，尽管伍尔夫的预言在时间点上是错误的，在内容上毫无疑问却是正确的。因为，只过了一代人的时间，她的预言便得以应验，大英帝国和英国的等级制就衰变到了面目全非的程度（与之一道衰变的还有英国的传统道德：还记得 1963 年的普罗富莫事件① 吗？）。[2]

作为地方性和全球性的双重现象，大英帝国的终结已经被人反复书写多次了；不过，除了美国独立的案例外（这个案例当然很有指导意义），几乎没有人以一种持续和系统的方式，将帝国的终结当作一个见证、体现、预示和等同于等级制终结的过程来对待。

154　然而，既然这"一个广大互联的世界"曾经是在等级同质性和社会主从关系的基础上构建和构想出来的，那么，它最终是被民族主义政治和平等的意识形态所削弱的，也就毫不奇怪了。[3]帝国属地获得自主和独立，就意味着对大英帝国的拒绝，以及对从英国延伸到全世界的社会秩序的拒绝：在地方层面，表现在本地社会秩序被改变、被修正，甚至被推翻；在全球层面，表现在帝国内部联系、帝国荣誉体系和帝国君主

---

① 普罗富莫事件（Profumo Affair）：发生于 1963 年的英国政治丑闻，陆军大臣约翰·普罗富莫被发现与一名表演女郎发生婚外情并向议会撒谎，事发后普罗富莫辞职，造成英国政局动荡。

制度统统遭到拒斥。在绝大多数相关国家，或快或慢地，独立既意味着政治革命，同时又意味着社会革命，因为帝国和等级制，或者说帝国作为等级制的表现形式，都遭到了拒绝。在非殖民化的时代，这些主题一再上演；因而，通过回顾性的评论和佐证，我们可以从帝国动摇和倒塌的方式中，了解到帝国先前兴旺和运作的方式。

在弗吉尼亚·伍尔夫写下开头那些话的时候，这些变化正在帝国的一个部分全面发生。大英帝国作为一个统一的等级制国度，其终结的过程并非始于遥远的世界尽头，而是始于与英国本土近在咫尺的地方：在间战期的爱尔兰，政治革命和社会革命接连上演，为后来发生的事情提供了范本。标志之一是，在1918年到1922年之间，英国人抛弃了他们身居高位的合作者，任由民族主义煽动家摆布这些人的命运。尽管南爱尔兰的贵族和乡绅曾经得到种种保证，但在1922年建立爱尔兰自由邦的立法中，他们几乎没有得到任何保障。作为世所公认的贵族政治的终身反对者，劳合·乔治愉快地出卖了爱尔兰的土地所有者群体；而这种对传统精英的"背叛"，此后还会在帝国终结的过程中反复上演。他们的庄园根据此前颁布的几部《购地法》由佃农赎买，他们的府邸被激进的民族主义煽动家烧成白地，他们很多人逃出了爱尔兰，一败涂地，一无所有。尽管新成立的爱尔兰议会上议院为这些旧秩序下的精英设立了一些保障席位，但这个议院的权力却相当有限，议院内的辩论无法引起任何人的注意。[4]

155　　然而，终结南爱尔兰的社会等级制的努力，并不局限于瓦解贵族政治这一个方面。一并彻底瓦解的，还有"滚落在地"的"权杖与宝座"，也就是曾经为整个海外帝国的殖民政府提供了榜样的、以都柏林城堡为中心的全套皇家典礼仪仗。早在 19 世纪后期，爱尔兰民族主义者就已经基本不再出席都柏林城堡的社交活动，而到第一次世界大战期间，等级制的盛大表演就完全终止了。到这时，爱尔兰总督这个曾经极为显赫的官职已经成了一个"任期短暂、令人尴尬的幽灵"，身边围绕着"过气的达官显贵"。当末代爱尔兰总督菲茨艾伦子爵于 1922 年离职时，他乘坐的是私家轿车，取而代之的是爱尔兰自由邦总督这一低调的新角色。都柏林城堡从此关闭，不再用于举行入城典礼或觐见仪式；除王室成员以外的人不再被封为圣帕特里克骑士，圣帕特里克骑士团由此成为第一个遭到废弃的英国荣誉骑士团，因为这个骑士团所服务的帝国、所表彰的精英、所维护的社会等级制，在此时已经全部消失了。[5]

随着伊蒙·德瓦莱拉于 1932 年上台执政，建立一个民主政体、平等社会和独立国家的倾向得到强化，帝国等级制和帝国控制力的残存部分在此之前已经处于所剩无几、苟延残喘的状态，从此之后则被一项一项移除了。英国政府被要求召回它委派的自由邦总督，取而代之的是"一个住在郊区房子里，不承担任何公共职责的小人物"；1937 年，就连自由邦总督的职务都被取消，其功能被爱尔兰总统取代。这一举动是对王室和帝国的明确拒斥；此事得以落实，是因为德瓦莱拉利用爱德华八世退位的机会，决定彻底消除爱尔兰内政与英国君主之间的关联（虽然不是为了应验弗吉尼亚·伍尔夫的预言，但确实是选在了同一时期）。第二次世界大战结束后，爱尔兰自由邦正式切断了和英国之间的其他纽带，于 1949 年 4 月成为主权独立的共和国。[6]与北美殖民地居民的反叛一样，这一过程是对大英帝国的彻底拒斥，正如詹姆斯·莫里斯所言，"一个由都柏林管辖的爱尔兰"是"对帝国等

156

级制的羞辱"。[7]

不过，爱尔兰的拒斥并不只是具有内在的重要性，因为以上全部反等级制的举动，除了脱离英联邦①这最后一步以外，都将会在帝国衰亡和解体的过程中在世界各地一再重复。1947年的印度独立不仅是下一篇章，更是教科书般的范例。在与各方谈判产生解决方案的过程中，末代副王蒙巴顿②压倒一切的任务是与尼赫鲁、真纳和甘地这些民族主义群众性组织的领袖达成一致。直到很晚的阶段，他才有兴趣去考虑他眼中较为次要的"封建残余"问题——王公和他们统治下的土邦。[8]最终实现的独立，是城市中产阶级激进派这个在英国统治下的印度次大陆曾经极受鄙夷的阶层所取得的胜利，也是对大英帝国作为一个传统的等级制有机体的致命打击。从独立日的零点开始，

---

① 英联邦（Commonwealth of Nations）最初名称为 British Commonwealth of Nations，1949年从名称中去掉代表英国的 British，目前名称直译应为"国家联邦"；为尊重中文通译，本书仍将 Commonwealth of Nations 译为英联邦，将其旧称 British Commonwealth of Nations（或其简称 British Commonwealth）译为"大英联邦"，以显示其建立初期与大英帝国之间较强的关联性。

② 蒙巴顿：指第一代蒙巴顿伯爵路易·蒙巴顿（Louis Mountbatten, 1st Earl Mountbatten, 1900—1979），英国贵族、海军元帅，爱德华八世与乔治六世的表弟，1947年任末代印度副王，提出印巴分治的"蒙巴顿方案"，1947—1948年任独立后的印度联邦总督（Governor-General of the Union of India），1959—1965年任英国国防参谋长。

英国君主的印度皇帝头衔不复使用，新德里和西姆拉无与伦比的宫廷排场消失不见，印度的荣誉骑士团勋位不再授予土邦王公或英印当局官员，杜尔巴大会、仪仗大象、向君主敬酒的举动和帝国日的庆典这些仪式性事物被清扫一空。一同消失的，还有曾经矗立在孟买、加尔各答、马德拉斯和新德里的广场和路口的副王、女王兼女皇以及国王兼皇帝们的雕塑（就像此前曾矗立在都柏林的同类雕塑一样），它们被人挪到无人问津的地块上或博物馆的后院里。曾经名为"国王大道"或"王后大道"或者以其他殖民统治的达官显贵和英雄人物命名的街道，则被冠以符合时宜的新名字。[9]

与此同时，在刚刚过去的第二次世界大战中再一次保持了对英国的忠诚和慷慨的各土邦统治者，则在蒙巴顿的强迫下将国土并入印度或巴基斯坦——此时的英国已经断然撤回了早先给予这些显赫盟友的保护，放弃了"英国对于土邦的至高权力不可让渡"这一冠冕堂皇的立场。在印度独立后的两年之内，身处这个后帝国主义平等时代的美丽新世界，土邦王公失去了行动自由和独立地位，最终在1971年丧失了收入和头衔。曾经担任英国驻各土邦驻员的英印当局老手们认为，他们的朋友遭到了背叛，原因是英国政府犬儒式地拒绝承认曾经"不受侵犯和不可侵犯"的条约义务，以及蒙巴顿对王公的命运表现出的那种劳合·乔治式的漠不关心。菲利普·梅森回忆道："这真是极端令人厌恶，英国人在面对这些人时，居然可以如此轻蔑往日的义务，如此无情地忽视外交体面。"[10] 被老朋友踢开、被新领袖拒绝、被"扫进历史垃圾堆"的印度王公，表现得和一代人以前被置于同样悲惨境地的爱尔兰贵族一样，退隐回归私人生活，管理着自己剩下的土地，或者选择经商。

至于何以如此，则是显而易见的。印度独立后，尼赫鲁政府的全部宗旨，是"彻底共和主义"的和"民主与平等"性质的；与此势不两立的，是对尼赫鲁来说不可接受的那些英印统治的保守遗存：严守等级秩序的社会，土邦王公和英国君主，以及英国人曾经欣赏和支持的象征着"传统"的、"永恒不变"的印度的一切。[11] 因此，在成功把王公们边缘化并让他们名誉扫地之后，尼赫鲁的注意力转移到了君主制度上。1949 年，不顾英国政府的一再游说，印度断然抛弃了英国和帝国的君主制，宣布自己成为英联邦内的一个共和国。尼赫鲁坚持认为，在印度的宪政体制中保存任何君主制痕迹都是"绝不可能"的，因为这会引起严重的"分裂和争议"。这一决定在两个方向上都有开创作用。一是为印度引进了一套全新的、后帝国时代的社会政治秩序和认知，强调了进步、现代性和平等。二是为英联邦在此后20年间接纳多种族的共和制成员国扫清了障碍。名称上的变化，标志着一项重要的实质性变化。大英帝国曾经是一个君主制国度，而英联邦（改名后）则很快会成为一个共和国的联合体。[12]

无论1953年的加冕典礼是多么令人欢欣鼓舞，爱尔兰和印度的独立以及两国拥抱共和政体的决定，无疑意味着伊丽莎白二世女王的加冕典礼在很多方面都可以说是第一场后帝国式的加冕——这一条件（和排场）上的变化被威廉·沃尔顿爵士捕捉到了，并准确反映在他写的两部加冕进行曲的标题和曲调中：他为乔治六世写的《帝国冠冕进行曲》富有埃尔加式的高雅，使人联想到骑士精神、历史和传统；而他为伊丽莎白二世写的《宝球和权杖进行曲》则充满浮躁和不敬的色彩，好像有覆盆子和香蕉皮在其间灵巧地穿插。这反映的是某些深层变化。在加冕年的早些时候，新通过的《皇家头衔法》确认伊丽莎白不再保有印度女皇和英国海外领地统治者的头衔，她现在仅仅是"英联邦元首"，是一个由完全独立的成员国组成的"自由联合体"的象征。[13] 在很快就将在英联邦内成为多数的共和制成员国中，女王不享有任何宪法地位，也不占据任何社会显要位置；即便是在继续以她为国家元首的前殖民地国家，她现在也分别成了加拿大女王、澳大利亚女王、新西兰女王、南非女王等等，而不再是像她先人那样的一位单一的帝国君主；伊丽莎白只是联合的象征，她的王冠由诸多独立的主权国家所共享。[14] 这种分立式的君主制自从 1920 年代起就在帝国内部若隐若现，到此时终于彻底实现。

从维多利亚到乔治六世，得到复兴和重新发明的英国君主制，是为英国的帝国等级制赋予统一性、一致性和正当性的关键要素。现在，这些东西纷纷消失，伊诺克·鲍威尔这样自命为传统帝国的捍卫者的保守党右翼人士也靠边站了。这类人物在英国议会中采取的防御性动作毫无成效，如他们所担忧的那样，以这种分立式君主制的理念为先导，前自治领国家（"自治领"的叫法在 1948 年与"大英联邦"一同消失）采取了进一步措施，向与英国解绑、强调自身多样性的方向迈进。[15] 既然英国女王也分别是其他英联邦君主国的君主，越来越多的人便要求代表她的总督应该由本地出生的人士担任，而非由委派过来的英国贵族或王室成员担任。这一新做法已经于1931年在澳大利亚率先实现（第一位本地总督是艾萨克斯），并自1937年起在南非不间断地实施（第一位本地总督是邓肯）；第二次世界大战后，其他各自治领也相继实施：加拿大自1952年起，澳大利亚自1965年起，新西兰自1967年起。[16] 较之前人，这些后帝国时代的总督班底都不可避免地缺少英国色彩和恢宏排场——总督身上不再带有殖民地长官的矫饰、贵族血统和王室亲缘，也不再构建和维护一种从属于英国的社会和帝国等级制。他们的存在，不再是对有序尊崇感、乡村价值观、宫廷排他性和白人至上性的强调，转而越发成为国家自主性、政府开放性、社会平等化、经济现代化、种族多样性和文化多元性的象征。[17]

　　这些发生在印度次大陆和旧自治领的变化，也同样发生在直辖殖民地和原国际联盟委任统治地。在非洲和中东依靠"永恒不变"的部落和"传统"的等级体系维持的帝国治理方式，并没能在第二次世界大战后维持太久。间接统治早在1930年代就已广受批评，美国对相关争论的介入更加强了这种批评——此时领导美国的，是一位对本国反殖民主义传统深感自豪的总统，他不怕向四面受敌的英国首相亮明自己的观点。时任英国殖民地事务部助理次官的阿瑟·道威爵士认为："将一时权宜之计塑造成神圣不可侵犯的原则是十分荒谬的。"他又说，"非洲的形势发展得如此之快，那帮拥护间接统治原则的教条主义者很快就会发现自己完全落伍了，落伍的速度比任何人在几年前能想到的要快得多。"[18] 他们的确落伍了。在一项对帝国治理方式进行再评估的根本行动中，殖民地事务大臣马尔科姆·麦克唐纳在第二次世界大战期间请曾任旁遮普和联合省总督的黑利勋爵对非洲殖民地的状况进行调查，以回答这样一个在当时已经无可回避的问题：间接统治将向何处去？尽管黑利本人难以摆脱自己作为印度王公捍卫者的局限，他给出的答案却是：间接统治将无处可去，因为它一成不变，过于保守，与受过教育的非洲人以及他们的未来没有关联。[19]

因此，如同先前在爱尔兰和印度所做的一样，英国人决定在非洲撤回他们对于传统等级体系的支持，并尝试实现"帝国的民主化"，方法是终结间接统治，建立代议制的地方政府，以及将自己的注意力从乡村

161

酋长转向城市小资产阶级，希望向后者移交权力。[20]这种变化生动地反映在加纳的案例中。英国人在1940年代后期开始与城市中产阶级进行谈判，在这个群体中，约瑟夫·丹夸博士看来将会是领导黄金海岸政府的第一个非洲人。他出身酋长家庭，他的异母兄长纳纳奥福里·阿塔爵士曾任阿散蒂最高酋长（1918年获大英帝国司令勋位，1927年获大英帝国骑士司令勋位）。而到了1950年代初期，马克思主义革命家夸梅·恩克鲁玛成为民族主义者实际上的领袖，英国人（尤其是总督查尔斯·阿登-克拉克爵士）因此决定将他们的精力和支持转移到他身上。但是，如果加纳的独立意味着从北部的阿散蒂酋长们手中夺走权力，并将其交给阿克拉的城市激进派，那么酋长们是无意支持这种独立的；然而，他们被英国人抛弃了。布莱恩·拉平总结道，伦敦"不顾曾受殖民政府支持的传统酋长们的抗议，将独立的主导权交给了现代群众性政党"。[21]同样的情况也发生在其他地方。在尼日利亚，英国人像赶牲口那样，把北方的埃米尔和谢赫们赶进了由南方控制的、以拉各斯为中心的尼日利亚联邦；在乌干达，布干达部落国王从1953年到1955年被放逐出境，以便他的王国可以与国家的其他地方成功整合，从而产生真正的乌干达国家认同。[22]

　　非洲发生的事情一如先前印度和南爱尔兰的情形：独立不止意味着帝国统治的终结，还意味着作为帝国统治的治理方式和表现形式的装饰性殖民政权的终结，以及曾在帝国统治实施当中与之密切合作的社会等级体系的终结。与英国统治下的印度一样，直辖殖民地过去正是以盛大庆典的方式存在的，因此，殖民帝国的终结也恰恰是在一连串告别仪式中完成的。在全球各地一再上演的独立仪式上，效仿1947年蒙巴顿创立的先例，英国国旗最后一次降下，一名王室成员到场观礼，见证着帝国、等级制和君主制的终结。[23]在所有新独立的国家中，如同之前在印度一样，殖民政府的排场、英国派驻的顾问、带羽饰的礼帽、绶带勋章、王室成员雕塑以及帝国日的庆典很快就消失殆尽，取而代之的是西方式政党的中产阶级领袖。这些新兴民族国家多数都加入了英联邦，并因此进一步改变了这个组织的性质。效法印度的先例，这些国家纷纷成为共和国，以此宣示自己对现代性和平等的认同，以及对等级制和传统的拒绝。

　　在这类新国家中，许多都像爱尔兰和印度一样，将这种拒绝进行到底。在乌干达，结束放逐、回到国

内的布干达部落国王穆特萨二世于 1962 年获得大英帝
国骑士司令勋位（他的父亲于 1937 年获封同一勋
位），并于次年成为新独立的乌干达国家的首任总统。
但在 1966 年，他被米尔顿·奥博特和阿明将军结成的
毫不神圣的同盟赶下了台，灰溜溜地流亡国外，并在
3 年后死于伦敦。桑给巴尔素丹的父亲曾接到乔治六
世国王祝贺其王朝持久性的贺信，而就在桑给巴尔于
1963 年 12 月独立后不到一个月的时间，这位素丹就
被非洲人组织的政变推翻；到 1964 年，新政权与尼雷
尔领导的坦噶尼喀达成了全面合并的协议。[24] 马耳他也
发生了一场类似的革命，尽管过程是相对和平的。在
斯特里克兰勋爵 1940 年死后，他的政治衣钵由他令人
生畏的女儿梅布尔继承。但在非殖民化和独立的时
代，她强烈的亲英立场在岛上支持者寥寥，权力进而
转移到工党领袖多姆·明托夫手中，后者推动马耳他
于 1964 年获得独立，并在 10 年后成为共和国。当梅
布尔·斯特里克兰在 1988 年去世时，她的家族已不再
是马耳他的一股政治势力，她所出身的那个英国化的
马耳他贵族世界在她生前便已消亡。[25]

几乎相同的情形也发生在中东地区，在这里，由
英国人所创造或培植的当地君主国与英国之间的联盟

破裂了，人民最终战胜了"老爷"，民族主义者最终战胜了帝国。[26] 但是，具体情况又不完全一样，在帝国撤退和内部权力转移的大框架下，各地的情形存在显著差异。在爱尔兰、印度和非洲大部分地区，英国人认清了变革之风①的风向，基本上抛弃了当地的权贵、王公或酋长，转而注意拥立中产阶级民族主义者，并最终将权力转交给民族主义领袖（而且为此大大松了一口气）。在埃及、约旦和伊拉克，变革之风不但同样吹起，而且更为猛烈，但英国人对此却无力适应。他们在众人眼中与当地王公贵族结合得过于紧密，无法与新一代的民族主义领袖建立联系，后者则越发转向莫斯科寻求意识形态资源和政治启迪。争取中产阶级和劳动阶级努力的失败，意味着英国人除了继续支持"旧政权"之外别无选择，即便他们已经看清：这类人现在属于"错误的合作对象"，这种政策在非殖民化时代属于错误的政策。正如欧内斯特·贝文承认的那样，王公贵族们"无法应对革命的形势，将会被扫除干净"。[27]

---

① 变革之风（winds of change）：英国首相哈罗德·麦克米伦（Harold Macmillan）1960 年访问非洲的英联邦国家和英国殖民地期间，于 2 月在南非议会演讲，将当时非洲民族意识的觉醒形容为"变革之风"，此后英国国内一般以"变革之风"指代不可阻挡的殖民地民族解放潮流。

就在贝文离开外交部不久，他的预言便得到充分的、暴力性的验证：各国的旧政权在阿拉伯民族主义的全面攻势面前纷纷退却，它们的英国盟友则被彻底排除出局。在埃及，法鲁克国王在群众抗议浪潮中被迫撤换他的首相纳哈斯帕夏，他自己也在1952年被军事政变推翻。领导政变的贾迈勒·阿卜杜勒·纳赛尔上校决心清除落后的社会结构和英国对埃及的控制，并把他眼中的帝国主义走狗从大阿拉伯世界中清理出去。在接下来4年里，他的绝大部分目标都达到了：他将国王驱逐到意大利，将英国驻军赶出埃及，宣告埃及共和国成立，还将苏伊士运河收归国有。[28] 在约旦，阿卜杜拉国王于1951年遇刺身亡，他的儿子塔拉勒在位仅仅一年，就被公认为精神不稳定、无法接替乃父之位。阿卜杜拉的孙子、年轻的国王侯赛因[①]发现，自己很难保住王位，而唯一能安抚民族主义运动的办法，是与大英帝国拉开距离，与埃及和沙特阿拉伯建立更紧密的联系，并于1956年将阿拉伯军团的英国军官解职，其中包括自1939年起担任军团司令的约翰·格拉布爵士。伊拉克则在1958年7月发生了一场

---

① 侯赛因（Hussein，1935—1999）：约旦国王阿卜杜拉一世之孙，塔拉勒之子，1952—1999年为约旦国王。

由阿卜杜勒-卡里姆·卡塞姆领导的"亲纳赛尔、反西方的政变"，年轻的国王费萨尔二世、前摄政阿卜杜勒·伊拉和首相努里帕夏被残忍杀害，新成立的共和国政府扫除了"一个顽固的贵族阶层"和旧的社会秩序。[29]

166　　在英国将其对中东的控制扩展到历史最大范围后仅仅十年，贝都因式的浪漫主义就在汹涌的泛阿拉伯民族主义浪潮面前垮台了。此后，英国靠着谢赫们的合作在中东维持的最后几个堡垒也很快失守。在亚丁，英国人实施支持当地王公对抗城市民族主义者的印度式策略，但效果并不比在这种策略的发源地更好。面对受到埃及和北也门①支持的民族解放阵线，英国人无计可施，放弃了他们此前对谢赫和素丹们的支持；在与民族主义者关于独立方案的谈判破裂之后，英国人在1967年以一种"帝国终结过程中最狼狈的方式"耻辱地撤走，连仓库都没来得及清空。随后，南也门民主人民共和国成立了。[30] 从1961年到1971年，以科威特开始，以巴林和卡塔尔告终，英国人推开了海湾地区剩下的几个盟友，从这些酋长国撤

---

　　① 北也门（North Yemen）：指当时的阿拉伯也门共和国，位于今也门西北部，1990年与南也门（也门民主人民共和国）实现统一，成立也门共和国。

出了自己的驻员和军队。中东地区从未举行过那种彰
显最后尊荣的独立和撤退仪式，而无论英国老爷们和
贝都因首领们曾有过怎样的兄弟情谊，没有一个阿拉
伯国家在独立后加入英联邦。[31]

综上所述，在短短一代人的时间里，整个帝国的
等级体系——弗吉尼亚·伍尔夫笔下的"种种事
物"——就迅速瓦解消失了。那种横跨全球的、连贯
有序的统治愿景，曾经是英国人及其合作者所努力维
持和投射的，到此时已经以极快的速度消散了。1903
年，寇松曾经禁止在他主办的那场盛大杜尔巴大会上
演唱《基督教士兵向前进》这首歌曲，因为歌词中包
含"王冠宝座终消失，王国兴起复衰落"这样的句
子，这对于一个信仰帝国的等级制和永久性的人来说
是带有颠覆性质的。[32]在随后的70年中，歌词描绘的
情形真实发生了。大英帝国的主题是主从、同质、复
制和类比，而英联邦的主题则是平等、多元、对英国
统治地位的拒绝和对成员国自主性的强调。因此，当
"帝国日"在1958年改名为"英联邦日"时，人们知
道改变的绝不仅是一个名字而已。尽管某些虔敬和迂
腐的观点对此有不同意见，但处于"后英国时代"的

167

"去英国化"的英联邦，绝不是帝国的延伸，而是帝国的反面（甚至是对帝国的否定）；这是一个由秘书长主持运作的、致力于推进平等的自愿组织，而不是一个由国王兼皇帝统领的、致力于维护等级制的强制组织。[33]

这种转变，同样反映在帝国荣誉体系的进一步缩编、解体和声望跌落的过程中，这一过程比早先在爱尔兰和印度发生的类似过程要缓慢，但累加起来则达到了相似的效果。从 1940 年代后期到 1960 年代中期，由于还有一定数量的殖民地长官职位保留下来，因此还有一些人延续了过去兰斯多恩、寇松、威灵登等人的传统，比如印度副王蒙巴顿勋爵、加拿大总督亚历山大勋爵和澳大利亚总督斯利姆勋爵，都是满载头衔、挂满勋章的人物。[34] 即便到了 1960 年代，还有一些失位的印度王公保有印度之星骑士大司令和印度帝国骑士大司令勋位，比如海德拉巴尼扎姆、迈索尔大君和兰布尔①纳瓦布（马斯喀特和阿曼素丹也在此列）。但是，这些人物越来越被看作大英帝国式浪漫主义政治的遗存。从 1960 年代后期起，英国人几乎不再因为服务于海外帝国而获得荣誉勋位。今天，圣米

---

① 兰布尔（Rampur）：历史上的印度土邦，位于今印度北部。

迦勒和圣乔治骑士团不再包括任何殖民地长官或海外驻员，获得这个骑士团荣誉勋位的已经几乎全部是驻外大使、外交官和其他外交部官员。自 1993 年起，帝国服务勋章不再颁授。今天，很多人认为继续维持"大英帝国骑士团"的名称是一种荒谬的做法，一是因为帝国早已不存在，二是因为骑士团成员中常驻海外的人已经非常少了。[35]

与这些发生在英国的荣典方面的变化同步发生（也是造成此种变化的原因之一）的，是 1945 年以来前自治领国家在对荣典的态度和做法上发生的变化。一方面，帝国的荣誉勋位曾经是渴望得到帝国中心吸纳和认可的自治领居民竞逐的对象，现在则越来越被看成带有侵犯意味的过时符号，象征着英国居高临下的态度和殖民地的从属地位。在第二次世界大战期间和战后，只有极少数海外帝国居民被封为世袭贵族（包括加拿大的本内特、澳大利亚的布鲁斯、新西兰的弗雷堡、罗得西亚的哈金斯和加拿大的汤姆森）；册封澳大利亚的凯西和新西兰的埃尔沃西为终身贵族的做法，对这两个国家的人士来说，既是第一次，也是最后一次。澳大利亚在 1983 年正式取消了一切头衔，而即便是新西兰这个曾经最保守的自治领，也在

168

2000 年采取了同样的措施。[36] 另一方面，从 1960 年代以来，前自治领国家开始颁授本国的荣誉勋章：加拿大勋章在 1967 年创立，澳大利亚勋章在 1975 年设立，新西兰荣誉勋章则创立于 1996 年。[37] 这些勋章忠于此时已在这些国家得到大张旗鼓宣传的"平等传统"，不附带任何头衔，也不附带额外的社会声望。这类拒斥帝国荣誉、创造本国荣誉的做法，也在非洲和亚洲的英国前殖民地得到效仿。

与荣誉等级制的瓦解相伴发生的，是英国的帝国君主制地位的转变和削弱。无论伊丽莎白二世女王以何等严肃的态度对待自己英联邦元首的角色，与帝国鼎盛时期相比，温莎王朝在英国以外地方的分量都不可避免地减轻了。标志之一是，出身王室的殖民地长官消失不见，派往海外的迪斯雷利式的等级制和君主制偶像不复存在。诚然，蒙巴顿勋爵是国王兼皇帝的表弟，但他于 1947 年被派往印度，是去终结英印当局的，而不是去维持其运转的。他迅速、冷酷、不带感情地完成了使命，选择站在民众而非王公一边（与李顿勋爵相反）。随后，当老自治领决定挑选本国人士担任总督，加拿大、澳大利亚、新西兰和南非总督的显赫职位便不再对英国王室成员开放了——即便对查尔斯王子①也是一样。算上较低级别的殖民地长官职务，最后一个出任帝国显要职务的"准王室成员"是在 1958 年到 1966 年担任澳大利亚昆士兰州总督的亨利·埃布尔–史密斯爵士。尽管他本人是一介平民，但他的妻子是玛丽·坎布里奇女士，也就是说，他是早先担任过加拿大和南非总督的阿斯隆伯爵的女婿。但这只是一个王朝的结束和一种传统的终结。

　　与此同时，王室成员对前帝国领土的访问活动的规格、重要性、反响和意义也显著减弱了。作为英联邦元首和各个国家各自君主的女王，不再是过去偶像般的国王兼皇帝，不再是统一、秩序和主从关系的象征；航空旅行的出现让此类访问变得更加容易和频繁，但随之而来的熟悉感则又削弱了访问的神秘感和魔力。长达 6 个月乘坐英国战列舰的航行，横跨大陆的豪华专列旅行，充满渴望和期待的民众队伍，殖民地王公贵族和政府官员的谄媚表现，以及新闻媒体克制和尊崇的语调……以上这些早已不见了，就像皇家游轮"不列颠尼亚"号一样；与之一同消失的，还有将君主视为帝国统一和等级制的最高化身的观念。女

170

----

　　① 指今英国国王查尔斯三世（Charles III），1948 年生，伊丽莎白二世长子，2022 年即位，之前为英国王储（威尔士亲王）。

王 1963 年对澳大利亚的访问和 1997 年对印度的访问，只是 1954 年和 1910 年的帝国巡游的苍白倒影，她做客英联邦首脑会议的活动则被刻意安排得十分低调。[38] 的确，这些更为频繁却愈发朴素的皇家访问的主要效果，是反过来提醒加拿大人、新西兰人和澳大利亚人一种反常情况的存在：他们拥有一位不在本国出生的国家元首，平时远在世界另一边的英国。这使得三国的共和主义运动都壮大了。[39]

从这种以等级制的终结作为帝国的终结的叙述中，我们可以得出怎样的结论？第一点是，尽管特罗洛普曾经作出相反的观察和预计，英国的四个前自治领已经与美国越来越像——方式不是效仿 1776 年的先例，进行激烈的政治和社会革命，而是长期缓慢的演化。出现这种情况也并不奇怪：它们作为"新兴"国家，其外在就与美国颇为相似；当英国作为世界大国日渐衰落，而美国则日益强盛，这些国家与美国的相似之处只会进一步发展和深化。与美国相似的是，这些前自治领国家领土广大，某些区域人口较为稠密，但也拥有大片开阔地带和充沛的自然资源。它们同样拥有大量原住民，也都遵循美国民权立法的先例，先

后立法禁止了基于人种或肤色的歧视——加拿大在
1962 年，澳大利亚在 1973 年，新西兰在 1987 年，而
南非的种族隔离则在 1990 年结束。[40] 今天，这些国家 171
将自己视为富有活力、充分平等、政治民主、文化多
元、反等级制的社会（在某些意义上这是真实的，在
另一些意义上则是一种神话），遵循的是美国的范例
而非英国的范例。这些国家作为母国社会秩序的输出
地和复制品的时期，在其历史上所占的长度或许超过
了它们国内批评家能够认可的长度，或者历史学家愿
意接受的长度；不过，这种时期现在已经彻底结
束了。[41]

如果说，前自治领国家是效仿美国，终结了自身
从属帝国时期的政体，放松了自身的等级制社会秩
序，那么，前殖民地国家和前委任统治地国家则是遵
循了与此不同的、由爱尔兰和印度创立的先例。这并
不奇怪，正相反，这种局面的形成，既是符合逻辑
的，也是有迹可循的。与美国和自治领不同的是，直
辖殖民地和委任统治地不是由英国人定居建立的社
会，而仅仅是被英国人占领并通过当地"传统"的社
会结构和精英进行治理的地方。因此，对帝国统治的
拒斥和对"传统"等级体系的颠覆是交织进行的。在

某些前殖民地和前委任统治地国家，这种过程完成得就像在爱尔兰那样彻底。缅甸、苏丹、埃及、伊拉克和也门全都驱除了英国势力、帝国统治和等级制度，建立了人民的共和国，并拒绝成为英联邦成员国。但津巴布韦、尼日利亚、加纳、肯尼亚和乌干达则选择了较为温和的印度模式来完成独立运动和社会革命，并继续留在英联邦内，承认女王作为这个组织的元首的地位。[42]

在与帝国的联系被斩断、社会等级体系被削弱之际，很多原海外帝国的当地人群有充分理由感觉自己遭到了抛弃和背叛。帝国在其鼎盛时期，依赖的是英国人与自治领、印度、殖民地和委任统治地社会精英之间的合作，这是一段长期且互惠的关系，以等级而非肤色为基础。而在这方面，帝国终结的方式与帝国存续的方式又是相通的。在帝国瓦解的过程中，英国的主政者们冷酷无情地认识到，他们现在必须与一般而言出身于社会下层的民族主义领袖打交道——这种短期合作关系再一次以等级因素而非种族因素为基础。[43] 只不过，对居于当地等级体系顶层的传统盟友的拒斥，让很多昔日的权贵感到漂泊无依、孤立无援：爱尔兰、墨尔本和多伦多的旧精英，定居肯尼亚白色

172

高地的英国乡绅，印度土邦王公，非洲和中东的素丹、埃米尔和酋长。"英国绅士、印度王公、大英帝国骑士团的非洲骑士们"，无论肤色如何，大多感到委屈、失望、被辜负。这就像帝国故事的很多其他部分一样，"真正重要的分类"并非种族，而是社会地位。[44]

在帝国的终结中受到波及和削弱的，并不只有身居海外的英国式绅士（无论肤色如何）。正如约翰·达尔文所说的，英国作为"旧帝国体系的继承国"，自身也不得不做出相应的调整。[45]当海外帝国的等级制动摇、倒塌之际，英国国内的等级制，这个曾被海外帝国所模仿和强化的对象，也开始丧失自身的信誉和信念。至少这是年轻的佩里格林·沃斯索恩在1956年的苏伊士惨败①之后提出的观点。他想搞清楚的是："如果连可以统治的帝国都没有了，还保留一个女王兼女皇的意义何在？"他总结道："当英国的阶级体系和一个衰落中的二流国家联系在一起时，这个体系的一切都显得愚蠢和庸俗了。"同一时期，奥特林厄姆勋爵和马尔科姆·马格里奇对于君主制的等级属性的

————————

① 苏伊士惨败：1956年，英法在苏伊士运河危机中迫于美苏等国压力从埃及撤军，对英国殖民体系造成沉重打击，大大加快了英国殖民地独立和大英帝国解体的进程。

抨击，是对上述观点的回应和放大。而这些观点在随后的各种事件中又得到充分证实。当帝国在 1960 年代走向没落，整个装饰主义的文化变成人们奚落、怀疑和鄙薄的对象之后，英国的确（如弗吉尼亚·伍尔夫预见的那样）变成了一个更缺少等级色彩、更缺少"道德感"和更加开放的社会，这一潮流在 1980 年代和 1990 年代得到进一步加强。这种"尊崇感的衰落"和对于既有体制尊敬感的放松，毫无疑问是帝国的失落在英国国内产生的最重要的后果——尽管这是一个庞大、复杂、有待其他历史学家进一步研究的主题。[46]

173　　但部分轮廓已经清晰可见了。在前帝国中心和前帝国外围都同样清楚的一个标志，是对于维多利亚时代全盛期那种迪斯雷利式君主制进行有意识的缩减，与之相关的一整套奢华生活的排场用度——皇家游轮、皇家专列、王室免税待遇和各种王室仪式——已经被大幅压缩降低，以便建立一种精简的后帝国时代的君主制，与当今女王在位期间已经削弱的后帝国时代的英国国力更相匹配。[47]另一个标志，则是贵族从英国国内的权力机构中消失。1951 年至 1964 年的保守党政府，是该党截至当时最平民化的一任政府，但诸如索尔兹伯里侯爵这种希望可以继续保存帝国、治理帝国的贵族和乡绅仍然在其中占据了一席之地。但是，他们的愿望很快便落空了。1950 年代后期和 1960 年代初期既见证了大英帝国的终结，也见证了英国贵族世世代代占据英国和帝国统治权力的地位的终结。这两个过程的同时发生，绝非一种偶然。[48] 今天，英国与其作为帝国中心时期相比，变成了一个更缺少等级色彩的国家与社会，就像前自治领国家与其作为帝国外围的主要组成部分时期相比，变成了更缺少等级色彩的国家与社会一样。应该再次强调，这些趋势的同时发生，绝不只是偶然。无论是在帝国兴起和繁盛的过程中，还是在帝国终结的过程中，帝国历史与英国历史都密不可分。

第十二章　尾声

174　　以上全部都已经是过去式了，因为其所描述的那个等级制帝国的世界——"一个完整的互动体系"——我们已经失去了。[1]但是，它的确消失了吗？我们确实失去它了吗？这两个问题的答案都是：是的，但不完全如此。世事变迁，但仍有幸存者存活下来，仍有遗存物遗留下来。诚然，这个曾兴盛于1850年代至1950年代，并在1897年维多利亚钻禧庆典和1935年乔治五世银禧庆典之间达到顶峰的"广大互联的世界"，已经消失了——恰当反映这一历史性革命事件的，是罗宾·库克在1997年5月就任英国外交大臣后作出的一项曾被媒体报道的决定：将昔日英国殖民地长官和印度王公的肖像从他办公室的墙上摘下。[2]但是，在那些曾是大英帝国属地的地方，无论是帝国中心还是帝国外围，仍有等级制的踪迹可寻——无论是作为结构还是情感，作为制度或是意识形态，而且这些踪迹有时会出现在最令人意想不到的地方。[3]在南亚，无论当年曾受到英印当局和国大党政府怎样的对待，失位的土邦王公还是在一定程度上保留了自己的

财产和地位，其中一些人还以外交官、邦长官、内阁
部长或民意代表的身份继续参与印度的公共生活，而
印度总统身边则环绕着各种当初专门为英国副王创设
的礼器仪仗。[4]

在离印度不远的马来亚，素丹们的境遇比这还要
好，他们挺过了日本的侵略和占领，挺过了左翼游击
队前所未有的袭扰，还挺过了英国当局有意背弃历史
上的条约义务、不再支持他们的做法——简单来说，
英国人是想像早先抛弃印度王公那样抛弃他们。以此
为宗旨，殖民地事务部在 1945 年到 1948 年曾试图建
立一个马来亚联邦，素丹们在其中的权力和地位将受
到极大削弱，而英国则将向其他社会群体移交权力。
不过，与印度不同的是，当地并没有出现要求削减世
袭统治者权力的声音，而素丹们及其臣民的抗议声浪
之大——一如 1930 年代的情形——最终迫使英国人放
弃了阉割他们权力的做法。这之后，经与新兴民族主
义者开展审慎合作，世袭统治者保住了自己的权势，
独立谈判异乎寻常地平稳推进，其间没有发生民族主
义骚乱，素丹们的权位也没有动摇。[5]结果，当马来亚
于 1957 年独立，"保障诸位殿下作为各邦立宪君主的
地位和声望"成为新宪法的关键条款；各邦统治者同

175

意，新国家的君主将由他们互选产生，每届任期 5 年，人选在各邦之间轮换。与英国人为他们设想的一种（注意英国人再次使用的类比）"介于一位 18 世纪的主教和一位世袭的英国郡守之间"的地位相去甚远，他们的权力几乎毫发无损地保留了下来，直到最近。[6]

上述印度和马来亚的不同案例表明，从英国统治下独立，既有可能促使社会等级制和世袭统治者的权力走向终结，也有可能促成对这些事物的维护。介于两个极端之间，旧帝国的某些部分出现了一幅传统社会等级体系和社会认知得以有限存续的图景。曾经由英国建立或保护的文莱、约旦、布干达、汤加、莱索托、科威特、阿曼和斯威士兰等君主国都还在延续；而从尼日利亚（四分之一的内阁成员由酋长担任）到津巴布韦（执政党在地方层面垮台后，胡伊萨酋长的权力得以复兴），酋长威仪和部落认同则继续在曾是英属非洲殖民地的土地上存续（或得到恢复）。[7]这些还不是仅有的标志。在女王最近对加纳的访问中，她在几场杜尔巴大会上接见了阿散蒂酋长们，此情此景绝对会让卢嘉德勋爵感到欣慰；纳尔逊·曼德拉的权威，显然有一部分来源于他作为一名世袭的南方恩古

176

尼小酋长的地位；而上一任英联邦秘书长则是尼日利亚的埃梅卡·阿尼奥库酋长。与此同时，在加拿大和新西兰，因纽特和毛利酋长们得到了相当的关注和尊崇，这是他们的先辈在帝国年代从未得到的。[8]

即便对于英国本身，以及过去的白人定居殖民地而言，作为等级制的帝国也还没有彻底终结，还有一些早应完成的调整工作和姗姗来迟的解体步骤正在进行中——也或许并没有在进行中，因为这些都不是不可避免的。1999 年 11 月，英国上议院中的世袭贵族席位基本都被取消，这一发生在昔日帝国中心的事件，是对土地贵族、不成文宪法传统和伯克式的有机宪政体制的一次毫不含糊的打击，早在 1911 年的《议会法》中就有过预示和承诺。但是，在这两个年份之间的 20 世纪绝大部分时间里，并没发生过什么实质性变化，只要英国还是一个帝国，传统的世袭贵族们就还继续留在传统的上议院中。然而，一旦大英帝国在人们眼中无可挽回地终结了，世袭贵族们便很快随之而去了——确切来说，这发生在香港回归中国两年后。海外最后一个重要的殖民据点的终结，和本土最后一个重要的等级制堡垒的终结，几乎同时发生，这不会是个巧合。目前还出现了对英国的荣誉体系进行全盘检讨和合理化的呼声，毕竟，即便在终结了圣帕特里克骑士团、印度之星骑士团和印度帝国骑士团，并停止授予各种海外经历相关的勋章后，这一体系仍然固执地困在一种维多利亚时代晚期和20世纪早期式的错觉中，其不合理程度是前所未有的。[9]

相同的观点也出现在三个继续以伊丽莎白二世女王为元首的前自治领国家中。的确，她同时分别是加拿大女王、澳大利亚女王和新西兰女王。但是，这几个位置从本质上讲是难以协调的，因为她平时远在世界的另一头，只是偶尔才来访问这几块海外国土；不仅如此，它们还是旧式的帝国君主制的遗存，而不是充满活力、独立自主的国家身份的表达。这些位置还会存在多久？在世袭贵族被赶出英国上议院后，几乎同时发生，但结果似乎相反的是，澳大利亚在一场全民公决中，以55%对45%的多数，保留了女王作为本国元首的地位。一种观点认为，大英帝国基本上和整体上是乡村和农业性质的；而与这种观点相一致的是，澳大利亚君主制最鲜明的支持者来自昆士兰、塔斯马尼亚和西澳大利亚这些城市化水平最低的州，这些支持者严厉批评的对象是住在悉尼、墨尔本和阿德莱德的"葡萄酒共和派"，后者是那些当年从未得到过帝国精英圈子青睐的中产阶级城市居民的后代。不过，尽管传统派在短期内取得了胜利，人们总体的感觉是承认君主制终将结束——不仅在澳大利亚如此，在其他以女王为元首的英联邦国家亦如此。在君主制终结之时，等级制帝国的残余就将消失殆尽。可是，谁能确定这种情况一定会发生？谁又能自信地预言这种情况何时会发生？[10]

与此同时，这样的态度和认知也确实存在于昔日英国和帝国等级制的顶点，即女王个人身上——准确地说，只是部分地存在。她在英联邦首脑会议上恰当地扮演着一个后帝国时代的低调参与者的角色，她默默接受了在她1952年即位时仍然君临帝国的君主威仪的持续萎缩，她在千禧年访问澳大利亚期间，在表达自己对当地人民的美好情感的同时，强调只有他们自己才能决定自己国家的君主制度和宪政体制的未来。在另一方面，她的祖父母和父母曾是印度皇帝和皇后，她喜爱那个属于土地贵族和大地产的传统世界，她对于勋章、制服、奖章、授勋仪式和各种典礼的热情一如她的先辈。身居帝国等级制遗存的顶点，她乐于见到各种事物有序、不变，这是毫不奇怪的。[11] 她生于 1926 年，在乔治五世银禧庆典时已经 9 岁，因此，她也是帝国的孩子，并在 1947 年访问南非期间，借自己 21 岁生日的机会，宣誓自己将把一生奉献给这个帝国。另外，她似乎特别偏爱那些身为大英帝国鼎盛时期属地君主的后代的国家元首，例如已故的约旦国王侯赛因（巴斯名誉骑士大十字、皇家维多利亚名誉骑士大十字、皇家维多利亚颈环获得者）以及文莱素丹（圣米迦勒和圣乔治名誉骑士大十字）和汤加国王（圣米迦勒和圣乔治名誉骑士大十字、皇家维多利亚名誉骑士大十字、大英帝国名誉骑士司令）。

或许更令人惊讶的是，这些传统观点和认知不但在女王身上延续，还在下一代的查尔斯王子身上传承。作为海格罗夫庄园的所有者和庞德伯里新市镇的创立者，他对事物的"自然"秩序深信不疑：无论是在一支部队里还是在一座庄园里，人人应该各安其位，遵循尊崇和等级的原则。[12] 这些关于内部事务的认知和预设也像影响他的祖先那样，影响了他本人对于那些曾是大英帝国属地的国家和民族的看法。他认为，假如乔治三世前往北美做一次访问，13 个殖民地便不会反叛英国，因为殖民地居民将了解到国王为人的正派。他希望遵循他叔公的先例成为澳大利亚总督，在了解到这是很多澳大利亚人不想看到和不会欢迎的情形后，他深感失望。约旦的侯赛因国王逝世后，在圣保罗大教堂举行的追思礼拜上，他在悼词中认为逝者与自己处于平等地位（就像当年那位威尔士亲王认可夏威夷国王的地位一样），认为已故国王的社会等级消解了他们之间的种族差异，"将贝都因阿拉伯人的品质和——在我看来——英国绅士的品质完美结合起来。"大英帝国已经从地图上消失了，但它并没有彻底从人的头脑中消失——在白金汉宫和其他地方，它留下的等级制情绪和某些结构仍在延续。[13]

注释

缩写

注释中的缩写及其含义：

AHR   *American Historical Review*

AHS   *Australian Historical Studies*

CSSH   *Comparative Studies in Society and History*

HJ   *Historical Journal*

JBS   *Journal of British Studies*

JICH   *Journal of Imperial and Commonwealth History*

JMRAS   *Journal of the Malaysian Branch of the Royal Asiatic Society*

MAS   *Modern Asian Studies*

OHBE   W. R. Louis (ed.), *The Oxford History of the British Empire*, 5 vols. :

  i   N. Canny (ed.), *The Origins of Empire* (Oxford, 1998)

  ii   P. J. Marshall (ed.), *The Eighteenth Century* (Oxford, 1998)

  iii   A. N. Porter (ed.), *The Nineteenth Century* (Oxford, 1999)

  iv   J. M. Brown and W. R. Louis (eds.), *The Twentieth Century* (Oxford, 1999)

  v   R. W. Winks (ed.), *Historiography* (Oxford, 1999)

P&P   *Past and Present*

TRHS   *Transactions of the Royal Historical Society*

W&MQ   *William and Mary Quarterly*

我并未列出详细的进阶阅读书目,因为本书的引用列表就构成了一份连贯的书单。每部著作在各章注释中首次出现时,我将列明其完整信息。

前言

1. For the dates of independence, and a list of the very few colonies remaining, see W. D. McIntyre, *British Decolonization, 1946-1997* (London, 1998), pp. ix-x; A. H. M. Kirk-Greene, *On Crown Service: A History of HM Colonial and Overseas Civil Services, 1837-1997* (London, 1999), pp. 81, 91.

2. *OHBE* v gives an admirably full account.

3. D. Cannadine, "The Empire Strikes Back", *P & P*, no. 147 (1995), pp. 180-84. There was also a debased version of the ethos of religion and duty, for which see R. Hyam, *Empire and Sexuality: The British Experience* (Manchester, 1990).

4. A. B. Keith, *The Sovereignty of the British Dominions* (Oxford, 1929); K. C. Wheare, *The Statute of Westminster and Dominion Status* (Oxford, 1938).

5. P. N. S. Mansergh, *The Commonwealth Experience* (London, 1969).

6. D. K. Fieldhouse, "Can Humpty-Dumpty be Put Together Again?", *JICH*, xii (1984), pp. 9-23; B. R. Tomlinson, "'The Contraction of England': National Decline and the Loss of Empire", *JICH*, xi (1982), pp. 58-72; D. A. Low, "*The Contraction of England*" (Cambridge, 1984).

7. D. Kennedy, "Imperial History and Post-Colonial Theory", *JICH*, xxiv (1996), pp. 345-63.

8. A. G. Hopkins, "Development and the Utopian Ideal, 1960-1999", in *OHBE* v, pp. 647-9.

9. A. G. Hopkins, *The Future of the Imperial Past* (Cambridge, 1997); *idem*, "Back to the Future: From National History to Imperial History", *P & P*, no. 164 (1999), pp. 198-220.

10. *OHBE* i-v; B. Porter, "An Awfully Big Colonial Adventure", *TLS*, 14 January 2000, pp. 4-5; G. Johnson, "Watching the Sun Go

Down", *The Higher*, 10 March 2000, pp. 24−5.

11. P. Buckner, "Whatever Happened to the British Empire?", *Journal of the Canadian History Association*, new ser. , iv (1993), pp. 3 − 32; C. A. Bayly, "Returning the British to South Asian History: The Limits of Colonial Hegemony", *South Asia*, xvii (1994), pp. 1−25. For an honourable (and strangely neglected) exception, who sought explicitly to link British and imperial history, see A. P. Thornton, *The Imperial Idea and Its Enemies: A Study in British Power* (London, 1959); *idem, The Habit of Authority: Paternalism in British History* (London, 1966).

12. For a pioneering example, never fully followed up, see A. Briggs's chapter on Melbourne in *Victorian Cities* (Harmondsworth, 1968), pp. 277−310.

13. J. A. Schumpeter, *Imperialism and Social Classes* (Oxford, 1951). See also J. Darwin, "Civility and Empire", in P. Burke, B. Harrison, and P. Slack (eds.), *Civil Histories: Essays Presented to Sir Keith Thomas* (Oxford, 2000), pp. 321−6.

14. On the need "to see connections between things", see, as well as the first epigraph to this book, also S. Marks, "History, the Nation and Empire: Sniping from the Periphery", *History Workshop*, no. 29 (1990), pp. 114−16; A. L. Stoler, *Race and the Education of Desire: Foucault's History of Sexuality and the Colonial Order of Things* (London, 1995), pp. xi-xii.

15. H. Liebersohn, " Discovering Indigenous Nobility: Tocqueville, Chamisso, and Romantic Travel Writing", *AHR*, lxxxxix (1994), p. 749; L. H. Guest, "Curiously Marked: Tattooing, Masculinity, and Nationality in Eighteenth−Century British Perceptions of the South Pacific", in J. Barrell (ed.), *Painting and the Politics of Culture: Nine Essays on British Art, 1700−1850* (Oxford, 1992), p. 101. For other discussions of these similar-dissimilar polarities, see: T. Todorov, *The Conquest of America: The Question of the Other* (New York, 1992), p. 42; M. Malia, *Russia Under Western Eyes: From the Bronze Horseman to the Lenin Mausoleum* (Cambridge, Mass. , 1999), pp. 6−7.

16. P. J. Marshall, "*A Free Though Conquering People*": *Britain and*

Asia in the Eighteenth Century (London, 1981), p. 2; *idem*, "Imperial Britain", *JICH*, xxiii (1995), PP. 379-94; Hopkins, "Back to the Future", pp. 207-8, 214-20.

第一部分 起点
第一章 序幕

1. B. Anderson, *Imagined Communities: Reflections on the Origin and Spread of Nationalism* (London, 1983); E. J. Hobsbawm and T. O. Ranger (eds.), *The Invention of Tradition* (Cambridge, 1983).

2. J. Morris, *Pax Britannica: The Climax of an Empire* (London, 1968), p. 9; R. Hyam, *Britain's Imperial Century, 1815-1914* (London, 1976), p. 15; A. J. Stockwell, "Power, Authority and Freedom", in P. J. Marshall (ed.), *The Cambridge Illustrated History of the British Empire* (Cambridge, 1996), pp. 154-6.

3. E. Hinderaker, "The 'Four Indian Kings' and the Imaginative Construction of the First British Empire", *W & MQ*, 3rd ser. , liii (1996), p. 487.

4. M. Malia, *Russia Under Western Eyes: From the Bronze Horseman to the Lenin Mausoleum* (Cambridge, Mass. , 1990), p. 9.

5. D. A. Washbrook, "Economic Depression and the Making of 'Traditional' Society in Colonial India, 1820 - 1855 ", *TRHS*, 6th ser. , iii (1993), p. 239; E. W. Said, *Orientalism: Western Conceptions of the Orient* (Harmondsworth, 1995 edn.). For the most well-grounded historical critiques of the Said thesis, see J. M. MacKenzie, *Orientalism: History, Theory and the Arts* (Manchester, 1995); D. A. Washbrook, "Orients and Occidents: Colonial Discourse Theory and the Historiography of the British Empire", in *OHBE* v, pp. 596 - 611. This contrast between an "egalitarian" west and a "hierarchical" orient has also been made by L. Dumont, *Homo Hierarchicus: The Caste System and Its Implications* (Chicago, 1991). See S. Barnett, L. Fruzzetti and A. Stor, "Hierarchy Purified: Notes on Dumont and His Critics", *Journal of Asian Studies*, xxxv (1976), pp. 627-46.

6. D. Cannadine, *Class in Britain* (London, 1998); *idem*, "Beyond

Class? Social Structures and Social Perceptions in Modern England", *Proceedings of the British Academy*, xcvii (1997), pp. 95−118.

7. G. W. Stocking, *Race, Culture and Evolution: Essays in the History of Anthropology* (Chicago, 1982), p. 45; K. Malik, *The Meaning of Race: Race, History and Culture in Western Society* (London, 1996), pp. 5−6.

8. V. Kiernan, *The Lords of Human Kind: European Attitudes towards the Outside World in the Imperial Age* (London, 1969); A. Pagden, *Lords of All the World: Ideologies of Empire in Spain, Britain and France, c. 1500 − c. 1800* (London, 1995); P. J. Marshall and G. Williams, *The Great Map of Mankind: British Perceptions of the World in the Age of Enlightenment* (London, 1982); C. A. Bayly, *Imperial Meridian: The British Empire and the World, 1780 − 1830* (London, 1989), pp. 147 − 55, 222; T. R. Metcalf, *Ideologies of the Raj* (Cambridge, 1995), pp. 30−34.

9. Hyam, *Britain's Imperial Century*, pp. 37 − 40, 78 − 85, 156 − 62; Lord Cromer, *Political and Literary Essays, 1908 − 1913* (Freeport, NY, 1969 edn.), pp. 12−14, 40−43.

10. P. J. Marshall, "Imperial Britain", *JICH*, xxiii (1995), p. 385; *idem*, "Britain without America−A Second Empire?", in *OHBE* ii, pp. 591−2; A. N. Porter, "Introduction", in *OHBE* iii, pp. 21−5. For similar views, see J. Harris, *Private Lives, Public Spirit: A Social History of Britain, 1870−1914* (Oxford, 1993), pp. 6, 234−5; A. Marwick, *Class: Image and Reality in Britain, France and the USA since 1930* (London, 1980), p. 30.

11. A. Briggs, *Victorian Cities* (Harmondsworth, 1968), pp. 62 − 4, 313−16; G. Stedman Jones, *Outcast London: A Study in the Relationship between the Classes in Victorian Society* (Oxford, 1971); G. Himmelfarb, *The Idea of Poverty: England in the Early Industrial Age* (London, 1984), pp. 307−70; Malik, *The Meaning of Race*, pp. 92−100; M. J. Daunton and R. Halpern, "Introduction: British Identities, Indigenous Peoples, and the Empire", and C. A. Bayly, "The British and Indigenous Peoples, 1760−1860: Power, Perception and Identity", both in M. J. Daunton and R. Halpern (eds.), *Empire and Others: British Encounters with Indigenous Peoples, 1600−1850* (London, 1999), pp. 12, 33.

12. K. O. Kupperman, *Settling with the Indians: The Meeting of English*

and Indian Cultures in America, *1580–1640* (Totowa, NJ, 1980), pp. vii, 2–5, 35–8, 47–54, 120–27, 143–8.

13. This argument has been well made for the first half of the nineteenth century by D. Lorimer, *Colour*, *Class and the Victorians*: *Attitudes to the Negro in the Mid-Nineteenth Century* (Leicester, 1978), esp. pp. 67–8. But it underestimates the extent to which later Victorians persisted in seeing coloured people in this way. See B. Brereton, *Race Relations in Colonial Trinidad*, *1870–1900* (Cambridge, 1979), p. 211; J. Fingard, "Race and Respectability in Victorian Halifax", *JICH*, xx (1992), pp. 169–95.

14. P. Magnus, *King Edward the Seventh* (Harmondsworth, 1967), pp. 217–88. For an earlier instance of the prince of Wales's encounter with ruling monarchs, see F. Harcourt, "The Queen, the Sultan and the Viceroy: A Victorian State Occasion", *The London Journal*, v (1979), pp. 35–56.

15. Malia, *Russia Under Western Eyes*, pp. 36–9. P. Mason, *Prospero's Magic*: *Some Thoughts on Class and Race* (London, 1962), p. 4, also noted the "tacit alliance across a race barrier between top people". See below, pp. 123–6.

16. H. Spurling, "Paul Scott: Novelist and Historian", in W. R. Louis (ed.), *Adventures with Britannia*: *Personalities*, *Politics and Culture in Britain* (London, 1995), pp. 35–6; M. Gorra, *After Empire*: *Scott*, *Naipaul*, *Rushdie* (Chicago, 1997), pp. 35–6. In this regard, it is also worth noting this Colonial Office confidential memorandum on appointments: "He must above all not be infected with racial snobbery. Colour prejudice in the colonial civil servant is the one unforgivable sin. ": A. H. M. Kirk-Greene, *On Crown Service*: *A History of HM Colonial and Overseas Civil Services*, *1837–1997* (London, 1999), p. 99. There was also, of course, a third imperial hierarchy, built around gender. For a suggestive discussion of the interrelatedness on these class, race and gender hierarchies, see A. McClintock, *Imperial Leather*: *Race*, *Gender and Sexuality in the Colonial Contest* (London, 1995), pp. 4–9.

17. Kupperman, *Settling with the Indians*, p. 4.

18. P. J. Marshall, "Empire and Authority in the Later Eighteenth Century", *JICH*, xv (1987), pp. 105–22.

第二章　先驱

1. A. P. Thornton, *The Habit of Authority: Paternalism in British History* (London, 1966); D. Roberts, *Paternalism in Early Victorian England* (New Brunswick, NJ, 1979); D. Cannadine, *The Decline and Fall of the British Aristocracy* (London, 1990), pp. 8–24.

2. J. G. A. Pocock, "The Limits and Divisions of British History: In Search of the Unknown Subject", *AHR*, lxxxvii (1982), pp. 311–36; D. Armitage, "Greater Britain: A Useful Category of Historical Analysis?", *AHR*, civ (1999), pp. 427–43; N. Canny, "Writing Atlantic History; or, Reconfiguring the History of Colonial British America", *Journal of American History*, lxxxvi (1999), pp. 1, 093–1, 114.

3. C. Barnett, *The Collapse of British Power* (London, 1972), pp. 74–5; T. R. Metcalf, *Ideologies of the Raj* (Cambridge, 1995), p. 54; A. J. Stockwell, "Power, Authority and Freedom", in P. J. Marshall (ed.), *The Cambridge Illustrated History of the British Empire* (Cambridge, 1996), p. 173; P. J. Marshall, "Introduction", in *OHBE* ii, p. 16; W. R. Louis, "Introduction", in *OHBE* iv, p. 7; R. E. Robinson, "Imperial Theory and the Question of Imperialism after Empire", *JICH*, xii (1984), p. 45. Though it ought also to be said that before 1848, this difference would have been much less clear: see M. Taylor, "The 1848 Revolutions and the British Empire", *P & P*, no. 166 (2000), pp. 146–80.

4. L. Hartz et al., *The Founding of New Societies: Studies in the History of the United States, Latin America, South Africa, Canada and Australia* (New York, 1969); W. H. McNeill, *The Great Frontier: Freedom and Hierarchy in Modern Times* (Princeton, NJ, 1983); H. Temperley, "Frontierism, Capital, and the American Loyalists in Canada", *Journal of American Studies*, xiii (1979), pp. 5–27.

5. F. G. Hutchins, *The Illusion of Permanence: British Imperialism in India* (Princeton, NJ, 1967), pp. vii–xiv; Metcalf, *Ideologies of the Raj*, pp. ix–x.

6. W. M. Elofson and J. A. Woods (eds.), *The Writings and Speeches of*

Edmund Burke, vol. iii, *Party, Parliament and the American War, 1774–1780* (Oxford, 1996), pp. 267–8, 365. For similar hostile views on the part of the settlers, see G. B. Nash, "The Image of the Indian in the Southern Colonial Mind", *W & MQ*, 3rd ser., xxix (1972), pp. 197–230; J. O' Brien, " 'They are So Frequently Shifting Their Place of Residence' : Land and the Construction of Social Place of Indians in Colonial Massachusetts", in M. J. Daunton and R. Halpern (eds.), *Empire and Others: British Encounters with Indigenous Peoples, 1600–1850* (London, 1999), pp. 204–16.

7. E. Hindraker, "The 'Four Indian Kings' and the Imaginative Construction of the First British Empire", *W & MQ*, 3rd ser., liii (1996), pp. 487–526; D. C. Richter, "Native Peoples of North America and the Eighteenth–Century British Empire", in *OHBE* ii, pp. 358–9.

8. A. D. Kriegel, "A Convergence of Ethics: Saints and Whigs in British Anti–Slavery", *JBS*, xxvi (1987), pp. 441, 449; D. Brion Davis, *The Problem of Slavery in the Age of Revolution, 1770–1823* (Ithaca, NY, 1975), p. 377; C. A. Bayly, "The British and Indigenous Peoples, 1760–1860: Power, Perception and Identity", in Daunton and Halpern, *Empire and Others*, pp. 19–41.

9. M. J. Braddick, "The English Government, War, Trade and Settlement, 1625–1688", in *OHBE* i, p. 297; R. M. Weir, " 'Shaftesbury's Darling' : British Settlement in the Carolinas at the Close of the Seventeenth Century", in *OHBE* i, p. 375; R. R. Johnson, "Growth and Mastery: British North America, 1690–1748 ", in *OHBE* ii, pp. 290–91; D. Cannadine, *Class in Britain* (London, 1998), pp. 35–7.

10. Sir I. de la Bere, *The Queen's Orders of Chivalry* (London, 1964), pp. 174–5; J. R. Hill, "National Festivals, the State and Protestant Ascendancy in Ireland, 1790–1829 ", *Irish Historical Studies*, xxiv (1984), pp. 30–51 C. A. Bayly, *Imperial Meridian: The British Empire and the World, 1780–1830* (London, 1989), p. 196; E. Brynn, *Crown & Castle: British Rule in Ireland, 1800–1830* (Dublin, 1978), pp. 20–30, 96–112; R. B. McDowell, *The Irish Administration, 1801–1914* (London, 1964), pp. 52–6.

11. J. Thurston, " 'The Dust of Toryism': Monarchism and Republicanism in Upper Canadian Travel and Immigration Texts", *Journal of Canadian Studies*, xxx (1996), p. 80; Thornton, *Habit of Authority*, pp. 139-44.

12. G. Martin, *Bunyip Aristocracy: The New South Wales Constitution Debate of 1853 and Hereditary Institutions in the British Colonies* (Beckenham, 1986), pp. 3, 18-27; Bayly, *Imperial Meridian*, pp. 111-12, 135, 196-206; P. J. Marshall, "British North America, 1760-1815", in *OHBE* ii, pp. 384-5, 391. For South Africa at this time, see R. Ross, *Status and Respectability in the Cape Colony, 1750-1870: A Tragedy of Manners* (Cambridge, 1999), pp. 9-69.

13. D. M. Peers, " 'That Habitual Nobility of Being': British Officers and the Social Construction of the Bengal Army in the Early Nineteenth Century", *MAS*, xxv (1991), pp. 548-9: "The use of class in British India in the early nineteenth century, as befitted an officer corps drawn largely from rural England, was one of natural orders and ranks in society. Class, and therefore caste, for such individuals was largely understood to be occupational and hereditary, organic and unchanging. This was a vision of social ordering which harked back to an idealized eighteenth-century rural Britain and which came to be used as a means of coming to grips with Indian social structures in such a way as to meet administrative requirements. " See also B. S. Cohn, "Notes on the History of the Study of Indian Society and Culture", in M. Singer and B. S. Cohn (eds.), *Structure and Change in Indian Society* (Chicago, 1968), pp. 6-11; N. Dirks, "Castes of Mind", *Representations*, no. 37 (1992), pp. 61-6.

14. B. Stein, *Thomas Munro: The Origins of the Colonial State and His Vision of Empire* (New Delhi, 1989), p. 127.

15. Metcalf, *Ideologies of the Raj*, pp. 20-21; M. H. Fisher, "The Resident in Court Ritual, 1764-1858", *MAS*, xxiv (1990), pp. 419-58; British Library India Office Library MS, Home Misc. /104, f. 409.

16. Bayly, *Imperial Meridian*, pp. 111, 209-16; T. R. Metcalf, *An Imperial Vision: Indian Architecture and Britain's Raj* (London, 1989), p. 13.

17. R. E. Robinson, "European Imperialism and Indigenous Reactions

in British West Africa, 1880-1914", in H. L. Wesseling (ed.), *Expansion and Reaction* (Leiden, 1978), p. 145.

18. N. Penny (ed.), *Reynolds* (London, 1986), pp. 271-2; B. Smith, *European Vision and the South Pacific* (2nd edn. , London, 1985), pp. 81-2, 114-16; *idem*, *Imagining the Pacific: In the Wake of the Cook Voyages* (London, 1992), pp. 45-6.

19. E. M. Weeks, "About Face: Sir David Wilkie's Portrait of Mehemet Ali, Pasha of Egypt", in J. F. Codell and D. Sachko Macleod (eds.), *Orientalism Transposed: The Impact of the Colonies on British Culture* (Aldershot, 1998), pp. 46 – 62; T. C. McCaskie, "Cultural Encounters: Britain and Africa in the Nineteenth Century", in *OHBE* iii, p. 675. For British admiration for other native African rulers, such as Cetewayo and Lobenguala, see C. Bolt, *Victorian Attitudes to Race* (London, 1971), pp. 144-7, 151-2.

20. Bayly, *Imperial Meridian*, p. 112; J. Benyon, "Overlords of Empire? British 'Proconsular Imperialism' in Comparative Perspective", *JICH*, xix (1991), p. 187; D. Cannadine, *Aspects of Aristocracy: Grandeur and Decline in Modern Britain* (London, 1994), pp. 29-32.

21. K. Steele, "The Anointed, the Appointed and the Elected: Governance of the British Empire, 1689 – 1794", in *OHBE* ii, p. 105; T. Falola and A. D. Roberts, "West Africa", in *OHBE* iv, p. 518.

22. R. S. Dunn, "The Glorious Revolution and America", in *OHBE* i, p. 455; R. L. Bushman, *King and People in Provincial Massachusetts* (Chapel Hill, NC, 1985); I. K. Steele, "The Empire and Provincial Elites: An Interpretation of Some Recent Writings on the English Atlantic, 1675 – 1740", in P. J. Marshall and G. Williams (eds.), *The British Atlantic Empire before the American Revolution* (London, 1980), p. 2.

23. L. J. Colley, "The Apotheosis of George III: Loyalty, Royalty and the British Nation, 1760-1820", *P & P*, no. 102 (1984), pp. 94 – 129; *idem*, *Britons: Forging the Nation, 1707-1837* (London, 1992), pp. 194-236; Bayly, *Imperial Meridian*, pp. 111 – 12. This subject will be further treated by C. Janigo, "Cultural Politics: Ceremony, Celebration and the Crown in Canada, 1763-1867" (University of Alberta, Ph. D. , forthcoming).

24. Hartz, *Founding of New Societies*, pp. 3 – 10; Temperley, "Frontiersmen, Capital, and the American Loyalists", pp. 9, 11; Hutchins, *Illusion of Permanence*, pp. 1 – 78; Metcalf, *Ideologies of the Raj*, pp. 28 – 43. The two classic books that originally advanced this interpretation were E. T. Stokes, *The English Utilitarians and India* (London, 1959); A. T. Embree, *Charles Grant and British Rule in India* (New York, 1962).

25. R. E. Robinson and J. A. Gallagher with A. Denny, *Africa and the Victorians: The Official Mind of Imperialism* (London, 1961), pp. 1 – 5; A. J. Stockwell, "British Expansion and Rule in South East Asia", in *OHBE* iii, p. 374. As such, Raffles and Palmerston embraced the alternative views of native chiefs as ugly and stupid primitives that had underlain very different images of Omai from that popularized by Reynolds. See Smith, *European Vision and the South Pacific*, pp. 82, 144 – 5; L. H. Guest, "Curiously Marked: Tattooing, Masculinity, and Nationality in Eighteenth – Century British Perceptions of the South Pacific", in J. Barrell (ed.), *Painting and the Politics of Culture: New Essays on British Art, 1700 – 1850* (Oxford, 1992), pp. 102–6, 111–14.

26. P. J. Marshall, "Empire and Authority in the Later Eighteenth Century", *JICH*, xv (1987), p. 112; D. Cannadine, "The Context, Performance and Meaning of Ritual: The British Monarchy and the ' Invention of Tradition ', c. 1820–1977", in E. J. Hobsbawm and T. O. Ranger (eds.), *The Invention of Tradition* (Cambridge, 1983), pp. 109, 117–18. Schemes to establish cadet branches of the British monarchy in the colonies also came to nothing: Martin, *Bunyip Aristocracy*, pp. 30, 174, 177, 188–9.

27. C. A. Bayly, *Indian Society and the Making of the British Empire* (Cambridge, 1987), p. 158; D. A. Washbrook, "India, 1818–1860: The Two Faces of Colonialism", in *OHBE* iii, pp. 412–51.

28. Bayly, *Imperial Meridian*, pp. 133–4; Marshall, "Empire and Authority in the Later Eighteenth Century", p. 106.

29. G. Watson, *The English Ideology: Studies in the Language of Victorian Politics* (London, 1973), p. 174.

第二部分　各地图景
第三章　自治领

1. G. S. R. Kitson Clark, *An Expanding Society：Britain，1830 - 1900*（Cambridge，1967），pp. 5-7；A. G. Hopkins，"Back to the Future：From National History to Imperial History"，*P & P*，no. 164（1999），pp. 218-19，235-6；D. McCaughey，N. Perkins and A. Trumble，*Victoria's Colonial Governors，1839-1900*（Melbourne，1993），p. 8.

2. A. N. Porter，"Introduction"，in *OHBE* iii，pp. 22-3.

3. O. P. Dickason，*Canada's First Nations：A History of Founding Peoples from the Earliest Times*（London，1992）；G. Martin，"Canada from 1815"，in *OHBE* iii，p. 533；D. Denoon with M. Wyndham，"Australia and the Western Pacific"，in *OHBE* iii，pp. 563 - 4；A. G. L. Shaw，"British Policy towards the Australian Aborigines，1830-1850"，*AHS*，xxv（1992-3），pp. 265-85；T. Clarke and B. Galligan，"'Aboriginal Native'：and the Institutional Construction of the Australian Citizen"，*AHS*，xxvi（1994-5），PP. 523-43；R. Dalziel，"Southern Islands：New Zealand and Polynesia"，in *OHBE* iii，pp. 578-82；J. Belich，*The New Zealand Land Wars and the Victorian Interpretation of Racial Conflict*（Oxford，1986）；C. Ornge，*The Treaty of Waitangi*（Wellington，1987）.

4. A. N. Porter，"Trusteeship，Anti-Slavery and Humanitarianism"，in *OHBE* iii，p. 213；C. Saunders and I. R. Smith，"Southern Africa，1795-1910"，in *OHBE* iii，pp. 598-603，621-2；S. Marks，"Southern Africa"，in *OHBE* iv，p. 552；A. Bank，"Losing Faith in the Civilizing Mission：The Premature Decline of Humanitarian Liberalism at the Cape，1840-1860"，in M. J. Daunton and R. Halpern（eds. ），*Empire and Others：British Encounters with Indigenous Peoples，1600-1850*（London，1999），pp. 364-83.

5. G. Martin，*Bunyip Aristocracy：The New South Wales Constitution Debate of 1853 and Hereditary Institutions in the British Colonies*（Beckenham，1986），p. 196；W. D. Rubinstein，"The End of 'Old Corruption' in Britain，1780-1860"，*P & P*，no. 101（1983），pp. 55-86；P. Harling，*The Waning of "Old Corruption"：Politics and Economic Reform in Britain，1779-1846*（Oxford，1996）.

6. J. B. Hirst, *Convict Society and Its Enemies: A History of Early New South Wales* (Sydney, 1983), pp. 150–68; G. C. Bolton, "The Idea of a Colonial Gentry", *Historical Studies*, xiii (1968), p. 318; Martin, *Bunyip Aristocracy*, pp. 66–7.

7. P. deServille, *Pounds and Pedigrees: The Upper Class in Victoria, 1850–1880* (Melbourne, 1991); D. van Dissel, "The Adelaide Gentry, 1850–1920", in E. Richards (ed.), *The Flinders History of South Australia: Social History* (Adelaide, 1992), pp. 333–68; H. Reynolds, " 'Men of Substance and Deservedly Good Repute': The Tasmanian Gentry, 1856–1875", *Australian Journal of Politics and History*, xv, no. 3 (1969), pp. 65–7; Bolton, "Colonial Gentry", p. 320; A. Trollope, *Australia and New Zealand* (2 vols., London, 1873), vol. i, pp. 466, 469.

8. S. Eldred-Grigg, *A Southern Gentry: New Zealanders Who Inherited the Earth* (Wellington, 1980); J. Graham, "Settler Society", in G. W. Rice (ed.), *The Oxford History of New Zealand* (2nd edn., Auckland, 1992), pp. 125, 133–5.

9. Bolton, "Colonial Gentry", pp. 317–19; J. Thurston, " 'The Dust of Toryism': Monarchism and Republicanism in Upper Canadian Travel and Immigration Texts", *Journal of Canadian Studies*, xxx (1996), pp. 76, 81; J. Burroughs, "Loyalists and Lairds: The Politics and Society of Upper Canada Reconsidered", *JICH*, xix (1991), pp. 70–82.

10. P. Russell, *Attitudes to Social Structure and Mobility in Upper Canada, 1815–1840: "Here We Are Laird Ourselves"* (Queenstown, 1990), pp. 2, 201; P. McCanin, "Culture, State Formation and the Invention of Tradition: Newfoundland, 1832–1855", *Journal of Canadian Studies*, xxiii (1988), pp. 86–103.

11. Martin, *Bunyip Aristocracy*, p. 197; Graham, "Settler Society", p. 134; J. K. Chapman, *The Career of Arthur Hamilton Gordon, First Lord Stanmore, 1829–1912* (Toronto, 1964), pp. 6–7.

12. Martin, *Bunyip Aristocracy*, pp. 53–4, 57, 124; Bolton, "Colonial Gentry", pp. 317–19; J. B. Hirst, "Egalitarianism", in S. L. Goldberg and F. B. Smith (eds.), *Australian Cultural History* (Cambridge, 1988), pp. 61–7.

13. J. M. Main, "Men of Capital", in Richards, *Flinders History of South Australia*, p. 102; Martin, *Bunyip Aristocracy*, p. 95; Reynolds, "Men of Substance", p. 61; R. M. Crawford, *An Australian Perspective* (Melbourne, 1960), p. 5.

14. Martin, *Bunyip Aristocracy*, pp. 27-37, 75; R. Hubbard, *Rideau Hall* (London, 1977), p. 56; B. Knox, "Democracy, Aristocracy and Empire: The Provision of Colonial Honours, 1818-1870", *AHS*, xxv (1992-3), pp. 248, 261.

15. Martin, *Bunyip Aristocracy*, pp. 31, 44; *idem*, "Canada from 1815", in *OHBE* iii, p. 529; A. P. Thornton, *The Habit of Authority: Paternalism in British History* (London, 1966), p. 22.

16. M. Francis, *Governors and Settlers: Images of Authority in the British Colonies, 1820-1860* (London, 1992), pp. 9, 30-31, 33, 57-8, 62; McCaughey, Perkins and Trumble, *Victoria's Colonial Governors*, pp. 8-9, 91-3; de Serville, *Pounds and Pedigrees*, pp. 102-3; Sir B. Burke, *The Book of Precedence* (London, 1881), pp. 83-4; Lord Willoughby de Broke, *The Passing Years* (London, 1924), pp. 56-8.

17. J. B. Hirst, *Adelaide and the Country, 1870-1917: Their Social and Political Relationship* (Melbourne, 1973), pp. 37-50; *idem*, "Egalitarianism", p. 69; M. Girouard, *The Return to Camelot: Chivalry and the English Gentleman* (London, 1981), p. 226; Bolton, "Colonial Gentry", p. 321.

18. D. Cannadine, *The Decline and Fall of the British Aristocracy* (London, 1990), pp. 432-3; P. Duane, *Gentlemen Emigrants: From the British Public Schools to the Canadian Frontier* (Vancouver, 1981), pp. 82-90, 102-4, 168-9; Bolton, "Colonial Gentry", p. 317.

19. A. Briggs, *Victorian Cities* (Harmondsworth, 1968), p. 300; Girouard, *Return to Camelot*, p. 226.

20. Kitson Clark, *An Expanding Society*, p. 1; P. J. Gibbons, "The Climate of Opinion", in Rice, *Oxford History of New Zealand*, pp. 310-11; E. Olssen, "Towards a New Society", in ibid., p. 261; de Serville, *Pounds and Pedigrees*, p. 137; E. Jones, "English Canadian Culture in the Nineteenth Century: Love, History and Politics", *Journal of Canadian Studies*,

xxv（1990），pp. 162-9.

21. R. A. J. McDonald，"Vancouver's 'Four Hundred'：The Quest for Wealth and Status in Canada's Urban West，1886-1914"，*Journal of Canadian Studies*，xv（1990），pp. 55-73；Briggs，*Victorian Cities*，p. 305.

22. J. Burke，*A Genealogical and Heraldic Dictionary of the Peerage and Baronetage of the British Empire*（4th edn.，2 vols.，London，1832），vol. i，p. xiv；Sir B. Burke，*A Genealogical and Heraldic History of the Colonial Gentry*（2 vols.，London，1891-5），vol. ii，p. i.

23. Burke，*Colonial Gentry*，vol. i，pp. 4，95，97，211；vol. ii，p. 406；Bolton，"Colonial Gentry"，pp. 323-4；de Serville，*Pounds and Pedigrees*，pp. 197-204.

24. See below，pp. 45-54，101-20.

25. D. Cannadine，"Imperial Canada：Old History，New Problems"，in C. M. Coates（ed.），*Imperial Canada，1867-1917*（Edinburgh，1997），pp. 1-19；McCaughey，Perkins and Trumble，*Victoria's Colonial Governors*，pp. 206-9，268-9.

26. C. Cunneen，*Kings" Men：Australia's Governors-General from Hopetoun to Isaacs*（Sydney，1983），p. 34；A. Adonis，*Making Aristocracy Work：The Peerage and the Political System in Britain，1884-1914*（Oxford，1993），p. 223；Cannadine，*Decline and Fall*，p. 589；Hubbard，*Rideau Hall*，p. 35.

27. Cannadine，*Decline and Fall*，pp. 601，723-5；McCaughey，Perkins and Trumble，*Victoria's Colonial Governors*，pp. 201-42，283-316.

28. Adonis，*Making Aristocracy Work*，p. 225；A. L. Lowell，*The Government of England*（2 vols.，New York，1912），vol. ii，pp. 412-13，420.

29. Cannadine，*Decline and Fall*，pp. 103-12；F. M. L. Thompson，*English Landed Society in the Nineteenth Century*（London，1963），pp. 327-45.

30. Cannadine，*Decline and Fall*，pp. 438-42；E. J. Hobsbawm，*Industry and Empire*（Harmondsworth，1969），p. 202；E. Waugh，*Remote People*（London，1931），pp. 179，183-5；E. Huxley，*White Man's Country：Lord Delamere and the Making of Kenya*（2 vols.，London，1935），vol. i，p. 6.

31. Hirst, "Egalitarianism", p. 70.

32. Bolton, "Colonial Gentry", pp. 324 – 7; Hopkins, "Back to the Future", pp. 218 – 19; Gibbons, "The Climate of Opinion", pp. 308 – 10, 335; McCaughey, Perkins and Trumble, *Victoria's Colonial Governors*, pp. 194-5; de Serville, *Pounds and Pedigrees*, p. 112.

第四章　次大陆

1. F. G. Hutchins, *The Illusion of Permanence: British Imperialism in India* (Princeton, NJ, 1967), p. xi; T. R. Metcalf, *Ideologies of the Raj* (Cambridge, 1995), pp. 43-65.

2. Metcalf, *Ideologies of the Raj*, p. 50.

3. D. A. Washbrook, "India, 1818–1860: The Two Faces of Colonialism", in *OHBE* iii, p. 415; *idem*, "Economic Depression and the Making of 'Traditional' Society in Colonial India, 1820–1855", *TRHS*, 6th ser., iii (1993), pp. 237-63; B. S. Cohn, "Notes on the History of the Study of Indian Society and Culture", in M. Singer and B. S. Cohn (eds.), *Structure and Change in Indian Society* (Chicago, 1968), pp. 15 – 18; L. Carroll, "Colonial Perceptions of Indian Society and the Emergence of Caste (s) Associations", *Journal of Asian Studies*, xxxvii (1978), pp. 233 – 50; N. Dirks, "Castes of Mind", *Representations*, no. 37 (1992), pp. 66-72; S. Bayly, Caste, *Society and Politics in India from the Eighteenth Century to the Modern Age* (Cambridge, 1999), pp. 64-97, 124.

4. Metcalf, *Ideologies of the Raj*, pp. 117-22; B. S. Cohn, "The Census, Social Structure and Objectification in South Asia", in *idem*, *An Anthropologist among Historians and Other Essays* (New Delhi, 1990), pp. 224-54; *idem*, *Colonialism and Its Forms of Knowledge: The British in India* (Princeton, NJ, 1996), pp. 48, 53; C. Pinney, "Colonial Anthropology in the 'Laboratory of Mankind'", in C. A. Bayly (ed.), *The Raj: India and the British, 1600–1947* (London, 1990), pp. 252-63; S. Bayly, "The Evolution of Colonial Cultures: Nineteenth–Century Asia", in *OHBE* iii, p. 448.

5. J. W. Cell, *Hailey: A Study in British Imperialism, 1872 – 1969*

（Cambridge, 1992）, p. 18; *idem*, " Colonial Rule ", in *OHBE* iv, pp. 244－7; T. R. Metcalf, *An Imperial Vision : Victorian Architecture and Britain's Raj* (London, 1989）, p. 151; *idem*, *Ideologies of the Raj*, pp. 70－73; Hutchins, *Illusion of Permanence*, p. 156; R. Inden, *Imagining India* (Oxford, 1990）, pp. 137－40. See also C. Dewey, " Images of the Village Community : A Study in Anglo－Indian Ideology ", *MAS*, vi（1972）, pp. 291－328.

6. L. D. Wurgraft, *The Imperial Imagination : Magic and Myth in Kipling's India* (Middletown, CT, 1983）; I. Copland, *The Princes of India in the Endgame of Empire, 1917－1947* (Cambridge, 1997）, p. 22; P. Mason, *A Shaft of Sunlight : Memories of a Varied Life* (London, 1978）, p. 97; J. W. Burrow, " The Village Community and the Uses of History in Late Nineteenth Century England ", in N. McKendrick（ed. ）, *Historical Perspectives : Studies in English Thought and Society in Honour of J. H. Plumb* (London, 1974）, pp. 255－84.

7. Sir B. Burke, *The Book of Precedence* (London, 1881）, pp. 85－8; E. W. Said, *Orientalism : Western Conceptions of the Orient* (Harmondsworth, 1995 edn. ）, p. 45; P. Woodruff, *The Men Who Ruled India*, vol. ii, *The Guardians* (London, 1963）, pp. 193－4; S. Khilnani, *The Idea of India* (London, 1997）, pp. 122, 134; Hutchins, *Illusion of Permanence*, p. 117; P. Scott, *Staying On* (London, 1994 edn. ）, p. 169; Mason, *Shaft of Sunlight*, pp. 77, 80, 97; Cell, *Hailey*, pp. 30－31.

8. R. J. Moore, " Imperial India, 1858－1914 ", in *OHBE* iii, p. 431; P. Burroughs, " Imperial Institutions and the Government of Empire ", in *OHBE* iii, pp. 181－2.

9. Mason, *Shaft of Sunlight*, p. 94（my italics）; J. Brown, " India ", in *OHBE* iv, p. 425; Cell, *Hailey*, pp. 156, 161, 202; Metcalf, *Ideologies of the Raj*, pp. 191－2.

10. R. Hyam, *Britain's Imperial Century, 1815－1914* (London, 1976）, pp. 227－8.

11. I. Copland, *The British Raj and the Indian Princes : Paramountcy in Western India, 1857－1930* (New Delhi, 1982）, p. 93; *idem*, *Princes of India*, pp. 17, 24; R. J. Moore, " Imperial India, 1858－1914 ", in *OHBE* iii,

pp. 422-7.

12. D. A. Washbrook, "Caste, Class and Dominance in Modern Tamil Nadu: Non – Brahmanism, Dravidianism and Tamil Nationalism", in F. R. Frankel and M. S. A. Rao (eds.), *Dominance and State Power in Modern India: Decline of a Social Order* (Delhi, 1989), p. 248.

13. I. Butler (ed.), *The Viceroy's Wife: Letters of Alice, Countess of Reading, from India, 1921-1925* (London, 1969), p. 43.

14. J. W. Cell, "Colonial Rule", in *OHBE* iv, p. 237; Metcalf, *Ideologies of the Raj*, pp. 195-6; *idem, Imperial Vision*, p. 105. The eighty-three states deserving between 11 and 21 guns are listed in R. Jeffrey (ed.), *People, Princes and Paramount Power: Society and Politics in the Indian Princely States* (Delhi, 1978), pp. 389-90.

15. J. Morris, *Pax Britannica: The Climax of an Empire* (London, 1968), p. 272. Two editions of Lethbridge's work were produced, in 1893 and 1900. A promised third edition never appeared.

16. Washbrook, " 'Traditional' Society in Colonial India", p. 240.

17. Butler, *Viceroy's Wife*, p. 27.

18. Copland, *British Raj and the Indian Princes*, pp. 154 – 5; L. A. Knight, "The Royal Titles Act and India", *HJ*, xi (1986), p. 488; M. Lutyens, *The Lyttons of India: Lord Lytton's Viceroyalty* (London, 1979), pp. 74-89; B. S. Cohn, "Representing Authority in Victorian India", in E. J. Hobsbawm and T. O. Ranger (eds.), *The Invention of Tradition* (Cambridge, 1983), pp. 165-210; J. C. Masselos, "Lytton's ' Great Tamasha' and Indian Unity", *Journal of Indian History*, xliv (1966), pp. 737-60; J. P. Waghorne, *The Raja's Magic Clothes: Re-Visioning Kingship and Divinity in England's India* (Philadelphia, PA, 1994), pp. 7-10.

19. Cohn, "Representing Authority in Victorian India", p. 188; Waghorne, *Raja's Magic Clothes*, pp. 23-6, 33-6; D. Haynes, "Imperial Ritual in a Local Setting: The Ceremonial Order in Seurat, 1890-1939", *MAS*, xxiv (1990), pp. 495-511. For one contemporary evocation of princely magnificence, see T. Morison, *Imperial Rule in India* (London, 1899), pp. 48-9.

20. Metcalf, *Imperial Vision*, pp. 105-40; P. Davies, *Splendours of the*

Raj (London, 1995), pp. 202–3.

21. Lord Ronaldshay, *The Life of Lord Curzon* (3 vols. , London, 1928), vol. ii, pp. 86–95; D. Gilmour, *Curzon* (London, 1994), p. 186; S. Bayly, "The Evolution of Colonial Cultures: Nineteenth–Century Asia", in *OHBE* iii, p. 468; R. J. Moore, "Imperial India, 1858 – 1914", in *OHBE* iii, p. 437; Metcalf, *Imperial Vision*, pp. 23, 199–202; Copland, *British Raj and the Indian Princes*, p. 190; C. S. Sundram, " 'Martial' Indian Aristocrats and the Military System of the Raj: The Imperial Cadet Corps, 1900–1914", *JICH*, xxv (1997), pp. 417–18.

22. Metcalf, *Imperial Vision*, pp. 55–104; J. Morris, *Stones of Empire: The Building of the Raj* (Oxford, 1983), pp. 105, 111–12, 133–5; Davies, *Splendours of the Raj*, pp. 14, 183–214.

23. Davies, *Splendours of the Raj*, pp. 117–18, 163; Morris, *Stones of Empire*, pp. 105 – 6; T. P. Issar, *Mysore: The Royal City* (Bangalore, 1991), pp. 18–33.

24. Metcalf, *Imperial Vision*, pp. 129–40.

25. A. Trevithick, "Some Structural and Sequential Aspects of the British Imperial Assemblages at Delhi: 1877–1911", *MAS*, xxiv (1990), p. 570.

26. R. E. Frykenberg, "The Coronation Durbar of 1911: Some Implications", in *idem* (ed.), *Delhi through the Ages: Essays in Urban History, Culture and Society* (Delhi, 1986), pp. 369–90; K. Rose, *King George V* (London, 1983), pp. 131–6; H. Nicolson, *King George V: His Life and Reign* (London, 1967), 228–38.

27. B. N. Ramusack, *The Princes of India in the Twilight of Empire* (Columbus, OH, 1978), pp. 38–40; Rose, *King George V*, p. 349; Copland, *Princes of India*, pp. 33, 41–2; D. A. Low, "Laissez–Faire and Traditional Rulership in Princely India", in Jeffrey, *People, Princes and Paramount Power*, p. 377; Woodruff, *The Guardians*, pp. 288–9; Cell, *Hailey*, pp. 210, 213.

28. D. A. Low, *Eclipse of Empire* (Cambridge, 1991), p. 87; J. Rudoe, *Cartier, 1900 – 1939* (London, 1997), pp. 31 – 6, 156 – 87; Ramusack, *Princes of India*, pp. 43, 91 – 4. But compare the alternative argument ad-

vanced in N. Dirks, *The Hollow Crown: Ethnohistory of an Indian Kingdom* (Cambridge, 1987).

29. Whitaker's *Almanack* (London, 1926), p. 601; J. Manor, "Princely Mysore before the Storm: The State-Level Political System of India's Model State, 1920 – 1936", *MAS*, ix (1975), pp. 31 – 58; Issar, *Mysore*, pp. 44–7, 69–71, 101, 104 –6, 136–7; Davies, *Splendours of the Raj*, p. 206.

30. These are reproduced in D. V. Devaraj, *The Magnificent Mysore Dasara* (Mysore, 1994). See also S. Sivapriyanand, *Mysore: Royal Dasara* (New Delhi, 1995).

31. Woodruff, *The Guardians*, pp. 281, 284–5; Khilnani, *Idea of India*, pp. 122, 134.

32. R. G. Irving, *Indian Summer: Lutyens, Baker and Imperial Delhi* (London, 1981), pp. 26–32. The meaning and success of New Delhi as an imperial capital is still debated. Those who think it was unconfident and unsuccessful, thereby prefiguring the end of the Raj, include Metcalf, *Imperial Vision*, pp. 211 – 51; Morris, *Stones of Empire*, pp. 32, 76 – 81, 216 – 22. Those who see it as a masterly synthesis of east and west and a majestic expression of the British will to rule permanently include Davies, *Splendours of the Raj*, pp. 15–16, 215–41; J. Ridley, "Edwin Lutyens, New Delhi, and the Architecture of Imperialism", *JICH*, xxvi (1998), pp. 67–83.

33. Cohn, *Colonialism and Its Forms of Knowledge*, p. 121; Butler, *Viceroy's Wife*, p. 27.

34. Morris, *Stones of Empire*, p. 17; J. Charmley, *Lord Lloyd and the Decline of the British Empire* (London, 1987), p. 127.

35. V. C. P. Chaudhry, *Imperial Honeymoon with Indian Aristocracy*, K. P. Jayaswal Research Institute, Historical Research Series, no. xviii (Patna, 1980), p. 154; Copland, *Princes of India*, p. 21; Hutchins, *Illusion of Permanence*, p. 199.

36. Metcalf, *Ideologies of the Raj*, p. 56; *idem*, *Imperial Vision*, p. 242.

第五章 殖民地

1. D. van Dissel, "The Adelaide Gentry, 1850–1920", in E. Richards (ed.), *The Flinders History of South Australia: Social History* (Adelaide, 1992), pp. 335, 363.

2. J. M. Gullick, *Rulers and Residents: Influence and Power in the Malay States, 1870–1920* (Singapore, 1992); A. J. Stockwell, "Expansion and Rule in South East Asia", in *OHBE* iii, pp. 383–4; S. C. Smith, "The Rise, Decline and Survival of the Malay Rulers during the Colonial Period, 1874–1957", *JICH*, xxii (1994), pp. 84–92; *idem*, *British Relations with the Malay Rulers from Decentralization to Malayan Independence, 1930–1957* (Kuala Lumpur, 1995), pp. 1–41; J. De Vere Allen, "Malayan Civil Service, 1874–1941: Colonial Bureaucracy/Malayan Elite", *CSSH*, xii (1970), p. 153; A. V. M. Horton, "British Administration in Brunei, 1906–1959", *MAS*, xx (1986), pp. 353–74.

3. J. K. Chapman, *The Career of Arthur Hamilton Gordon, First Lord Stanmore, 1829–1912* (Toronto, 1964), pp. 163, 181–202, 226; D. Denoon with M. Wyndham, "Australia and the Western Pacific", in *OHBE* iii, pp. 556–7, 571.

4. J. G. Carrier, "Introduction", in J. G. Carrier (ed.), *Occidentalism: Images of the West* (Oxford, 1995), p. 22; Chapman, *Arthur Hamilton Gordon*, p. 337; S. Bayly, "The Evolution of Colonial Cultures: Nineteenth-Century Asia", in *OHBE* iii, p. 468.

5. R. E. Robinson, "European Imperialism and Indigenous Reactions in British West Africa, 1880–1914", in H. L. Wesseling (ed.), *Expansion and Reaction* (Leiden, 1978), pp. 151–2; J. E. Flint, "Nigeria: The Colonial Experience from 1880 to 1914", in L. H. Gann and P. Duignan (eds.), *Colonialism in Africa, 1870–1960*, vol. i, *The History and Politics of Colonialism, 1870–1914* (Cambridge, 1969), p. 246; P. Gifford, "Indirect Rule: Touchstone or Tombstone for Colonial Policy?", in P. Gifford and W. R. Louis (eds.), *Britain and Germany in Africa: Imperial Rivalry and Colonial Rule* (New Haven, CT, 1967), p. 355.

6. Gifford, "Indirect Rule", pp. 375–6; R. L. Tignor, *The Colonial*

Transformation of Kenya (Princeton, NJ, 1976), pp. 42–3; A. N. Porter, "Introduction", in *OHBE* iii, p. 18; D. A. Low and R. C. Pratt, *Buganda and British Overrule, 1900–1955* (Oxford, 1960), pp. 136 –59, 163–78; C. Saunders and I. R. Smith, "Southern Africa, 1795–1910", in *OHBE* iii, pp. 608–9; R. Hyam, *The Failure of South African Expansion, 1908–1948* (London, 1972), pp. 98–100.

7. M. Lynn, "British Policy, Trade and Informal Empire in the Mid–Nineteenth Century", in *OHBE* iii, pp. 107–8, 118–19.

8. Smith, "Rise, Decline and Survival of the Malay Rulers", p. 85; Robinson, "European Imperialism and Indigenous Reactions", pp. 141–63.

9. Gifford, "Indirect Rule", p. 355; J. De Vere Allen, "Two Imperialists: A Study of Sir Frank Swettenham and Sir Hugh Clifford", *JMRAS*, xxxvii (1964), P. 49; P. Burroughs, "Imperial Institutions and the Government of Empire", in *OHBE* iii, p. 196.

10. M. Bull, "Indirect Rule in Northern Nigeria, 1906 – 1911", in K. Robinson and F. Madden (eds.), *Essays in Imperial Government Presented to Margery Perham* (Oxford, 1963), p. 50; M. Perham, *Native Administration in Nigeria* (London, 1937); *idem, Lugard: The Years of Authority, 1898–1945* (London, 1960), pp. 128 – 9, 138, 140, 144; J. W. Cell, "Colonial Rule", in *OHBE* iv, p. 240 (my italics).

11. T. Falola and A. D. Roberts, "West Africa", in *OHBE* iv, p. 518; Gifford, "Indirect Rule", pp. 362, 383; F. Robinson, "The British Empire and the Muslim World", in *OHBE* iv, p. 407; D. M. Wai, "Pax Britannica and the Southern Sudan: The View from the Theatre", *African Affairs*, lxxix (1980), pp. 378–82; M. W. Daly, *Empire on the Nile: The Anglo–Egyptian Sudan, 1898–1934* (Cambridge, 1986), pp. 360–79; *idem, Imperial Sudan: The Anglo – Egyptian Condominium, 1934 – 1956* (Cambridge, 1991), pp. 25–45.

12. H. A. Gailey, *Sir Donald Cameron: Colonial Governor* (Stanford, CA, 1974), pp. 67 – 86; R. A. Austen, "The Official Mind of Indirect Rule: British Policy in Tanganyika, 1916 – 1939", in Gifford and Louis, *Britain and Germany in Africa*, pp. 580–92; J. Iliffe, *A Modern History of Tanganyika* (Cambridge, 1979), pp. 318–41.

13. T. Falola and A. D. Roberts, "West Africa", in *OHBE* iv, p. 518; Gifford, *Indirect Rule*, pp. 383 – 8; H. Kuklick, *The Imperial Bureaucrat: The Colonial Administrative Service in the Gold Coast*, *1920 – 1939* (Stanford, CA, 1979), pp. 53–4.

14. T. O. Ranger, "The Invention of Tradition in Colonial Africa", in E. J. Hobsbawm and T. O. Ranger (eds.), *The Invention of Tradition* (Cambridge, 1983), pp. 211–12, 221.

15. Gullick, *Rulers and Residents*, pp. 231–40; H. S. Barlow, *Swettenham* (Kuala Lumpur, 1997), pp. 467–81. Ranger, "Invention of Tradition in Colonial Africa", pp. 221–3.

16. Perham, *Lugard*, pp. 128 – 30, 214 – 15, 218, 398 – 401; L. H. Gann and P. Duignan, *The Rulers of British Tropical Africa*, *1870 – 1914* (London, 1978), pp. 154 – 64; A. H. M. Kirk – Greene, "On Governorship and Governors in British Africa", in L. H. Gann and P. Duignan (eds.), *African Proconsuls* (New York, 1978), pp. 214–29.

17. W. R. Louis, "The Coming of Independence in the Sudan", *JICH*, xix (1991), pp. 139, 149; Ranger, "Invention of Tradition in Colonial Africa", pp. 233–4; D. Bates, *A Gust of Plumes: A Biography of Lord Twining of Godalming and Tanganyika* (London, 1972).

18. Q. Letts, "End of White Tie and Glory Days", *The Times*, 30 May 2000; A. H. M. Kirk–Greene, *On Crown Service: A History of HM Colonial and Overseas Civil Services*, *1837 – 1997* (London, 1999), p. 67.

19. T. O. Ranger, "Making Northern Rhodesia Imperial: Variations on a Royal Theme, 1924 – 1938", *African Affairs*, lxxix (1980), pp. 350, 367; B. Bush, *Imperialism, Race and Resistance: Africa and Britain*, *1919 – 1945* (London, 1999), pp. 93–8; Iliffe, *Tanganyika*, p. 325.

20. D. A. Low, "Lion Rampant", *Journal of Commonwealth Political Studies*, ii (1963–4), pp. 235–52; Bull, "Indirect Rule in Northern Nigeria", p. 63; Iliffe, *Tanganyika*, p. 326.

21. M. Girouard, *The Return to Camelot: Chivalry and the English Gentleman* (London, 1981), p. 225; A. J. Stockwell, "Sir Hugh Clifford's Early Career (1866–1903)", *JMRAS*, xlix (1976), p. 90; Low and Pratt, *Buganda*, pp. 167–8; Gifford, "Indirect Rule", pp. 358, 361.

22. De Vere Allen, "Two Imperialists", p. 44.

23. D. A. Low, "Laissez - Faire and Traditional Rulership in Princely India", in R. Jeffrey (ed.), *People*, *Princes and Paramount Power*: *Society and Politics in the Indian Princely States* (New Delhi, 1978), p. 377; Flint, "Nigeria: The Colonial Experience", p. 253.

24. Daly, *Empire on the Nile*, p. 452; M. Perham, " A Re - Statement of Indirect Rule", *Africa*, vii (1934), pp. 326, 332; C. Gertzel, " Margery Perham's Image of Africa", *JICS*, xix (1991), p. 33.

25. J. Darwin, *Britain and Decolonization*: *The Retreat from Empire in the Post - War World* (London, 1988), p. 105; W. R. Louis, " The Dissolution of the British Empire", in *OHBE* iv, p. 338.

26. R. Heussler, *Yesterday's Rulers*: *The Making of the British Colonial Service* (Syracuse, NY, 1963), pp. 68 - 70, 82 - 3.

27. S. Howe, *Anti - Colonialism in British Politics*: *The Left and the End of Empire*, *1918 - 1964* (Oxford, 1993), pp. 34 - 5.

28. *Who Was Who*, *1961 - 70* (London, 1979), p. 61.

29. S. C. Smith, *British Relations with the Malay Rulers from Decentralization to Malayan Independence*, *1930 - 1957* (Kuala Lumpur, 1995), pp. 18 - 19.

30. J. Darwin, *Britain and Decolonization*: *The Retreat from Empire in the Post - War World* (London, 1988), p. 30.

31. Darwin, *Britain and Decolonization*, pp. 283 - 5; A. J. Stockwell, " Imperialism and Nationalism in South East Asia", *OHBE* iv, pp. 487 - 8; *idem*, " Malaysia: The Making of a Neo - Colony?", *JICH*, xxvi (1998), pp. 138 - 56.

第六章　委任统治地

1. J. Morris, *Farewell the Trumpets*: *An Imperial Retreat* (Harmondsworth, 1979), p. 250; D. Cannadine, *The Decline and Fall of the British Aristocracy* (London, 1990), pp. 381 - 3; M. Girouard, *The Return to Camelot*: *Chivalry and the English Gentleman* (London, 1981), pp. 271 - 2; S. J. Nasir, *The Arabs and the English* (London, 1979), pp. 53 - 115;

J. MacKenzie, *Orientalism: History, Theory and the Arts* (Manchester, 1995), pp. 43–70. For an earlier example of similar attitudes by post-1789 French aristocrats towards North American Indians, see H. Liebersohn, *Aristocratic Encounters: European Travellers and North American Indians* (Cambridge, 1998).

2. Nasir, *Arabs and the English*, pp. 76–83; Cannadine, *Decline and Fall*, pp. 537–8; E. Longford, *A Pilgrimage of Passion: The Life of Wilfrid Scawen Blunt* (London, 1979), pp. 97–8, 103, 114–16, 123–51, 167–76, 230–34, 242, 274, 311, 342–5, 384–5, 406–9.

3. S. Leslie, *Mark Sykes: His Life and Letters* (London, 1923), pp. 71, 204–7; R. Adelson, *Mark Sykes: Portrait of an Amateur* (London, 1975), pp. 34–7, 42–4, 61–2, 77, 100–101, 126, 144, 259–60; M. Fitzherbert, *The Man Who was Greenmantle: A Biography of Aubrey Herbert* (London, 1985), pp. 1–2, 35–45, 54–67, 73, 121–2, 188.

4. J. Darwin, *Britain, Egypt and the Middle East: Imperial Policy in the Aftermath of War, 1918 – 1922* (London, 1981), pp. 53 – 5, 58; A. L. al-Sayyid-Marsot, "The British Occupation of Egypt from 1882", in *OHBE* iii, pp. 655, 664.

5. J. B. Kelly, *Britain and the Persian Gulf, 1795 – 1880* (Oxford, 1991 edn.), pp. 831–7; F. Robinson, "The British Empire and the Muslim World", in *OHBE* iv, p. 402; E. Kedourie, *England and the Middle East: The Destruction of the Ottoman Empire, 1914–1921* (London, 1987 edn.), pp. 49–52; [Lord Winterton], "Arabian Nights and Days", *Blackwood's Magazine*, ccvii (1920), pp. 585–608, 750–68.

6. B. Westrate, *The Arab Bureau: British Policy in the Middle East, 1916–20* (University Park, PA, 1992), pp. 157 – 8; Kedourie, *England and the Middle East*, pp. 71, 86.

7. Morris, *Farewell the Trumpets*, p. 255; J. Wilson, *Lawrence of Arabia: The Authorized Biography of T. E. Lawrence* (London, 1990), pp. 621–2, 941 – 4; T. E. Lawrence, *Seven Pillars of Wisdom: A Triumph* (New York, 1991 edn.), p. 213.

8. Darwin, *Britain, Egypt and the Middle East*, p. 135; D. Cannadine, *Aspects of Aristocracy: Grandeur and Decline in Modern Britain* (Lon-

don, 1994), pp. 156 – 9; *idem*, *Class in Britain* (London, 1998), pp. 127, 156; P. Ziegler, "Churchill and the Monarchy", in R. Blake and W. R. Louis (eds.), *Churchill* (Oxford, 1994), pp. 187–8, 196.

9. Wilson, *Lawrence of Arabia*, pp. 643–55; U. Dann, "Lawrence 'of Arabia' —One More Appraisal", *Middle Eastern Studies*, xv (1979), pp. 154–62; R. Hyam, "Churchill and the British Empire", in Blake and Louis, *Churchill*, pp. 174–5. The conference is well treated in A. S. Klieman, *Foundations of British Policy in the Arab World: The Cairo Conference of 1921* (London, 1970).

10. M. C. Wilson, *King Abdullah*, *Britain and the Making of Jordan* (Cambridge, 1987); Kedourie, *England and the Middle East*, pp. 175 – 213; Darwin, *Britain*, *Egypt and the Middle East*, pp. 215–23, 232–41; [G. Bell], "Great Britain and the 'Iraq': An Experiment in Anglo–Asiatic Relations", *The Round Table*, xiv (1923–4), pp. 64–83.

11. D. Silverfarb, *Britain's Informal Empire in the Middle East: A Case Study of Iraq, 1929–41* (Oxford, 1986); G. Balfour–Paul, "Britain's Informal Empire in the Middle East", in *OHBE* iv, pp. 500–501.

12. E. Monroe, *Britain's Moment in the Middle East, 1914 – 1971* (London, 1981), pp. 74–5; B. Lapping, *End of Empire* (London, 1985), p. 240.

13. Wilson, *Lawrence*, pp. 655–63; G. Troeller, "'Ibn Sa'ud and Sharif Husain: A Comparison in Importance in the Early Years of the First World War", *HJ*, xiv (1971), pp. 627–33; S. Mousa, "A Matter of Principle: King Hussein of the Hijaz and the Arabs of Palestine", *International Journal of Middle Eastern Studies*, ix (1978), pp. 183–94.

14. C. Leatherdale, *Britain and Saudi Arabia, 1925–1939: The Imperial Oasis* (London, 1983), esp. pp. 57–77; R. M. Burrell, "Britain, Iran and the Persian Gulf: Some Aspects of the Situation in the 1920s and 1930s", in D. Hopwood (ed.), *The Arabian Peninsular: Society and Politics* (London, 1972), pp. 160–88; S. C. Smith, *British Relations with the Malay Rulers, from Decentralization to Malayan Independence, 1930–1957* (Kuala Lumpur, 1995), p. 13.

15. Lady Bell (ed.), *The Letters of Gertrude Bell* (2 vols., London,

1927), vol. ii, pp. 462-3, 561, 594, 609-10, 614-15, 619-21, 634, 676; H. Batatu, *The Old Social Classes and Revolutionary Movements of Iraq* (Princeton, NJ, 1978), pp. 31-2, 99-110; J. Charmley, *Lord Lloyd and the Decline of the British Empire* (London, 1987), p. 127; M. Elliot, "*Independent Iraq*": *The Monarchy and British Influence 1941-1958* (London, 1996), p. 10; R. Wilson, "Economic Aspects of Arab Nationalism", in M. J. Cohen and M. Kolinsky (eds.), *Demise of the British Empire in the Middle East*: *Britain's Response to Nationalist Movements, 1943-1955* (London, 1998), pp. 68-9.

16. Nasir, *The Arabs and the English*, pp. 125, 146-7, 161-3; W. Thesiger, *The Life of My Choice* (London, 1988), pp. 56, 95.

17. Monroe, *Britain's Moment in the Middle East*, p. 61.

18. W. R. Louis, *The British Empire in the Middle East, 1945-1951*: *Arab Nationalism, the United States, and Post-War Imperialism* (Oxford, 1984), p. 347; Monroe, *Britain's Moment in the Middle East*, p. 77; Morris, *Farewell the Trumpets*, pp. 259-72.

19. Louis, *British Empire in the Middle East*, pp. 124, 174, 179; Smith, *British Relations with the Malay Rulers*, pp. 12, 18.

20. W. R. Louis and R. E. Robinson, "The Imperialism of Decolonization", *JICH*, xxii (1994), PP. 473-4.

21. J. Darwin, "British Decolonization since 1945: A Pattern or a Puzzle?", *JICH*, xii (1984), pp. 193-4; Louis, *British Empire in the Middle East*, pp. 17-19; N. Owen, "Britain and Decolonization: The Labour Governments and the Middle East, 1945-1951", in Cohen and Kolinsky, *Demise of the British Empire in the Middle East*, p. 3.

22. Louis, *British Empire in the Middle East*, pp. 228, 232, 347, 352-4, 358, 693.

23. Louis, *British Empire in the Middle East*, pp. 309-11, 315-16, 320.

24. W. R. Louis, "The British and the Origins of the Iraqi Revolution", in R. A. Fernea and W. R. Louis (eds.), *The Iraqi Revolution of 1958*: *The Old Social Classes Revisited* (London, 1991), p. 41; R. J. Blyth, "Britain Versus India in the Persian Gulf: The Struggle for Political Control,

c. 1928–1948", *JICH*, xxviii (2000), pp. 90–111.

25. G. Balfour-Paul, *The End of Empire in the Middle East* (Cambridge, 1991), p. 75; W. D. McIntyre, *British Decolonization* (London, 1998), p. 64.

26. Morris, *Farewell the Trumpets*, pp. 532–5.

第三部分 全局概观
第七章 荣典

1. R. Jeffrey, "The Politics of 'Indirect Rule': Types of Relationship among Rulers, Ministers and Residents in a 'Native State'", *Journal of Commonwealth and Comparative Politics*, xiii (1975), pp. 261 – 81; D. A. Low, "Lion Rampant", *Journal of Commonwealth Political Studies*, ii (1963–4), pp. 235–52; J. Benyon, "Overlords of Empire? British 'Proconsular Imperialism' in Comparative Perspective", *JICH*, xix (1991), pp. 164 – 202; A. J. Stockwell, "Power, Authority and Freedom", in P. J. Marshall (ed.), *The Cambridge Illustrated History of the British Empire* (Cambridge, 1996), pp. 161–3.

2. *Debrett's Peerage* (London, 1924 edn.), p. 840.

3. Sir I. de la Bere, *The Queen's Orders of Chivalry* (London, 1964), pp. 116–20.

4. B. Knox, "Democracy, Aristocracy and Empire: The Provision of Colonial Honours, 1818 – 1870", *AHS*, xxv (1992 – 3), pp. 244 – 64; Stockwell, "Power, Authority and Freedom", p. 171.

5. A. H. M. Kirk-Greene, "On Governorship and Governors in British Africa", in L. H. Gann and P. Duignan (eds.), *African Proconsuls* (New York, 1978), pp. 254–5; L. H. Gann and P. Duignan, *The Rulers of British Africa, 1870–1914* (London, 1978), pp. 163–4.

6. J. K. Chapman, *The Career of Arthur Hamilton Gordon, First Lord Stanmore, 1829 – 1912* (Toronto, 1964), pp. 108, 178; H. S. Barlow, *Swettenham* (Kuala Lumpur, 1995), pp. 328, 344, 391, 486, 613, 646, 667.

7. P. de Serville, *Pounds and Pedigrees: The Upper Class in Victoria*,

1850-1880 (Melbourne, 1991), pp. 212-13; J. M. Gullick, *Rulers and Residents: Influence and Power in the Malay States, 1870-1920* (Singapore, 1992), pp. 236-7.

8. G. Martin, *Bunyip Aristocracy: The New South Wales Constitution Debate of 1853 and Hereditary Institutions in the British Colonies* (Beckenham, 1986), p. 186; A. B. Keith, *Responsible Government in the Dominions* (2nd edn. , 2 vols. , Oxford, 1928), vol. ii, p. 1023.

9. F. Metcalf, *Ideologies of the Raj* (Cambridge, 1995), p. 77; B. S. Cohn, *Colonialism and Its Forms of Knowledge: The British in India* (Princeton, NJ, 1996), pp. 119-21.

10. C. L. Tupper, *Our Indian Protectorate: An Introduction to the Study of the Relations between the British Government and Its Indian Feudatories* (London, 1893), p. 360. Quoted in E. S. Haynes, "Rajput Ceremonial Interactions as a Mirror of a Dying Indian State System, 1820-1947", *MAS*, xxiv (1990), pp. 487-8.

11. For honours given to officers of the Indian Army, see A. J. Guy and P. B. Boyden (eds.), *Soldiers of the Raj: The Indian Army, 1600-1947* (London, 1997), pp. 250-54, 283-8.

12. De la Bere, *Queen's Orders of Chivalry*, pp. 177-81; J. MacLeod, "The English Honours System in Princely India, 1925-1947", *Journal of the Royal Asiatic Society*, 3rd ser. , iv (1994), pp. 237-50.

13. Martin, *Bunyip Aristocracy*, pp. 165-6; British Library India Office Library MS, Home/Misc. 104, f. 409; Tupper, *Our Indian Protectorate*, p. 360.

14. R. Kipling, "A Legend of the Foreign Office", in *Rudyard Kipling's Verse: Definitive Edition* (Garden City, NY, 1940), p. 8. Quoted in P. Davies, *Splendours of the Raj: British Architecture in India, 1660 to 1947* (London, 1985), p. 200.

15. De la Bere, *Queen's Orders of Chivalry*, pp. 83, 154, 180-81.

16. T. Falola and A. D. Roberts, "West Africa", in *OHBE* iv, p. 518.

17. Gullick, *Rulers and Residents*, pp. 237, 259 n. 41.

18. A. W. Thorpe (ed.), *Handbook to the Most Excellent Order of the British Empire* (London, 1921).

19. T. P. Issar, *Mysore: The Royal City* (Bangalore, 1991), p. 136.

20. J. Charmley, *Lord Lloyd and the Decline of the British Empire* (London, 1987), p. 118.

21. D. Cannadine, *The Decline and Fall of the British Aristocracy* (London, 1990), pp. 591, 599-600. Other examples include Field Marshal the Earl Roberts of Kandahar and Waterford, VC, KG, KP, OM, GCB, GCSI, GCIE; Lord Hardinge of Penshurts, KG, GCB, GCSI, GCMG, GCIE, GCVO; the Earl of Halifax, KG, OM, GCSI, GCMG, GCIE; and the Marquess of Linlithgow, KG, KT, GCSI, GCIE.

22. H. Nicolson, *Helen's Tower* (London, 1937), pp. 77, 137, 207-8, 258; P. Magnus, *Kitchener: Portrait of an Imperialist* (New York, 1968), pp. 136, 191-2, 236, 240, 260, 275, 341, 378.

23. *Dictionary of National Biography, 1941-1950* (Oxford, 1959), p. 280.

24. Martin, *Bunyip Aristocracy*, p. 164; de Serville, *Pounds and Pedigrees*, p. 215.

25. D. Cannadine, *Aspects of Aristocracy: Grandeur and Decline in Modern Britain* (London, 1994), pp. 109-29.

26. J. Morris, *Pax Britannica: The Climax of an Empire* (London, 1968), p. 508.

27. D. Denoon with M. Wyndham, "Australia and the Western Pacific", in *OHBE* iii, p. 570; K. Rose, *King George V* (London, 1983), p. 256.

28. P. Burroughs, "Imperial Institutions and the Government of Empire", in *OHBE* iii, p. 183; E. Shuckburgh, *Descent to Suez: Diaries, 1951-1956* (London, 1986), p. 215.

29. *The Times*, 1 January 1920.

30. W. Lee-Warner, *The Protected Princes of India* (London, 1894), p. 305.

31. Morris, *Pax Britannica*, p. 508; P. Magnus, *King Edward the Seventh* (Harmondsworth, 1967), pp. 373-8; Rose, *King George V*, pp. 184-6, 245-64; S. Bradford, *The Reluctant King: The Life and Reign of George VI, 1895-1952* (New York, 1989), pp. 403-6.

32. De la Bere, *Queen's Orders of Chivalry*, pp. 83 – 4, 129 – 30, 143, 147, 158 – 61.

第八章　君主

1. M. Francis, *Governors and Settlers: Images of Authority in the British Colonies, 1820 – 1860* (London, 1992), p. 248; D. Cannadine, "The Context, Performance and Meaning of Ritual: The British Monarchy and the 'Invention of Tradition', *c.* 1820 – 1977", in E. J. Hobsbawm and T. O. Ranger (eds.), *The Invention of Tradition* (Cambridge, 1983), pp. 120 – 39.

2. A. B. Keith, *The King and the Imperial Crown: The Powers and Duties of His Majesty* (London, 1936), pp. 9 – 10, 400 – 452; T. O. Ranger, "The Invention of Tradition in Colonial Africa", in Hobsbawm and Ranger, *The Invention of Tradition*, pp. 229 – 30.

3. There is no sustained or explicit treatment of monarchy in *OHBE* i – v, and most post – colonial writers ignore it completely.

4. J. Morris, *Pax Britannica: The Climax of an Empire* (London, 1968), p. 178; A. J. Stockwell, "Power, Authority and Freedom", in P. J. Marshall (ed.), *The Cambridge Illustrated History of the British Empire* (Cambridge, 1996), p. 171. For this section, I am also much indebted to C. Geertz, *Negara: The Theatre – State in Nineteenth – Century Bali* (Princeton, NJ, 1980), esp. pp. 13 – 19, 102 – 4, 121 – 36.

5. Morris, *Pax Britannica*, p. 255.

6. J. Morris, *Stones of Empire: The Buildings of the Raj* (Oxford, 1983), pp. 182 – 4; *idem*, *The Spectacle of Empire* (London, 1982), pp. 185 – 6; P. Davies, *Splendours of the Raj* (London, 1985), pp. 211 – 14.

7. D. Armitage, *The Ideological Origins of the British Empire* (Cambridge, 2000), p. 174.

8. T. Falola and A. D. Roberts, "West Africa", in *OHBE* iv, p. 518. For the importance of the monarch to the Indian Army, see D. Omissi, *The Sepoy and the Raj: The Indian Army, 1600 – 1940* (London, 1994),

pp. 108–11.

9. J. Morris, *Farewell the Trumpets: An Imperial Retreat* (Harmondsworth, 1979), p. 312; *idem*, *Pax Britannica*, p. 178.

10. D. Haynes, "Imperial Ritual in a Local Setting: The Ceremonial Order in Seurat, 1890–1939", *MAS*, xxiv (1990), p. 301.

11. T. O. Ranger, "Making Northern Rhodesia Imperial: Variations on a Royal Theme, 1924 – 1938", *African Affairs*, lxxix (1980), p. 352; J. M. MacKenzie, "The Popular Culture of Empire in Britain", in *OHBE* iv, pp. 218–19, 224–5; J. O. Springhall, "Lord Meath, Youth and Empire", *Journal of Contemporary History*, v, 4 (1970), pp. 97–111.

12. N. Levy, "The Mangled Mask of Empire: Ceremony and Political Motive in the Anglo–Egyptian Sudan, 1925 – 1937" (Columbia University senior thesis, 1991), pp. 17–19, 33–40, 43–5, 58, 77, 83–4, 103.

13. Morris, *Pax Britannica*, p. 29; E. Hammerton and D. Cannadine, "Conflict and Consensus on a Ceremonial Occasion: The Diamond Jubilee in Cambridge in 1897", *HJ*, xxiv (1981), pp. 111–12; Stockwell, "Power, Authority and Freedom", p. 170; Ranger, "Invention of Tradition in Colonial Africa", p. 235.

14. L. J. Colley, "The Apotheosis of George III: Loyalty, Royalty and the British Nation, 1760 – 1820", *P&P*, no. 102 (1984), pp. 94 – 129; *idem*, *Britons: Forging the Nation, 1707–1837* (London, 1992), pp. 194–236; M. Harrison, *Crowds and History: Mass Phenomena in English Towns, 1790–1835* (Cambridge, 1988), pp. 234–67; C. A. Bayly, *Imperial Meridian: The British Empire and the World, 1780 – 1830* (London, 1989), pp. 111–12.

15. See above, pp. 46–54.

16. S. Khilnani, *The Idea of India* (Harmondsworth, 1997), pp. 120–21; T. R. Metcalf, *An Imperial Vision: Indian Architecture and Britain's Raj* (London, 1989), p. 242; Cannadine, "British Monarchy and the ' Invention of Tradition' ", pp. 120–55.

17. Morris, *Pax Britannica*, pp. 341–2; M. Kennedy, *Portrait of Elgar* (3rd edn. , Oxford, 1987), pp. 60, 163–87.

18. Morris, *Stones of Empire*, p. 37; *idem*, *Pax Britannica*, pp. 29 –

33.

19. C. Geertz, "Centers, Kings and Charisma: Reflections on the Symbolics of Power", in S. Wilentz (ed.), *Rites of Power: Symbolism, Ritual and Politics Since the Middle Ages* (Philadelphia, PA, 1985), pp. 14-33.

20. Morris, *Pax Britannica*, p. 502.

21. Hence the description of King George VI, when visiting Northern Rhodesia in 1947, as "the biggest King in the world": Ranger, "Invention of Tradition in Colonial Africa", p. 233.

22. *Who Was Who, 1916-1928* (5th edn., London, 1992), pp. 422-3.

23. J. M. Gullick, *Rulers and Residents: Influence and Power in the Malay States, 1870-1920* (Singapore, 1992), pp. 250-51.

24. Ranger, "Invention of Tradition in Colonial Africa", pp. 239-41; *idem*, "Making Northern Rhodesia Imperial", pp. 368-72.

25. Gullick, *Rulers and Residents*, pp. 231-75; J. K. Chapman, *The Career of Arthur Hamilton Gordon, First Lord Stanmore, 1829-1912* (Toronto, 1964), pp. 184, 227; B. N. Ramusack, *The Princes of India in the Twilight of Empire* (Columbus, OH, 1978), p. 31; Ranger, "Making Northern Rhodesia Imperial", pp. 354-5.

26. W. R. Louis, *The British Empire in the Middle East, 1945-1951: Arab Nationalism, the United States and Post-War Imperialism* (Oxford, 1984), p. 692.

27. G. Martin, *Bunyip Aristocracy: The New South Wales Constitution Debate of 1853 and Hereditary Institutions in the British Colonies* (Beckenham, 1986), pp. 44-5, 136-7, 168-77, 191.

28. R. Hubbard, *Rideau Hall* (London, 1977), pp. 41-60.

29. Hubbard, *Rideau Hall*, pp. 125-39; N. Frankland, *Witness of a Century: The Life and Times of Prince Arthur, Duke of Connaught, 1850-1942* (London, 1993), pp. 269-352.

30. Hubbard, *Rideau Hall*, pp. 195-208; N. Frankland, *Prince Henry, Duke of Gloucester* (London, 1980), pp. 176-83.

31. P. de Serville, *Pounds and Pedigrees: The Upper Class in Victoria, 1850-1880* (Melbourne, 1991), pp. 63-7; P. Magnus, *King Edward the*

Seventh (Harmondsworth, 1967), pp. 172-83, p. 177; B. S. Cohn, *Colonialism and Its Forms of Knowledge: The British in India* (Princeton, NJ, 1996), pp. 125-7.

32. Frankland, *Witness of a Century*, pp. 222-7, 262-5, 369-72.

33. H. Nicolson, *King George V: His Life and Reign* (London, 1967), pp. 104-14, 125-33, 228-37; K. Rose, *King George V* (London, 1983), pp. 43-7, 61-7, 131-6; S. Alomes, "Ceremonial Visions of Australia", *Journal of Australian Studies*, xx (1987), pp. 50-52.

34. I. Butler (ed.), *The Viceroy's Wife: Letters of Alice, Countess of Reading, from India, 1921-1925* (London, 1969), pp. 73-8; F. Donaldson, *Edward VIII* (London, 1978), pp. 62-98; P. Ziegler, *King Edward VIII: The Official Biography* (London, 1990), pp. 115-63; K. Fewster, "Politics, Pageantry and Purpose: The 1920 Tour of Australia by the Prince of Wales", *Labour History*, xxxviii (1980), pp. 59-66; J. W. Wheeler-Bennett, *King George VI: His Life and Reign* (London, 1958), pp. 198-206, 215-32, 371-94, 685-92; S. Bradford, *The Reluctant King: The Life and Reign of George VI, 1895-1952* (New York, 1990), pp. 120-25, 281-300, 389-93.

35. Geertz, "Centers, Kings and Charisma", pp. 16, 22.

36. Ranger, "Invention of Tradition in Colonial Africa", pp. 230-34; Morris, *Farewell the Trumpets*, p. 499; Sir J. Colville, *The Fringes of Power: Downing Street Diaries, 1939-1955* (London, 1985), p. 620.

37. *The Times*, *Crown and Empire* (London, 1937), p. 184.

38. Chapman, *Arthur Hamilton Gordon*, p. 283; W. D. McIntyre, "Australia, New Zealand and the Pacific Islands", in *OHBE* iv, p. 670; P. Spearritt, "Royal Progress: The Queen and Her Australian Subjects", in S. L. Goldberg and F. B. Smith (eds.), *Australian Cultural History* (Melbourne, 1988), pp. 138-52; J. Connors, "The 1954 Royal Tour of Australia", *AHS*, c (1993), pp. 371-82; B. Pimlott, *The Queen: A Biography of Elizabeth II* (London, 1996), pp. 111-19, 222-9.

第九章 视角

1. P. Burroughs, "Imperial Institutions and the Government of Empire", in *OHBE* iii, p. 184; A. G. Hopkins, *The Future of the Imperial Past* (Cambridge, 1997), p. 23; D. A. Washbrook, "Orients and Occidents: Colonial Discourse Theory and the Historiography of the British Empire", in *OHBE* v, p. 604; P. J. Marshall, "Empire and Authority in the Later Eighteenth Century", *JICH*, xv (1987), p. 105.

2. D. Cannadine, *Class in Britain* (London, 1998).

3. J. Morris, *The Spectacle of Empire* (London, 1982), p. 11.

4. T. O. Ranger, "Making Northern Rhodesia Imperial: Variations on a Royal Theme, 1924–1938", *African Affairs*, lxxix (1980), p. 373. But it had not always been thus. Between the mid-seventeenth and mid-eighteenth centuries, the imperial ideology (it has recently been persuasively argued) may be best described as having been "Protestant, commercial, maritime and free" (D. Armitage, *The Ideological Origins of the British Empire*) (Cambridge, 2000, pp. 170–98). Its subsequent late-eighteenth-century evolution into something rather different still awaits its historian.

5. Lord Crew, *Rosebery* (2 vols., London, 1931), vol. ii, p. 623.

6. *Hansard*, House of Commons, 13 June 1910, cols. 1134–6, 1139–46. Most of Balfour's speech is reprinted in A. P. Thornton, *The Imperial Idea and Its Enemies: A Study in British Power* (London, 1959), pp. 357–60.

7. E. W. Said, *Orientalism: Western Conceptions of the Orient* (Harmondsworth, 1995 edn.), pp. 31–6, 333, 336.

8. Quoted as the epigraph to A. Ross, *Ranji* (London, 1988 edn.).

9. K. O. Kupperman, *Settling with the Indians: The Meeting of English and Indian Cultures in America, 1580-1640* (Totowa, NJ, 1980), pp. 2, 4; P. Hockings, "British Society in the Company, Crown and Congress Eras", in P. Hockings (ed.), *Blue Mountains: The Ethnography and Biogeography of a South Indian Region* (New Delhi, 1989), pp. 345–6; D. A. Low, "Laissez-Faire and Traditional Rulership in Princely India", in R. Jeffrey (ed.), *People, Princes and Paramount Power: Society and Politics in the Indian Princely States* (New Delhi, 1978), p. 377.

10. R. E. Robinson, "Non-European Foundations: Sketch for a Theory of Collaboration", in R. Owen and B. Sutcliffe (eds.), *Studies in the Theory of Imperialism* (London, 1972), pp. 117 – 42. The distinction between *saying* and *doing* in an imperial context has been well drawn in the case of Winston Churchill in R. Hyam, "Churchill and the British Empire", in R. Blake and W. R. Louis (eds.), *Churchill* (Oxford, 1993), PP. 183-4.

11. C. Bolt, *Victorian Attitudes to Race* (London, 1971), p. 186; D. Omissi, " 'Martial Races': Ethnicity and Security in Colonial India, 1858-1939", *War & Society*, ix (1991), p. 1; A. G. Hopkins, "Back to the Future: From Natural History to Imperial History", *P & P*, no. 164 (1999), pp. 223-4.

12. P. Lawson and J. Phillips, " 'Our Execrable Banditti': Perceptions of Nabobs in Mid – Eighteenth Century Britain", *Albion*, xvi (1984), pp. 225-41.

13. J. Morris, *Pax Britannica: The Climax of an Empire* (London, 1968), pp. 227-8; G. W. Martin, *Britain and the Origins of Canadian Confederation, 1837 – 1867* (London, 1995), pp. 139 – 42, 240, 258 – 61, 264-5.

14. A. L. Stoler, *Race and the Education of Desire: Foucault's History of Sexuality and the Colonial Order of Things* (London, 1995), p. 102.

15. K. Malik, *The Meaning of Race: Race, History and Culture in Western Society* (London, 1996), pp. 223-33; C. A. Bayly, *Empire and Information: Intelligence Gathering and Social Communication in India, 1780-1870* (Cambridge, 1996), pp. 365 – 70; D. A. Washbrook, "Orients and Occidents: Colonial Discourse Theory and the Historiography of the British Empire", in *OHBE* v, pp. 596-611.

16. H. Liebersohn, "Discovering Indigenous Nobility: Tocqueville, Chamisso and Romantic Travel Writing", *AHR*, xci (1994), p. 766. For one example of such "cultivation of affinities", see J. Fingard, "Race and Respectability in Victorian Halifax", *JICH*, xx (1992), pp. 169-95.

17. In which regard see P. Gilroy, *Between Camps: Race, Identity and Nationalism at the End of the Colour Line* (London, 2000), on the need to get beyond the oppositional identities of contemporary racial collectivities.

18. D. Cannadine, "Introduction: Divine Rites of Kings", in D. Cannadine and S. Price (eds.), *Rituals of Royalty: Power and Ceremonial in Traditional Societies* (Cambridge, 1987), pp. 1–19.

19. D. Cannadine, *The Decline and Fall of the British Aristocracy* (London, 1990), pp. 602–5; J. Schumpeter, *Imperialism and Social Classes* (New York, 1951), pp. 83–4, 128, 195–7, 203; B. Anderson, *Imagined Communities: Reflections on the Origin and Spread of Nationalism* (London, 1983), pp. 136 – 7; Liebersohn, "Discovering Indigenous Nobility", p. 757.

20. V. I. Lenin, *Imperialism: The Highest Stage of Capitalism* (Moscow, 1947); D. K. Fieldhouse (ed.), *The Theory of Capitalist Imperialism* (London, 1967); E. T. Stokes, "Late Nineteenth-Century Colonial Expansion and the Attack on the Theory of Economic Imperialism: A Case of Mistaken Identity?", *HJ*, xii (1969), pp. 285–301. For a recent attempt to write history in this mode, see E. J. Hobsbawm, *The Age of Empire, 1875–1914* (London, 1987). The phrase "gentlemanly capitalism" was coined and popularized by P. J. Cain and A. G. Hopkins, *British Imperialism*, vol. i, *Innovation and Expansion, 1688–1914*; vol. ii, *Crisis and Deconstruction, 1914–1990* (London, 1993). For discussion and criticism of the term, see A. N. Porter, "Gentlemanly Capitalism and Empire: The British Experience since 1750?", *JICH*, xviii (1990), pp. 265–95; D. K. Fieldhouse, "Gentlemen, Capitalists and the British Empire", *JICH*, xxii (1994), pp. 531–41; D. Cannadine, "The Empire Strikes Back", *P & P*, no. 147 (1995), pp. 180–94.

21. S. Howe, *Anti-Colonialism in British Politics: The Left and the End of Empire, 1918–1964* (Oxford, 1993), p. 34.

22. A. N. Porter, "Religion and Empire: British Expansion in the Long Nineteenth Century, 1780 – 1914", *JICH*, xx (1992), pp. 375 – 6; B. Porter, "An Awfully Big Colonial Adventure", *TLS*, 14 January 2000, pp. 4–5.

23. As the *Church Missionary Intelligencer* put it in 1857: "Christianity strengthens lawful authority, concurs with it in action, makes the man more loyal, more submissive to his superiors, more attentive to their commands."

Quoted in Bolt, *Victorian Attitudes to Race*, p. 159.

24. D. McCaughey, N. Perkins and A. Trumble, *Victoria's Colonial Governors, 1839-1900* (Melbourne, 1993), p. 316; E. A. Buettner, "Families, Children and Memories; Britons in India, 1857-1947" (University of Michigan Ph. D. , 1998), pp. 12-13, 278-339; E. M. Forster, *A Passage to India* (Harmondsworth, 1986 edn.), pp. 49-50.

25. F. G. Hutchings, *The Illusion of Permanence: British Imperialism in India* (Princeton, NJ, 1967), pp. 24, 107-8; Hockings, "British Society in the Company, Crown and Congress Eras", p. 345; E. Richards, "South Australia Observed, 1836-1986", in *idem* (ed.), *The Flinders History of South Australia: Social History* (Adelaide, 1992), p. 12.

26. D. Cannadine, "The Context, Performance and Meaning of Ritual: The British Monarchy and the ' Invention of Tradition', *c.* 1820-1977", in E. J. Hobsbawm and T. O. Ranger (eds.), *The Invention of Tradition* (Cambridge, 1983), pp. 145-9.

27. Cannadine, *Class in Britain*, pp. 123-4, 144-5; G. Orwell, *The Lion and the Unicorn: Socialism and the English Genius* (Harmondsworth, 1982 edn.), p. 52; D. A. Washbrook, "Orients and Occidents: Colonial Discourse Theory and the Historiography of the British Empire", in *OHBE* v, p. 604.

28. P. J. Marshall, "Empire and Authority in the Later Eighteenth Century", *JICH*, xv (1987), p. 106; B. Anderson, *Imagined Communities: Reflections on the Origin and Spread of Nationalism* (London, 1983), pp. 136-7.

29. T. R. Metcalf, *An Imperial Vision: Victorian Architecture and Britain's Raj* (London, 1989), p. 234; Hopkins, "Back to the Future", p. 220; J. Darwin, "Imperialism in Decline? Tendencies in British Imperial Policy Between the Wars", *HJ*, xxiii (1980), pp. 663-4; G. Studdert-Kennedy, "The Christian Imperialism of the Die-Hard Defenders of the Raj, 1926-1935", *JICH*, xviii (1990), pp. 342-61.

30. D. Clarke, "The Conservative Faith in a Modern Age", in R. A. Butler (ed.), *Conservatism, 1945-1950* (London, 1950), pp. 15, 19, 41; A. J. Davies, *We, the Nation: The Conservative Party and the Pur-*

suit of Power (London, 1995) , p. 348; A. Gamble, *The Conservative Nation* (London, 1974) , pp. 166–7, 203.

31. L. S. Amery, *The Framework of the Future* (Oxford, 1944) , pp. 4–18, 136–59.

32. F. R. Dulles and G. E. Ridinger, "The Anti–Colonial Policies of Franklin D. Roosevelt", *Political Science Quarterly*, lxx (1955) , pp. 1–18; W. R. Louis, *Imperialism at Bay, 1941–1945: The United States and the Decolonization of the British Empire* (Oxford, 1977) , pp. 19 – 21; D. Reynolds, *The Creation of the Anglo–American Alliance, 1937–1941: A Study in Competitive Co–operation* (London, 1981) , pp. 23–5.

33. W. F. Moneypenny and G. F. Buckle, *The Life of Benjamin Disraeli, Earl of Beaconsfield* (rev. edn. , 2 vols. , London, 1929) , vol. ii, *1860–1881*, p. 805.

34. Lord Ronaldshay, *The Life of Lord Curzon* (3 vols. , London, 1928) , vol. iii, pp. 373–5; D. Cannadine, *Aspects of Aristocracy: Grandeur and Decline in Modern Britain* (London, 1994) , pp. 77–90; Sir E. Gigg, *The Faith of an Englishman* (London, 1937) , p. 385; P. Ziegler, "Churchill and the Monarchy", in Blake and Louis, *Churchill*, pp. 187–8; W. S. Churchill, *My Early Life* (London, 1930) , p. 118; R. Rhodes James (ed.) , *Winston S. Churchill: His Complete Speeches, 1897–1963* (8 vols. , London, 1974) , vol. vi, 1935–1942, p. 6, 295.

35. K. Perkins, *Menzies: Last of the Queen's Men* (London, 1968) , pp. 220–26; P. Joske, *Sir Robert Menzies, 1894–1978—A New, Informal Memoir* (London, 1978) , pp. 347–53.

36. M. Malia, *Russia Under Western Eyes: From the Bronze Horseman to the Lenin Mausoleum* (Cambridge, Mass. , 1999) , p. 9; J. H. Elliott, *The Old World and the New, 1492–1650* (Cambridge, 1996) , pp. 17–21.

第十章 局限

1. A. J. Stockwell, "Power, Authority and Freedom", in P. J. Marshall (ed.) , *The Cambridge Illustrated History of the British Empire* (Cambridge, 1996) , p. 147; M. Lynn, "British Policy, Trade, and Informal Empire in

the Mid-Nineteenth Century", in *OHBE* iii, p. 120.

2. A. J. P. Taylor, *The Trouble Makers: Dissent over Foreign Policy, 1792-1939* (London, 1957); A. P. Thornton, *The Imperial Idea and Its Enemies: A Study in British Power* (London, 1959); B. Porter, *Critics of Empire: British Radical Attitudes to Colonialism in Africa, 1895-1914* (London, 1968); P. Rich, *Race and Empire in British Politics* (2nd edn., Cambridge, 1990), pp. 70 - 91. For non - British critics of empire, see J. Schneer, *London 1900: The Imperial Metropolis* (London, 1999), pp. 184-226.

3. J. K. Chapman, *The Career of Arthur Hamilton Gordon, First Lord Stanmore, 1829-1912* (Toronto, 1964), p. 6; W. D. Rubinstein, "Men of Wealth", in S. L. Goldberg and F. B. Smith (eds.), *Australian Cultural History* (Melbourne, 1988), pp. 109 - 22; G. Martin, "Canada from 1815", in *OHBE* iii, p. 528; *idem*, *Bunyip Aristocracy: The New South Wales Constitution Debate of 1853 and Hereditary Institutions in the British Colonies* (Beckenham, 1986), p. 181; D. McCaughey, N. Perkins and A. Trumble, *Victoria's Colonial Governors, 1839-1900* (Melbourne, 1993), pp. 198-9.

4. D. Denoon with M. Wyndham, "Australia and the Western Pacific", in *OHBE* iii, p. 565; E. Richards, "South Australia Observed, 1836 - 1986", in *idem* (ed.), *The Flinders History of South Australia: Social History* (Adelaide, 1992), pp. 22-3. See also M. Fairburn, *The Ideal Society and Its Enemies: The Foundations of Modern New Zealand Society, 1850-1900* (Auckland, 1989), pp. 81-116, where he explicitly inquires whether New Zealand was a "hierarchical society", and concludes that it was not. In her obituary of Professor Robert Scribner (Guardian, 2 February 1998), Lyndal Roper defined his "Australian-ness" as encompassing "hatred of hierarchy".

5. J. Darwin, "A Third British Empire? The Dominion Idea in Imperial Politics", in *OHBE* iv, p. 72; D. Fitzpatrick, "Ireland and the Empire", in *OHBE* iii, pp. 518-19. See also J. B. Condliffe, B. Braatoy and T. H. Marshall, "Class in New Zealand and Scandinavia", *Listener*, 8 December 1938, pp. 1, 233-5.

6. A. B. Keith, *Responsible Government in the Dominions* (2nd edn., 2 vols., Oxford, 1928), vol. ii, pp. 1, 027 – 8; C. Cunneen, *King's Men: Australia's Governors – General from Hopetoun to Isaacs* (Sydney, 1983), pp. 19, 75, 149; D. Cannadine, *The Decline and Fall of the British Aristocracy* (London, 1990), pp. 433–5.

7. Chapman, *Arthur Hamilton Gordon*, pp. 236–8; Cannadine, *Decline and Fall*, pp. 590 – 93; Cunneen, *King's Men*, pp. 4 – 5, 89, 103, 109, 151, 182.

8. This is the argument generally advanced in C. A. Bayly, *Empire and Information: Intelligence Gathering and Social Communication in India, 1780–1870* (Cambridge, 1996), esp. pp. 7, 48–9, 167–71, 365.

9. The king–emperor was personally opposed to the Morley – Minto reforms, because he believed the princes would resent an Indian "who would be very inferior in caste to themselves" sitting with them on the viceroy's council. But Indian princes belonged to various castes, and Brahmans were of purer caste than most princes: A. B. Keith, *The King and the Imperial Crown: The Powers and Duties of His Majesty* (London, 1936), p. 416; T. R. Metcalf, *Ideologies of the Raj* (Cambridge, 1995), pp. 117 – 21; S. Bayly, *Caste, Society and Politics in India from the Eighteenth Century to the Modern Age* (Cambridge, 1999), pp. 97–143; S. Khilnani, *The Idea of India* (London, 1997), pp. 18–19.

10. D. Gilmour, *Curzon* (London, 1994), pp. 185 – 90; R. Jeffrey, "Introduction" to R. Jeffrey (ed.) *People, Princes and Paramount Power: Society and Politics in the Indian Princely States* (New Delhi, 1978), p. 18; I. Copland, "The Other Guardians: Ideology and Performance in the Indian Political Service", in Jeffrey, *People, Princes and Paramount Power*, pp. 275–305; P. Woodruff, *The Men Who Ruled India*, vol. ii, *The Guardians* (London, 1963), p. 307.

11. Woodruff, *The Guardians*, p. 203; R. J. Moore, "Imperial India, 1858–1914", in *OHBE* iii, pp. 432, 437. Kipling, predictably, disliked the "educated Bengali": Metcalf, *Ideologies of the Raj*, pp. 165–6.

12. Jeffrey. "Introduction", p. 2; J. W. Cell, *Hailey: A Study in British Imperialism, 1872–1969* (Cambridge, 1992), p. 55; F. G. Hutchins, *The Il-*

lusion of Permanence: British Imperialism in India (Princeton, NJ, 1967),
pp. 156–7, 192.

    13. J. W. Cell, "Colonial Rule", in *OHBE* iv, p. 313; *idem*, *Hailey*,
p. 200; T. R. Metcalf, *An Imperial Vision: Victorian Architecture and
Britain's Raj* (London, 1989), p. 241; Hutchins, *Illusion of Permanence*,
p. 187; Keith, *King and the Imperial Crown*, p. 422; I. Copland, *The
British Raj and the Indian Princes: Paramountcy in Western India 1857–
1930* (New Delhi, 1982), pp. 155, 231, 313.

    14. A. N. Porter, "Introduction", in *OHBE* iii, p. 18; J. Tosh, *Clan
Leaders and Colonial Chiefs in Lango: The Political History of an East Afri-
can Stateless Society*, *c. 1800–1939* (Oxford, 1978), p. 246.

    15. T. C. McCaskie, "Cultural Encounters: Britain and Africa in the
Nineteenth Century", in *OHBE* iii, pp. 682, 685; T. Falola and A. D. Ro-
berts, "West Africa", in *OHBE* iv, pp. 518–19; I. F. Nicolson, *The Ad-
ministration of Nigeria*, *1900–1960: Men, Methods and Myths* (Oxford,
1969); A. E. Afigbo, *The Warrant Chiefs: Indirect Rule in South Eastern Ni-
geria*, 1891–1929 (London, 1972); J. A. Atanda, *The New Oyo Empire:
Indirect Rule and Change in Western Nigeria*, *1894–1934* (London, 1973).

    16. F. Robinson, "The British Empire and the Muslim World", in *OH-
BE* iv, p. 407; M. W. Daly, *Empire on the Nile: The Anglo–Egyptian Su-
dan*, *1898–1934* (Cambridge, 1986), pp. 360–79; *idem*, *Imperial Su-
dan: The Anglo–Egyptian Condominium*, *1934–1956* (Cambridge, 1991),
pp. 27–45.

    17. J. W. Cell, "Colonial Rule", in *OHBE* iv, pp. 250–51; J. Lons-
dale, "East Africa", in *OHBE* iv, p. 532; T. O. Ranger, "European Atti-
tudes and African Realities: The Rise and Fall of the Matola Chiefs of
South–East Tanzania", *Journal of African History*, xx (1979), pp. 63–82;
J. Iliffe, *A Modern History of Tanganyika* (Cambridge, 1979), pp. 318,
323–4, 328–30; H. A. Gailey, *Sir Donald Cameron: Colonial Governor*
(Stanford, CA, 1974), pp. 70, 76–80. For similar mistakes and misper-
ceptions elsewhere in British Africa, see H. Kuklick, *The Imperial Bureau-
crat: The Colonial Administrative Service in the Gold Coast*, *1920–1939*
(Stanford, CA, 1979), pp. 43–59; Tosh, *Clan Leaders and Colonial*

Chiefs, pp. 219–50.

18. P. Burroughs, "Imperial Institutions and the Government of Empire", in *OHBE* iii, p. 182; Daly, *Empire on the Nile*, pp. 377 – 8; S. C. Smith, "The Rise, Decline and Survival of the Malay Rulers during the Colonial Period, 1874–1957", *JICH*, xxii (1994), p. 88.

19. P. Hethrington, *British Paternalism and Africa, 1920–1940* (London, 1978), pp. 131–49; S. J. S. Cookey, "Sir Hugh Clifford as Governor of Nigeria: An Evaluation", *African Affairs*, lxxix (1980), pp. 534–8.

20. W. R. Louis, *The British Empire in the Middle East, 1945–1951: Arab Nationalism, the United States, and Post–War Imperialism* (Oxford, 1984), pp. 337–9.

21. E. Kedourie, "The Kingdom of Iraq: A Retrospect", in *idem*, *The Chatham House Version and Other Middle Eastern Studies* (London, 1970), p. 278.

22. A. H. Hourani, *Great Britain and the Arab World* (London, 1946), pp. 257; A. S. Kleiman, *Foundations of British Policy in the Arab World: The Cairo Conference of 1921* (London, 1970), pp. 246 – 7; F. Robinson, "The British Empire and the Muslim World", in *OHBE* iv, pp. 407–8.

23. E. Monroe, *Britain's Moment in the Middle East, 1914 – 1971* (London, 1981), pp. 82, 116–30; J. Morris, *Farewell the Trumpets: An Imperial Retreat* (Harmondsworth, 1979), p. 266.

24. Louis, *British Empire in the Middle East*, p. 345; N. Owen, "Britain and Decolonization: The Labour Governments and the Middle East, 1945–1951", in M. J. Cohen and M. Kolinsky (eds.), *Demise of the British Empire in the Middle East: Britain's Response to Nationalist Movements, 1943–1955* (London, 1998), p. 10.

25. Monroe, *Britain's Moment in the Middle East*, pp. 128 – 9; N. Daniel, "Contemporary Perceptions of the Revolution in Iraq on 14 July 1958", in R. A. Fernea and W. R. Louis (eds.), *The Iraqi Revolution of 1958: The Old Social Classes Revisited* (London, 1991), p. 6.

26. C. Barnett, *The Collapse of British Power* (London, 1972), pp. 176, 207; D. Harkness, *The Restless Dominion: The Irish Free State and*

the British Commonwealth of Nations, *1921-1931* (London, 1969).

27. R. G. Menzies, *Afternoon Light* (London, 1967), pp. 259 – 81; *idem*, *The Measure of the Years* (London, 1970), pp. 44 – 60; R. Lewin, *Slim the Standardbearer* (London, 1976), pp. 289 – 91; D. Day, *Menzies and Churchill at War* (London, 1986); D. A. Low, *Eclipse of Empire* (Cambridge, 1991), pp. 356–7; W. D. McIntyre, "Australia, New Zealand, and the Pacific Islands", *OHBE* iv, pp. 676–9; D. Lee, "Australia, the British Commonwealth, and the United States, 1950–1953", *JICH*, xx (1992), pp. 445–69.

28. Metcalf, *Imperial Vision*, pp. 128–40; C. W. Nuckolls, "The Durbar Incident", *MAS*, xxiv (1990), pp. 529–59; J. F. Codell, "Resistance and Performance: Native Informant Discourse in the Biographies of Maharaja Sayaji Rao III of Baroda (1863–1939) ", in J. F. Codell and D. S. Macleod (eds.), *Orientalism Transposed: The Impact of the Colonies on British Culture* (Aldershot, 1998), pp. 13–45; C. S. Sundram, " ' Martial ' Indian Aristocrats and the Military System of the Raj: The Imperial Cadet Corps, 1900–1914", *JICH*, xxv (1997), pp. 415–39.

29. E. S. Haynes, "Rajput Ceremonial Interactions as a Mirror of a Dying Indian State System, 1820–1947", *MAS*, xxiv (1990), p. 489; Morris, *Farewell the Trumpets*, p. 62, n. 1; I. Copland, *The Princes of India in the Endgame of Empire*, *1917 – 1947* (Cambridge, 1997), pp. 113 – 82; G. Mehta, *Raj* (New Delhi, 1993).

30. T. O. Ranger, "The Invention of Tradition in Colonial Africa", in E. J. Hobsbawm and T. O. Ranger (eds.), *The Invention of Tradition* (Cambridge, 1983), p. 242; P. K. Tibenderana, "The Role of the British Administration in the Appointment of the Emirs of Northern Nigeria, 1903–1931: The Case of Sokoto Province", *Journal of African History*, xxviii (1987), pp. 231–57.

31. Smith, "Rise, Decline and Survival of the Malay Rulers", pp. 86–92; T. O. Ranger, "Making Northern Rhodesia Imperial: Variations on a Royal Theme, 1924–1938", *African Affairs*, lxxix (1980), PP. 349–73.

32. Louis, *British Empire in the Middle East*, pp. 310–11; Kedourie, "The Kingdom of Iraq: A Retrospect", pp. 239–43; Monroe, *Britain's Mo-*

ment in the Middle East, p. 122.

33. Louis, *British Empire in the Middle East*, pp. 226 - 8, 252 - 64, 311 - 13, 331 - 44; M. Kolinsky, "Lampson and the Wartime Control of E-gypt", in Cohen and Kolinsky, *Demise of the British Empire in the Middle East*, pp. 96 - 111.

34. Keith, *Responsible Government*, vol. ii, pp. 1, 018 - 24.

35. B. Knox, "Democracy, Aristocracy and Empire: The Provision of Colonial Honours, 1818 - 1870", *AHS*, xxv (1992 - 3), pp. 249, 253; N. Frankland, *Witness of a Century: The Life and Times of Prince Arthur, Duke of Connaught, 1850-1942* (London, 1993), pp. 344 - 7.

36. Martin, *Bunyip Aristocracy*, pp. 186 - 7; D. W. Thomson, "The Fate of Titles in Canada", *Canadian Historical Review*, x (1929), pp. 236 - 46; C. Bissell, *The Imperial Canadian: Vincent Massey in Office* (Toronto, 1986), pp. 263 - 8, 293.

37. Ranger, "Making Northern Rhodesia Imperial", p. 373.

38. M. French, "The Ambiguity of Empire Day in New South Wales, 1901 - 1921: Imperial Consensus or National Division?", *Australian Journal of Politics and History*, xxiv (1978), pp. 61 - 74; S. Firth and J. Hoorn, "From Empire Day to Cracker Night" in P. Spearritt and D. Walker (eds.), *Australian Popular Culture* (Sydney, 1979), pp. 17 - 38; K. S. Inglis, "The Anzac Tradition", *Meanjin*, xxiv (1965), pp. 25 - 44; E. Kwan, "The Australian Flag: Ambiguous Symbol of Nationality in Melbourne and Sydney, 1920 - 1921", *AHS*, xvi (1995), pp. 280 - 303; D. Adair, " ' On Parade' : Spectacles, Crowds and Collective Loyalties in Australia, 1901 - 1938" (Flinders University Ph. D. , 1994), pp. 126 - 93.

39. N. Frankland, *Prince Henry, Duke of Gloucester* (London, 1980), pp. 209 - 16; *idem*, *Witness of a Century*, p. 268; H. Bolitho, *Edward VIII* (Philadelphia, PA, 1938), p. 190.

40. P. M. Cowburn, "The Attempted Assassination of the Duke of Edin-burgh, 1868", *Royal Australian Historical Society Journal*, lv (1969), pp. 19 - 42.

41. Cunneen, *King's Men*, p. 19; S. Alomes, "Ceremonial Visions of Australia", *Journal of Australian Studies*, xx (1987), p. 52; Frankland,

Witness of a Century, p. 370; F. Donaldson, *Edward VIII* (London, 1978), p. 92; P. Ziegler, *King Edward VIII: The Official Biography* (London, 1990), pp. 138–40; S. Bradford, *The Reluctant King: The Life and Reign of George VI, 1895–1952* (New York, 1990), pp. 219–23; A. Trevithick, "Some Structural and Sequential Aspects of the British Imperial Assemblages at Delhi, 1877–1911", *MAS*, xxiv (1990), pp. 575–6.

42. Bradford, *Reluctant King*, p. 390; B. Pimlott, *The Queen: A Biography of Elizabeth II* (London, 1996), p. 119; E. Morris, "Forty Years On: Australia and the Queen, 1954", *Journal of Australian Studies*, no. 40 (1994), pp. 1–13.

43. J. Darwin, "A Third British Empire?", in *OHBE* iv, pp. 69, 77.

44. Keith, *King and the Imperial Crown*, p. 12; H. Nicolson, *King George V: His Life and Reign* (London, 1967), pp. 620–24; W. R. Louis, "Introduction", in *OHBE* iv, p. 32; S. Marks, "Southern Africa", in *OHBE* iv, p. 555; D. McMahon, "Ireland the Empire–Commonwealth, 1900–1948", in *OHBE* iv, p. 157.

45. Keith, *King and the Imperial Crown*, p. vii; Nicolson, *George V*, pp. 602–17.

46. E. Hammerton and D. Cannadine, "Conflict and Consensus on a Ceremonial Occasion: The Diamond Jubilee in Cambridge in 1897", *HJ*, xxiv (1981), pp. 111–46; S. Lukes, "Political Ritual and Social Integration", in *idem*, *Essays in Social Theory* (London, 1977), pp. 62–73.

47. D. Haynes, "Imperial Ritual in a Local Setting: The Ceremonial Order in Seurat, 1890–1939", *MAS*, xxiv (1990), p. 516.

48. Nuckolls, "The Durbar Incident", pp. 545–6.

49. Q. Bell, *Virginia Woolf: A Biography*, vol. i, *Virginia Stephen, 1882–1912* (London, 1973), pp. 157–61.

50. P. de Serville, *Pounds and Pedigrees: The Upper Class in Victoria, 1850–1880* (Melbourne, 1991), pp. 197–206; Sir B. Burke, *A Genealogical and Heraldic History of the Colonial Gentry* (2 vols. , London, 1891–5), vol. ii, pp. xvii–xxiii, prints extensive corrigenda to vol. i. A promised third volume never appeared.

51. Copland, *The Princes of India*, pp. 24–5. Disraeli's claim, during

debates on the Royal Titles Bill, that the Indian princes "occupy thrones which were filled by their ancestors when England was a Roman province" was pure–and predictable–hyperbole; Metcalf, *Ideologies of the Raj*, p. 61.

52. Metcalf, *Imperial Vision*, pp. 105, 139–40; Hutchins, *Illusion of Permanence*, p. 172.

53. J. Morris, *Pax Britannica: The Climax of an Empire* (London, 1968), pp. 359–78; *idem*, *Farewell the Trumpets*, pp. 338–62.

54. Copland, *British Raj and the Indian Princes*, p. 123; Metcalf, *Imperial Vision*, p. 245.

第四部分　终点
第十一章　解体

1. V. Woolf, *A Moment's Liberty: The Shorter Diary* (ed. A. O. Bell, London, 1997), p. 400.

2. W. D. McIntyre, *British Decolonization, 1946 – 1997* (London, 1998), pp. 1–6; A. G. Hopkins, "Back to the Future: From National History to Imperial History", *P & P*, no. 164 (1999), pp. 219–20; J. Darwin, "British Decolonization since 1945: A Pattern or a Puzzle?", *JICH*, xii (1984), pp. 187–209.

3. A. P. Thornton, *The Imperial Idea and Its Enemies: A Study in British Power* (London, 1959), chs. v–vii, sketched out an early interpretation to this effect.

4. D. Cannadine, *The Decline and Fall of the British Aristocracy* (London, 1990), pp. 103–6, 177–80, 472–87.

5. Anon. , "Last Days of Dublin Castle", *Blackwood's Magazine*, ccxii (1922), pp. 138–9, 156–7, 181, 189–90; R. B. McDowell, *The Irish Administration, 1801–1914* (London, 1963), pp. 292–4; E. Brynn, *Crown & Castle: British Rule in Ireland, 1800–1830* (Dublin, 1978), pp. 153–60; E. Goldstein, " 'Quis Separabit?' : The Order of St Patrick and Anglo–Irish Relations, 1922–1934", *Historical Research*, lxii (1989), pp. 70–80.

6. D. A. Low, *Eclipse of Empire* (Cambridge, 1991), p. 327; McIntyre, *British Decolonization*, pp. 19–20; D. McMahon, *Republicans and Impe-*

rialists: Anglo-Irish Relations in the 1930s (London, 1984), pp. 63 – 5, 94 – 100, 200 – 201, 214 – 15.

7. J. Morris, *Farewell the Trumpets: An Imperial Retreat* (Harmondsworth, 1979), p. 221.

8. P. Ziegler, *Mountbatten: The Official Biography* (London, 1985), pp. 404 – 15.

9. J. Morris, *Stones of Empire: The Buildings of the Raj* (Oxford, 1983), p. 185.

10. P. Woodruff, *The Men Who Ruled India*, vol. ii, *The Guardians* (London, 1963), p. 342; Sir C. Corfield, "Some Thoughts on British Policy and the Indian States, 1935 – 1947", in C. H. Philips and M. D. Wainwright (eds.), *The Partition of India: Policies and Perspectives, 1935 – 1947* (London, 1970), pp. 527 – 34; P. Mason, *A Shaft of Sunlight: Memories of a Varied Life* (London, 1978), p. 214; Lord Birkenhead, *Walter Monckton: The Life of Viscount Monckton of Brenchley* (London, 1969), pp. 217 – 54; I. Copland, *The British Raj and the Indian Princes: Paramountcy in Western India, 1857 – 1930* (New Delhi, 1982), p. 313; *idem*, *The Princes of India in the Endgame of Empire, 1917 – 1947* (Cambridge, 1997), pp. 185 – 7, 219 – 20; J. Brown, "India", in *OHBE* iv, p. 437.

11. Copland, *Princes of India*, pp. 1, 239, 253; Mason, *Shaft of Sunlight*, p. 203.

12. W. D. McIntyre, "Commonwealth Legacy", in *OHBE* iv, pp. 696 – 7; *idem*, *British Decolonization*, pp. 110 – 18; P. N. S. Mansergh, *The Commonwealth Experience* (London, 1969), p. 405; R. J. Moore, *Making the New Commonwealth* (Oxford, 1987), pp. 120 – 204, esp. pp. 183 – 6.

13. M. Kennedy, *Portrait of Walton* (Oxford, 1990), pp. 93, 167; B. Pimlott, *The Queen: A Biography of Elizabeth II* (London, 1996), pp. 181 – 3.

14. P. C. Gordon Walker, "Crown Divisible", *The Twentieth Century*, cliii (1953), pp. 425 – 9; J. W. Wheeler-Bennett, *King George VI: His Life and Reign* (London, 1958), pp. 725 – 9; Pimlott, *The Queen*, p. 203.

15. S. Heffer, *Like the Roman: The Life of Enoch Powell* (London, 1998), pp. 182 – 5; W. D. McIntyre, "Commonwealth Legacy", in *OHBE*

iv, p. 696; *idem*, *British Decolonization*, pp. 107 – 8; Hopkins, "Back to the Future", p. 220, sees the "decisive break" with the old dominions occurring in the 1950s.

16. Cannadine, *Decline and Fall*, p. 686; R. Hubbard, *Rideau Hall* (London, 1977), p. 219.

17. D. McCaughey, N. Perkins and A. Trumble, *Victoria's Colonial Governors*, *1839 – 1900* (Melbourne, 1993), pp. 325 – 6; P. Simpson, "The Recognition of Difference", in G. W. Rice (ed.), *The Oxford History of New Zealand* (2nd edn., Auckland, 1992), pp. 571 – 2. This trend was also encouraged by the separate Canadian flag (1965) and the repatriation of the Canadian constitution (1982). And in 1986 the Australian and New Zealand parliaments both passed Constitution Acts ending the last vestiges of imperial subordination by repealing the Statute of Westminster and confirming their own sovereign independence. See D. MacKenzie, "Canada, the North Atlantic Triangle and the Empire", in *OHBE* iv, p. 594; S. McIntyre, "Australia, New Zealand and the Pacific Islands", in *OHBE* iv, p. 689.

18. J. Flint, "Planned Decolonization and Its Failure in British Africa", *African Affairs*, lxxxii (1983), p. 395; S. C. Smith, "The Rise, Decline and Survival of the Malay Rulers during the Colonial Period, 1874 – 1957", *JICH*, xxii (1994), pp. 91 – 2.

19. J. W. Cell, "Colonial Rule", in *OHBE* iv, p. 249; *idem*, *Hailey: A Study in British Imperialism*, *1872 – 1969* (Cambridge, 1992), pp. 254 – 65.

20. McIntyre, *British Decolonization*, p. 104; R. E. Robinson, "Imperial Theory and the Question of Imperialism after Empire", *JICH*, xii (1984), pp. 47 – 9.

21. J. Darwin, *Britain and Decolonization: The Retreat from Empire in the Post-War World* (London, 1988), pp. 175 – 9; B. Lapping, *End of Empire* (London, 1985), pp. 366 – 89.

22. R. E. Robinson, "Why 'Indirect Rule' has been Replaced by 'Local Government' in the Nomenclature of British Native Administration", *Journal of African Administration*, iii, 3 (July 1950), pp. 12 – 15; D. A. Low, *Eclipse of Empire*, p. 228; T. Falola and A. D. Roberts, "West Afri-

ca", in *OHBE* iv, p. 524; Darwin, *Britain and Decolonization*, pp. 179–83, 191–3, 259–61; A. M. Yakubu, "The Demise of Indirect Rule in the Emirates of Northern Nigeria", in T. O. Ranger and O. Vaughan (eds.), *Legitimacy and the State in Twentieth – Century Africa* (London, 1999), pp. 162–90. For one account of the vexed post–war, pre–independence relations between the British, the traditional rulers and the nationalists in an African colony, see R. Rathbone, *Nkrumah and the Chiefs: The Politics of Chieftaincy in Southern Ghana, 1951 – 1960* (Oxford, 1999). I am most grateful to Professor Rathbone for allowing me to see chapters of this book before publication.

23. N. Owen, " 'More than a Transfer of Power' : Independence Day Ceremonies in India, 15 August 1947", *Contemporary Record*, vi (1992), pp. 443–4.

24. Low, *Eclipse of Empire*, pp. 19, 316; McIntyre, *British Decolonization*, p. 56.

25. D. Cannadine, *Aspects of Aristocracy: Grandeur and Decline in Modern England* (London, 1994), pp. 127–9.

26. Except in Saudi Arabia. But this was of no comfort to the British. Between 1945 and 1948, King Ibn Sa'ud shifted his loyalty from the British to the Americans, in large part because of their massive investments, during and since the Second World War, in Arabian oil: W. R. Louis, *The British Empire in the Middle East, 1945–1951: Arab Nationalism, the United States, and Post–War Imperialism* (Oxford, 1984), 197–204.

27. Louis, *British Empire in the Middle East*, pp. 1–15, 19, 240, 604; N. Owen, "Britain and Decolonization: The Labour Governments and the Middle East, 1945–1951", in M. J. Cohen and M. Kolinsky (eds.), *Demise of the British Empire in the Middle East: Britain's Response to Nationalist Movements, 1943–1955* (London, 1998), pp. 3–22.

28. Darwin, *Britain and Decolonization*, pp. 206 – 14; E. Monroe, *Britain's Moment in the Middle East, 1914 – 1971* (London, 1981), pp. 170–71; C. Tripp, "Egypt, 1945–52: The Uses of Disorder", in Cohen and Kolinsky, *Demise of the British Empire in the Middle East*, pp. 135–6.

29. Monroe, *Britain's Moment in the Middle East*, pp. 189-90, 211; Low, *Eclipse of Empire*, pp. 291, 297; W. R. Louis, "The British and the Origins of the Iraqi Revolution", in R. A. Fernea and W. R. Louis (eds.), *The Iraqi Revolution of 1958: The Old Social Classes Revisited* (London, 1991), pp. 31-61; W. R. Louis and R. E. Robinson, "The Imperialism of Decolonization", *JICH*, xxii (1994), p. 482; M. Eppel, "The Decline of British Influence and the Ruling Elite in Iraq", in Cohen and Kolinsky, *Demise of the British Empire in the Middle East*, pp. 185-97; I. Pope, "British Rule in Jordan, 1943-1955", in ibid., pp. 198-219.

30. Monroe, *Britain's Moment in the Middle East*, pp. 213 - 15; G. Balfour - Paul, *The End of Empire in the Middle East* (Cambridge, 1991), pp. 80-95; Lapping, *End of Empire*, pp. 290-310.

31. McIntyre, *British Decolonization*, pp. 64 - 5; G. Balfour - Paul, "Britain's Informal Empire in the Middle East", in *OHBE* iv, pp. 508-11; *idem*, *End of Empire in the Middle East*, pp. 122-36; F. Robinson, "The British Empire and the Muslim World", in *OHBE* iv, p. 409.

32. D. Gilmour, *Curzon* (London, 1994), p. 240.

33. Darwin, *Britain and Decolonization*, pp. 298 - 307; McIntyre, *British Decolonization*, pp. 9, 122; J. O. Springhall, "Lord Meath, Youth and Empire", *Journal of Contemporary History*, v, 4 (1970), p. 106.

34. Mountbatten was KG, OM, GCB, GCSI, GCIE and GCVO; Alexander was KG, OM, GCB, GCMG and CSI; and Slim was KG, GCB, GCMG, GCVO and GBE. See Sir I. de la Bere, *The Queen's Orders of Chivalry* (London, 1964), pp. 19, 178 - 9; P. Ziegler, *Mountbatten: The Official Biography* (London, 1985), pp, 310 - 11, 638; N. Nicolson, *Alex: The Life of Field Marshal Earl Alexander of Tunis* (London, 1973), p. 318; R. Lewin, *Slim the Standardbearer* (London, 1976), p. 299.

35. Cannadine, *Aspects of Aristocracy*, p. 129. The last authentic British proconsul, Lord Maclehose of Beoch, who was governor of Hong Kong from 1971 to 1982, was a life peer, KT, GBE, KCMG and KCVO, and died on 27 May 2000.

36. P. Chapman, "New Zealand to Abolish Knight and Dame Titles", *Daily Telegraph*, 11 April 2000; B. Gould, "Lessons from Down Under",

Observer, 17 Sept. 2000.

37. Cannadine, *Aspects of Aristocracy*, p. 129; Hubbard, *Rideau Hall*, pp. 225, 239; W. D. McIntyre, "Australia, New Zealand and the Pacific Islands", in *OHBE* iv, p. 690; C. Bissell, *The Imperial Canadian: Vincent Massey in Office* (Toronto, 1986), pp. 264-5, 310.

38. P. Spearritt, "Royal Progress: The Queen and Her Australian Subjects", in S. L. Goldberg and F. B. Smith (eds.), *Australian Cultural History* (Melbourne, 1988), pp. 152-4.

39. Pimlott, *The Queen*, pp. 318 - 19, 338 - 9; J. Dimbleby, *The Prince of Wales: A Biography* (London, 1994), pp. 545-9. See also the discussion in Sir G. Palmer and M. Palmer, *Bridled Power: New Zealand Government under MMP* (3rd edn., Oxford, 1997), pp. 40-51.

40. W. R. Louis, "Introduction", in *OHBE* iv, p. 14; S. Constantine, "Migrants and Settlers", in *OHBE* iv, p. 184; W. D. McIntyre, "Australia, New Zealand and the Pacific Islands", in *OHBE* iv, pp. 690 - 91; R. J. Walker, "Maori People since 1950", in G. W. Rice (ed.), *The Oxford History of New Zealand* (2nd edn., Auckland, 1992), pp. 498-519; J. M. Brown, "Epilogue", in *OHBE* iv, p. 708.

41. J. Freedland, "The Future is Kiwi", *Guardian*, 3 May 2000.

42. Moore, *Making the New Commonwealth*, pp. 103-20.

43. Louis and Robinson, "The Imperialism of Decolonization", p. 489.

44. Morris, *Farewell the Trumpets*, pp. 511, 543; Darwin, *Britain and Decolonization*, p. 278.

45. Darwin, *Britain and Decolonization*, pp. 324, 327-8.

46. D. Cannadine, *Class in Britain* (London, 1998), pp. 158-9; Pimlott, *The Queen*, pp. 275-87, 369; P. Worsthorne, "Class and Conflict in British Foreign Policy", *Foreign Affairs*, xxxvii (1959), pp. 419 - 31; A. P. Thornton, *The Habit of Authority: Paternalism in British History* (London, 1966), pp. 367, 377; H. Pelling, *Popular Politics and Society in Late Victorian Britain* (London, 1968), pp. 176 - 7; J. Darwin, "The Fear of Falling: British Politics and Imperial Decline since 1900", *TRHS*, 5th ser., xxxvi (1986), pp. 27-43.

47. D. Cannadine, *History in Our Time* (London, 1998), pp. 3-18.

48. Cannadine, *Decline and Fall*, pp. 661-90.

第十二章 尾声

1. J. H. Elliott, "Final Reflections", in K. O. Kupperman (ed.), *America in European Consciousness* (Chapel Hill, NC, 1995), p. 404; P. D. Morgan, " Encounters between British and ' Indigenous ' Peoples, *c*. 1500-*c*. 1800 ", in M. J. Daunton and R. Halpern (eds.), *Empire and Others: British Encounters with Indigenous Peoples, 1600-1850* (London, 1999), p. 68.

2. C. A. Bayly, "Held on the Cheap", *TLS*, 21 January 2000, p. 29.

3. J. Darwin, *Britain and Decolonization: The Retreat from Empire in the Post-War World* (London, 1988), p. 327.

4. W. L. Richter, " Traditional Rulers in Post - Traditional Societies: The Princes of India and Pakistan", in R. Jeffrey (ed.), *People, Princes and Paramount Power: Society and Politics in the Indian Princely States* (New Delhi, 1978), pp. 329-54; R. G. Irving, *Indian Summer: Lutyens, Baker and Imperial Delhi* (London, 1981), pp. 344-5; N. Dirks, "Castes of Mind", *Representations*, no. 37 (1992), p. 56; S. Bayly, *Caste, Society and Politics in India from the Eighteenth Century to the Modern Age* (Cambridge, 1999), pp. 380 - 81; I. Copland, *The Princes of India in the Endgame of Empire, 1917-1947* (Cambridge, 1997), p. 13.

5. J. Darwin, *Britain and Decolonization*, pp. 106-10.

6. S. C. Smith, " The Rise, Decline and Survival of the Malay Rulers during the Colonial Period, 1874 - 1957 ", *JICH*, xxii (1994), pp. 92-104; *idem*, *British Relations with the Malay Rulers from Decentralization to Malayan Independence, 1930-1957* (Kuala Lumpur, 1995).

7. W. D. McIntyre, *British Decolonization, 1946 - 1997* (London, 1998), pp. 60, 63, 71; D. A. Low, *Eclipse of Empire* (Cambridge, 1991), p. 300; J. D. Hargreaves, *The End of Colonial Rule in West Africa* (London, 1979), pp. 77-80; For one debate over the disappearance or survival or revival of native chiefs, see T. O. Ranger, " Tradition and Travesty: Chiefs and the Administration in the Makoni District, Zimbabwe, 1960-1980", *Africa*,

lii (1982), pp. 20–41; D. Maxwell, *Christians and Chiefs in Zimbabwe: A Social History of the Hwesa People, c. 1870s–1990s* (Edinburgh, 1999), pp. 149–86.

8. A. Sampson, *Mandela: The Authorized Biography* (London, 1999), pp. 3–13; R. J. Walker, "Maori People since 1950", in G. W. Rice (ed.), *The Oxford History of New Zealand* (2nd edn., Auckland, 1992), p. 519.

9. A. Adonis, "New Order of Merit Open to Honour All", *Observer*, 8 June 1997.

10. G. Robertson, "Dumping Our Queen", *Guardian*, 6 November 1999; M. Parris, "The Queen in a State", *The Times*, 6 November 1999.

11. B. Pimlott, *The Queen: A Biography of Elizabeth II* (London, 1996), pp. 241–4, 369, 462–9, 580.

12. J. Dimbleby, *The Prince of Wales: A Biography* (London, 1994), p. 523; D. Cannadine, *History in Our Time* (London, 1998), pp. 68–75; P. Goldberger, "A Royal Defeat", *New Yorker*, 13 July 1998, pp. 52–9.

13. Dimbleby, *Prince of Wales*, pp. 226–7, 409–10, 544–9; the Prince of Wales, "Foreword" to J. Brooke, *King George III* (St Albans, 1994), pp. 10–11; *Daily Telegraph*, 6 July 1999; *The Times*, 6 July 1999. This notion of the Bedouin as "true aristocrats, with a nobility of tradition" has often appealed to those who have felt themselves alienated from their contemporary world, and who prefer what they believe to be a more sure and ordered past: S. J. Nasir, *The Arabs and the English* (London, 1979), pp. 118, 161. The same may possibly be said of those who continue to believe in the idea of the English gentleman.

索引

(以下页码为英文原书页码，即本书边码)

298

Allenby, 1st Viscount (Edmund Allenby) 第一代艾伦比子爵埃德蒙·艾伦比 74

Altrincham, 2nd Baron (John Grigg) 第二代奥特林厄姆男爵约翰·格里格 172

American colonies 北美殖民地 11; attitudes to hierarchy 殖民地对等级制的态度 6, 8, 13-15, 22, 23, 27, 29-30, 137; and monarchy 殖民地与君主制 22, 23, 179; racial attitudes 对种族的态度 6, 13-14, 16, 27; revolution 美国革命 15, 16, 132, 179; see also United States of America 另见：美利坚合众国

Amery, Leopold 利奥波德·艾默里 131-2, 183

Amin, Idi 伊迪·阿明 163

anthem, national 英国国歌 103, 105

Anyaoku, Emeka (Nigerian chief) 埃梅卡·阿尼奥库（尼日利亚酋长）176

Anzus treaty《美澳新安全条约》142

apartheid 南非种族隔离 170, 186, 189, 190, 196

Arab Bureau, Cairo 开罗阿拉伯局 73

Arab Legion 阿拉伯军团 75, 164

Arabian peninsula 阿拉伯半岛 77, 80, 82; see also individual states 另见：单个国家条目

Arabs 阿拉伯人 see Middle East 见：中东

architecture 建筑: Gothic Revival 哥特复兴式建筑 34, 48, 128; in India 印度建筑 48, 49-50, 51, 55-6, (Indo-Saracenic) 印度-萨拉森风格建筑 48, 51, 54, 55, 128, 142, 148; Scottish Baronial 苏格兰领主式建筑 32, 34, 68

Arden-Clarke, Sir Charles 查尔斯·阿登-克拉克爵士 161

aristocracies 贵族阶层，上层人士: British support for traditional 英国人支持当地传统上层人士 18, 19-20, 21; decline 贵族的衰落 131, 173; emigration of British 英国贵族向外移民 28, 30, 31, 36, 125, 137; inadequacies 贵族的不足 22, 23; internationalism 贵族国际主义 8-9, 59, 69-70, 72, 78, 80; local, in dominions 自治领本地上层人物 30-31, 144, 167-8; proconsuls 贵族出身的殖民长官 38-9, 145-6, 168; reference works on 贵族名册 34, 36; see also honours system; peerages 另见：荣誉体系，贵族序列

armed forces 武装部队 43, 45,

译后记

大卫·坎纳丁爵士是我非常欣赏的历史学家，他的《英国贵族衰落史》是我通读的第一部英文学术专著。2016年2月，我在美国留学期间与坎纳丁教授联系，希望能与他见面交流。他在普林斯顿大学的办公室非常热情地接待了我这个远道而来的中国年轻人，与我畅谈了一个下午。从那以后，我们多次通过邮件联络，他的观点让我受益匪浅。将他的著作翻译成中文在国内出版，让更多的中国读者了解他和他的作品，成了我的一大心愿。

回国后，我得知自己的本科导师强世功教授在策划"帝国与国际法译丛"，便建议将本书纳入译丛在国内出版。我的建议很快得到了强世功教授的支持；随后，坎纳丁教授也欣然应允了我翻译本书的请求，并亲自帮忙联系版权事宜；本书的出版计划在 2018 年 2 月敲定。后来，由于我转入全职工作，只能利用有限的时间从事翻译工作，加上自己水平和能力的不足，导致本书的翻译进展缓慢，直到 2023 年才全部完成。好在本书最后能与中国读者见面，这让我下次再与坎纳丁教授相见时，可以向他交代了。

　　我由衷地感谢坎纳丁教授愿意向我这个在学术界毫无背景和地位的中国年轻人提供指导，也感谢他对本书在中国翻译出版提供的巨大帮助。衷心感谢强世功教授的支持与鼓励，感谢刘海光、孔元、项玮、张阳、李丽丽、崔鑫等各位老师的帮助，感谢当代世界出版社，是他们让我翻译和出版本书的愿望得以实现。最后，感谢我的父母和亲友一直以来对我求学、工作和人生道路的支持，特别要感谢我的妻子汪紫珈，她不仅在生活上和精神上对我的翻译工作给予支持和鼓励，还亲手帮我进行校对，提供了许多宝贵意见。期待未来坎纳丁教授的更多著作可以通过翻译引进国内，也希望我能继续为此略尽绵力。

孙逸舟

2023 年 11 月于北京

著作权合同登记　图字：01-2023-6038 号

Copyright © 2001 by David Cannadine

图书在版编目（CIP）数据

帝国作为装饰品：英国人眼中的大英帝国／（英）
大卫·坎纳丁著；孙逸舟译. -- 北京：当代世界出版
社，2025.3

ISBN 978-7-5090-1808-8

Ⅰ.①帝… Ⅱ.①大… ②孙… Ⅲ.①英国-历史-
研究 Ⅳ.①K561.07

中国国家版本馆 CIP 数据核字（2024）第 025782 号

书　　名：帝国作为装饰品：英国人眼中的大英帝国
作　　者：（英）大卫·坎纳丁
译　　者：孙逸舟
出 品 人：李双伍
监　　制：吕　辉
责任编辑：李丽丽　崔　鑫
出版发行：当代世界出版社
地　　址：北京市东城区地安门东大街 70-9 号
邮　　编：100009
邮　　箱：ddsjchubanshe@163.com
编务电话：（010）83907528
　　　　　（010）83908410 转 806
发行电话：（010）83908410 转 812
传　　真：（010）83908410 转 806
经　　销：新华书店
印　　刷：北京新华印刷有限公司
开　　本：889 毫米×1092 毫米　1/32
印　　张：11.75
字　　数：250 千字
版　　次：2025 年 3 月第 1 版
印　　次：2025 年 3 月第 1 次
书　　号：978-7-5090-1808-8
定　　价：79.00 元